Pendo

HANS-JÜRGEN JAKOBS

GEIST ODER GELD

DER GROSSE AUSVERKAUF DER FREIEN MEINUNG

Pendo

1. Auflage 2008

Umschlaggestaltung: Hauptmann & Kompanie Werbeagentur,
München–Zürich
Lektorat: Regina Carstensen
Gesetzt aus der Adobe Garamond
Satz: Fotosatz Amann, Aichstetten
Druck und Bindung: Pustet, Regensburg
Printed in Germany
ISBN 978-3-86612-158-4

www.pendo.de · www.pendo.ch

Für Birgit und Michael

Inhalt

Einleitung

Die öffentliche Sache Journalismus

Noch gibt es sie, die Männer mit merkwürdigen Overalls, die abends in Großstädten ausschwärmen und Zeitungen verkaufen wollen. Sie gehen durch Restaurants, Bars und Biergärten und preisen wie ehedem das Aktuellste vom Tage an. Doch anders als in vergangenen Jahren kauft kaum jemand ein Exemplar ab. Die Schlagzeile ist kein schlagendes Verkaufsargument mehr. Das Aktuellste vom Tage ist in diesen späten Stunden nur das, was vor Redaktionsschluss noch auf die Papierseiten gepasst hat. Das Aktuelle kennen die Leute aus den Fernsehnachrichten, vom Autoradio oder aus dem Internet. Die Ersten sind die Zeitungsjournalisten mit ihren Nachrichten nicht mehr. Wie gelingt es, künftig unverzichtbar zu bleiben?

Die Bedeutung der Medien und die Funktion des Journalismus wandeln sich radikal. Die Gesellschaft verändert ihr Gesicht, es ist nicht weniger als ein Jahrhundertereignis, dem alle derzeit beiwohnen können. Wenn Medien sich ändern, ändert sich die Gesellschaft, erklärt der Philosoph Walter Benjamin in seinem Buch *Das Kunstwerk im Zeitalter seiner technischen Reproduzierbarkeit*. Umgekehrt aber müsste genauso gelten: Wenn sich die Gesellschaft ändert, ändern sich die Medien.

Für den entscheidenden Wandel sorgen neue Kommunikationstechniken, die unter einem großen Namen zusammengefasst werden können: die digitale Revolution. Sie setzt Fliehkräfte frei. Sie verändert das Verhalten von Millionen, lässt Traditionsmedien plötzlich alt aussehen und schafft neue Attraktionen. Das Saugrohr dieser Revolution ist das Internet, über das die Zeitungsfeuilletons in einer Mischung aus Widerwillen und Faszination schreiben. Auch der Kritischste kommt nicht an einer einfachen Erkenntnis vorbei, die immer wieder Gegenstand essayistischer Betrachtungen ist: Das Internet ist tatsächlich die größte Erfindung seit dem Buchdruck durch Johannes Gensfleisch zur Laden, den sie Gutenberg nannten. Der Versuch, diese digitale Entwicklung aufzuhalten, ist so Erfolg versprechend wie der Kampf gegen eine Überflutung mit dem Wassereimer.

Die Wellen kultureller Entwicklungen sind das Ergebnis ihrer Medien: So wie sich die Stammesgesellschaft mit Einführung der Sprache ausbreitete und die aktive Hochkultur – etwa in Ägypten und China – durch die Schrift begründet wurde, so schuf der Buchdruck die moderne Gesellschaft. Gutenbergs Erfindung erlaubte es, Wissen zu vervielfältigen und »niederen Ständen« den Aufstieg zu ermöglichen. Der Buchdruck schuf die Zeitungen und die ersten Massenmedien. Der Siegeszug des Computers und des Internets führt nun zur »nächsten Gesellschaft«, wie sie der amerikanische Ökonom Peter F. Drucker bezeichnet hat. In ihr kommuniziert die »Masse« mit sich selbst, wenn sie nicht von informationsverteilenden Großunternehmen versorgt sein will. In ihr gibt es vieles gratis, was stets gekostet hat. Und in ihr gibt es ganz neue Akteure, die ständig mehr Einfluss gewinnen.

Nächste Gesellschaft? Was bleibt in ihr von alten Werten und Tugenden, von dem Besten, was der Buchdruck in all den Jahrhunderten bewirkt hat? Was wird aus dem anspruchsvollen Journalismus, der mit dem großen Wort von der »Vierten Gewalt« geadelt wird, weil er im Interesse des Volkes der hohen Politik und den Mächtigen in der Wirtschaft auf die Finger sehen soll und andererseits die Ideen der Parteien und der politisch Verantwortlichen dem Volk näherbringt? Eine bildende Gewalt, die Kultur und Wissenschaft vermittelt und im Grundgesetz eine einzigartige *Carte blanche* für ihre Tätigkeit erhielt?

Dieser Qualitätsjournalismus ist nicht nur durch die technologischen Brüche herausgefordert, die das Gewerbe schneller und bildhafter machen. Es ist alles noch viel schlimmer: Der Wechsel zum Basismedium Computer fällt zusammen mit einer strukturellen Krise der westlichen Gesellschaften, die im Inneren inzwischen oft wenig mehr eint als Angst: die Angst vor dem Abstieg, die Angst vor dem Feind im Inland und im Ausland. Technische Schübe und gesellschaftliche Verwerfungen befördern die Konsolidierung angestammter Medienmärkte. Es gibt nicht nur neue Unübersichtlichkeiten, es gibt vor allem neue Ungewissheiten. Die Politik, selbst aufs Höchste verunsichert von der Flatterigkeit, ja, der offenen Ablehnung unter den Wählern, sucht und findet ihrerseits Methoden, um in diesem morastigen Gelände journalistische Lotsen an ihrer Seite zu wissen. Die Beeinflussung des eigenen Bildes in den Medien gilt den Parteien als Garant, bei den Wählern akzeptiert zu werden. Sie versuchen sich ein Image zu schaffen, wo es keine Ideologien mehr gibt.

Selbst die freie und soziale Marktwirtschaft ist auf einmal nicht mehr sakrosankt wie all die Jahrzehnte zuvor, sondern gilt vielen plötzlich als Schreckensbild. Ungewissheit auch hier. Der Klassiker aus der Zeit des Ludwig Erhard hat einen aggressiven, unkontrollierten Finanzkapitalismus hervorgebracht, für dessen Betreiber der SPD-Politiker Franz Müntefering im April 2005 öffentlich das Wort von den »Heuschrecken« geprägt hat. Es ist der Schlüsselbegriff für eine eklatante Fehlentwicklung des wirtschaftlichen Systems geworden, den jeder sofort versteht. Müntefering kritisierte anonyme Finanzinvestoren, die wie »Heuschreckenschwärme« über Unternehmen herfallen würden, sie abgrasen und dann weiterziehen. Kennzeichnend für die Marktwirtschaft ist ferner eine ungehemmte Konzentration, die auch auf die Medienmärkte überschlägt – und damit auf den Qualitätsjournalismus. Staunend verfolgt die globale Bürgerschaft, wie moderne Zaren vom Typus Rupert Murdoch ihre Imperien erweitern, wie ein Ministerpräsident Silvio Berlusconi mitten in Europa mittels seiner Medien absolutistisch herrschen kann und wie der französische Politparvenü Nicolas Sarkozy von lauter kleinen Medienfürsten umringt ist, die veröffentlichen, was ihm nutzt, und verschweigen, was ihm schadet. Mancher, der das Gewerbe liebte, kann es kaum fassen, dass sich plötzlich Investmentbanker oder Immobilienhaie als Verleger fühlen.

Kurzum: Es scheint etwas richtig aus dem Ruder zu laufen, weil sich die falschen Leute weltweit der Medien bemächtigt haben oder bemächtigen. Diese Leute motiviert Gewinn- und Machtstreben; mit der reinen bürgerlichen Lehre von der Aufklärung, der Wissensvermittlung, der Meinungsvielfalt und dem Informationsreichtum haben sie wenig zu tun. Das traurige Ergebnis ist, dass der Journalismus seiner selbst entfremdet wird. Auf einmal ist er Kulisse fürs große Geldverdienen. Diese Gefahren sind überall gleich, man kann sie – nationale Besonderheiten eingerechnet – von Los Angeles bis New York, von Paris bis Berlin, von Mailand bis Moskau beobachten. Der modernen Zivilgesellschaft droht die Zerstörung von innen.

Das große Geld liebt die Krise; aus Krisen sind die größten Gewinne zu schlagen. Nichts ist auffälliger als die Seinskrise der Medien, bedingt durch die digitale Ökonomie. Folgerichtig steigen weltweit – in den USA, aber auch in Deutschland – Finanzinvestoren in Medienhäuser ein und verbreiten ihr Dogma von der (noch) höheren Rendite. Oder es sucht das große Börsenkapital die Kontrolle über Unternehmen, die sich mit ihren Zeitungen, Zeitschriften, Radiosendungen und Fernsehprogrammen an die allgemeine Öffentlichkeit wenden. Die Hoffnung der Anleger ist, dass sich ihr Kapital unter den besonderen Bedingungen der Medienrevolution besonders vermehren werde. Geld wird zum Maß aller Dinge in einem Gewerbe, das vom Geist seiner Mitarbeiter lebt und gelebt hat. In den Redaktionen kommt der ungehemmte Beteiligungskapitalismus als Bedrohung der eigenen Arbeit an – als nicht wegzudiskutierende Erwartung, dass der Gewinn stets in die Höhe und das Volumen der Kosten nach unten gehen soll, aber der eigene Beitrag zur Meinungsbildung immer weniger zählt. Wo von

Kultur die Rede war, wird auf einmal von *Return on Investment* gesprochen.

Eine zu exzessive Ökonomisierung führt im Sonderwirtschaftsgebiet Medien zu schwerwiegenden Umweltschäden, zur Verschmutzung der geistigen Landschaft. Wer immer nur Aufwand reduzieren oder deckeln will, spart genau jene Qualität weg, die anspruchsvolle Leser und Zuschauer erwarten und die Futter ist für die soziale Debatte. Ein Teufelskreis dieser Art gefährdet die Gesellschaft.

Wie sich diese Gefahr auswirkt, haben in Deutschland die Beispiele des schlingernden Münchner Fernsehgroßkonzerns ProSiebenSat.1 und der *Berliner Zeitung* schon innerhalb weniger Monate gezeigt. Vorsicht, Heuschrecke! Hat die Republik daraus gelernt? Bei beiden Firmen hatten Finanzinvestoren auf Zeit das Sagen übernommen. Und es ließ sich nur zu genau studieren, wohin das Prinzip des »großen Fressens« führt – zu immer absurderen Gewinnerhöhungsplänen und Personalien, und am Ende zur Demontage. Im modernen Kapitalismus kaufen sich Finanzinvestoren in Rekordzeit in eine Größenordnung hinein, die sie nicht beherrschen. Sie bilden neue Unternehmensreiche mit der Lust des Kindes an Lego-Steinen und profitieren, wenn sie sich endgültig übernommen haben, noch von der Dekonstruktion des Gebildes. Dass Private-Equity-Firmen generell durchaus positive Funktionen für die Wirtschaft erfüllen können, gerät angesichts der auffälligen Minderleistungen – gerade bei den Medien – aus dem Blickfeld.

Es ging dem gehobenen Journalismus schon einmal besser. Er muss unbequem sein, um Wirkung entfalten zu können, doch überall haben gegnerisch-partnerschaftliche Formationen Vorteile erlangt und sind in einer besseren Position. Unternehmen bauen PR-Stellen aus und setzen auf professionelle Kommunikation. Verbände finanzieren Kampagnen. Politiker planen die strategische Beeinflussung der Redakteure und Reporter. Journalisten sollen wie gewohnt der Wahrheit nachjagen, doch die Wahrheit, die sie finden, ist oft nur das Wunschbild von Leuten, die dafür viel Geld zahlen. Alles eine Frage der Inszenierung.

Geist oder Geld? Die Frage impliziert eine Wahlmöglichkeit zwischen Alternativen. Sie impliziert, dass Medien ein Wirtschaftsgut und ein Kulturgut zugleich sind und dass aus dem allgemeinen Bekenntnis zum Kulturgut ein gewisser Schutz vor Gier folgt. Was aber soll Medien schützen, wenn wie in anderen Wirtschaftsmärkten auch hier Räuber, Scharlatane und Spekulanten unterwegs sind? In vielen Staaten richtet sich im Journalismus längst alles fast ausschließlich nach dem Faktor Geld. Geld zeigt den Wert der Knappheit an, der ermittelt wird im Spannungsverhältnis zwischen Ressource und Nachfrage. Wenn einer Zeitschrift die Bilder des neugeborenen Babys der Schauspieler Angelina Jolie und Brad Pitt neun Millionen Euro wert sind, dann lässt die verrückt wirkende hohe Summe auf ein außerordentliches Interesse der Leute an Klatsch schließen. Klatsch lässt sich kapitalisieren. Wie viel aber ist dem Publikum ein Qualitätsjournalismus wert, der schönste Reportagentexte und meinungskräftigste Leitartikel bietet? Was ist, wenn sich rein marktwirtschaftlich hierfür überhaupt kein Geldgebot oder nur ein unzureichendes bildet? Und wie kann sich der Einzelne wehren, wenn die Macht der Medien zur persönlichen Macht wird und die Wahrheit hinter den Bildern verschwindet?

Schon erahnt der Kulturprofessor Dirk Baecker »Kulturkriege unterschiedlicher Friedfertigkeit beziehungsweise Gewalttätigkeit, wenn die eine Kulturform, geübt am Umgang mit dem Überschusssinn der Schrift, den Anspruch erhebt, auch mit Strukturproblemen fertig werden zu können, die mit dem Buchdruck und dem Computer auftreten«. Der verstorbene US-Medienwissenschaftler Neil Postman führte schon Mitte der achtziger Jahre seine These aus, wonach sich die Menschen zunehmend nur amüsieren möchten. Zum ersten Mal in der Geschichte gewöhnten sich die Menschen daran, statt der Welt ausschließlich Bilder von ihr ernst zu nehmen; an die Stelle der Erkenntnis- und Wahrnehmungsanstrengung trete das Zerstreuungsgeschäft, fand Postman. Da wusste er noch nichts von Castingshows, von *Big Brother* und Dschungelcamps, von den »Live«-Kriegsreportagen eines *embedded journalism*, von YouTube und MySpace.

In diesem Buch geht es um den künftigen Verbleib der öffentlichen Sache Journalismus. Es entstand nach einem Leitartikel in der *Süddeutschen Zeitung* im Juli 2007, der mit »Journalismus in Gefahr« überschrieben war; der Text hat viele Reaktionen hervorgerufen. Manche Äußerungen waren Anregung genug für dieses Buch. In der Redaktion von *sueddeutsche.de* diskutieren wir immer wieder über die Herausforderungen an den Journalismus in der digitalen Welt, über das Für und Wider eines nachfragegesteuerten Medienangebots oder die optimale Verbindung zwischen Print und Online. Es geht, alles in allem, um den Journalismus in einer Welt, in der Große immer größer werden, in der die Politik und das große Kapital sich einmischen, in der die Technik Informationen jederzeit und überall verfügbar macht und in der sich die Menschen nicht mehr an Traditionen oder Glaubenssätzen ausrichten, sondern am Reiz des Moments. Wirtschaft, Technik und Soziologie schaffen unentwegt neue Voraussetzungen und halten die Medien im ständigen Anpassungsdruck. Der Auftrag der Journalisten aber bleibt unverändert.

Es sind – unter dem ständigen Verweis auf die Globalisierung und die »internationale Wettbewerbsfähigkeit« – riesige ökonomische Konzernreiche entstanden, die sich einer Kontrolle durch Medien ebenso entziehen wie die großen Staatsapparate Russland und China, die Abweichler kujonieren und die große Masse mit einem üppigen Konsumangebot beglücken, für das wiederum ein zentralgelenkter Staatskapitalismus sorgt. Zwischen den neuen Blöcken – wild vagabundierendes Finanzkapital, größenfixierte Konzernmultis und autoritäre Staatsmächte – erscheint die »Vierte Gewalt« der Presse wie niedlicher Zierrat. Dass die Volksrepublik China ausgerechnet zu den Olympischen Spielen, bei denen das eigene Sicherheitsstreben naturgemäß am stärksten ausgeprägt sein muss, Presse- und Meinungsfreiheit gewähren lässt und das Internet frei öffnet, konnten nur politisch Naive glauben oder Leute mit strategischem Interesse an Schönfärberei. Davon gibt es immer mehr. Es existiert in den freien, weniger freien und unfreien Staaten eine einhellige Tendenz zur Allianzenbildung zwischen Politik, PR, Medien und Werbung, die den Dienst an der Interessensgruppe mehr schätzt als den Dienst an der Öffentlichkeit.

Die alte Theorie des amerikanischen Ökonomen Milton Friedman (*Kapitalismus und Freiheit*), wonach die freie unternehmerische Betätigung in einem Land automatisch zur völligen politischen Freiheit führe, ist durch den Aufstieg von China und Russland widerlegt. Ein zentralistisch kontrollierter Kapitalismus harmoniert sehr gut mit politischer Unfreiheit, solange nur das Bruttoinlandsprodukt und die Wertschöpfung stimmen. Wer will denn da schon groß von der Pressefreiheit reden? Oder von der Zivilgesellschaft, in der freie Bürger soziale Aufgaben jenseits des Staats übernehmen und in der einer starken, unabhängigen Presse mehr denn je die Funktion des leistungsstarken Informationsversorgers der Bevölkerung zukommt?

Altkanzler Gerhard Schröder hat während seiner Amtszeit (1998–2005) nicht nur für eine neue Ausrichtung der Politik als Event-Dauerbetrieb gesorgt. Er hat bemerkenswerterweise auch früh die zivile Bürgergesellschaft als Ideal beschrieben, mit einem aktiven und aktivierenden Staat, und sich von diesem Modell eine Rückkehr der Politik ins Herz der Gesellschaft erhofft. Computer und Internet sah der Politiker Schröder dabei in einer zentralen Position. »Rechner und Online-Zugänge sind heute beinahe für jedermann erschwinglich, die Gefahr der Ausgrenzung aus der Medien- und Informationsgesellschaft – wie übrigens die Gefahr der Überfütterung – droht demjenigen, der die Technik nicht zu nutzen weiß«, formulierte der Sozialdemokrat. Das Internet macht die Schlauen schlauer und die Dummen dümmer. Es kommt darauf an, mit welcher Vorbildung man es nutzt; aber man sollte besser vorgebildet sein.

Was kann unter diesen Umständen ein Mitmach-Journalismus der Bürger im Netz bewirken? Kann er konterkarieren, was möglicherweise unter dem Angriff von Finanzhaien, Potentaten und Medienmoguln auf die alten Zitadellen der öffentlichen Meinung verloren geht? Was kann der Einzelne tun, wenn sich Macht konzentriert und das Gewerbe dem Diktat des schnellen Geldes unterliegt?

Medien sind der Kitt der Zivil- und Bürgergesellschaft. Ein Gemeinschaftswesen ist nicht lebendig ohne Presse und Rundfunk, die den Bürgern gemeinschaftliche Themen liefern. Soziologen wissen, dass Menschen etwas wissen wollen über die Werte, an die sie sich halten können – und von solchen Werten können sie nur in unabhängigen, freien Medien erfahren. Diese Medien stehen, wenn sie stark sind, für Glaubwürdigkeit. Wenn sie diese Qualität verlieren, gehen sie unter im Kampf um die nächste Gesellschaft.

1

Der Fall ProSieben

Die Geldgierigen von Permira und KKR · Ein anrüchiger Deal · Es war einmal ein »Verlegerfernsehen« · In der Sackgasse · King Kong ist da

Der Mann, der jahrelang Deutschlands wichtigster Fernsehmanager war, hat sich auch im mittleren Alter den Charme eines Musterschülers erhalten. Wenn ihn jemand nach den Zahlen seines Unternehmens fragte, antwortete er prompt und erwartete, dass andere auch so fix im Kopfrechnen sind. Seine Aufforderung: »*Show me the numbers!*«, mit der er nach vielen Erzählungen Mitarbeiter ansprach, ist zum geflügelten Wort geworden. »Zeig mir die Zahlen« bedeutet: Zeig mir das Wesen der Dinge, etwas anderes als Berechnungen erwarte ich nicht. Wenn ein Haushaltsbudget in Wahrheit die in Zahlen umgewandelte Regierungserklärung ist, dann ist der Etat eines TV-Unternehmens die in Zahlen übersetzte Programmphilosophie. Dass einer nur spart, ist auch ein Programm. Es ist keines, das die Zuschauer auf Dauer mögen.

In den letzten Monaten vor seinem spätestens zum Jahresende 2008 selbst angekündigten Rücktritt hatte der Chef des umsatzgrößten deutschen TV-Konzerns noch ein wenig Lockerheit gezeigt und sich im *SZ-Magazin* mit elektrischer Gitarre fotografieren lassen – ganz der Rock 'n' Roller, der doch auch ein Finanzoptimierer im Kern seines Charakters ist. Guillaume de Posch, ein Belgier, der Französisch spricht, in Luxemburg gearbeitet hat und in Paris zum international kompatiblen Manager reifte, ist verantwortlich gewesen für Fernsehsender, die einmal der deutschen Öffentlichkeit als Burgen der elektronischen Publizistik galten. Er hat diese Burgen geschleift.

Da ist die TV-Station Sat.1, die 1984 als erster Privatsender gestartet war, und die später durch die Sonntagstalkshow mit Erich Böhme, den Donnerstags-Dauertalk mit Margarethe Schreinemakers, einer soliden Nachrichtensendung, einer aufgepeppten Fußballsendung namens *ran*, populäre Serien (*Der Bulle von Tölz*) sowie der Late-Night-Show mit Harald Schmidt auf sich aufmerksam machte. Verlegerfernsehen wollten sie einst mit Sat.1 machen, als der Axel Springer Verlag, die Stuttgarter Holtzbrinck-Gruppe und viele andere Zeitungshäuser in den achtziger Jahren noch mitmachten. Da ist der Kanal ProSieben aus München, der nachmittags Arabella Kiesbauer, Andreas Türck und andere talken ließ, abends ins hochmoderne Nachrichtenstudio lud, Wissensmagazine wie *Welt der Wunder* und *Galileo* präsentierte sowie viele US-amerikanische Spielfilme und Serien ausstrahlte, von *Schindlers Liste* bis *Emergency Room*. Da ist der Sender kabel eins, der neben Lizenzfilmen auch Dokumentationen bot. Und da ist der Nachrichtensender N24 mit News, Gesprächsrunden und Dokumentationen sowie der Gewinnspielkanal 9Live.

Ein schöner Verbund war Guillaume de Posch anvertraut, doch dem publizistischen Wert der ProSiebenSat.1 Media AG ist die Amtszeit des frankophonen Managers summa summarum offenbar weniger gut bekommen als der Vermögensbilanz der Investoren, die ihre Millionen erwartungsfroh in die Münchner Fernsehaktie gesteckt hatten. Der Vorstandschef war ein Legionär der großen Finanzakrobatenarmee, der seinen Auftrag vorschriftsgemäß erfüllt hat – leider nicht den öffentlichen Auftrag, das Publikum bestmöglich zu informieren und aufzuklären über das Leben im Land. Mister Show-me-the-numbers brachte das Kunststück fertig, innerhalb kurzer Zeit gleich zwei verschiedene Investorengruppen mit enormen Cash-Zuwächsen zufriedenzustellen. Und wenn auch dieses Wirken am Ende verbrannte Erde hinterlassen hat, so lohnte es sich wenigstens für ihn und seine Auftraggeber.

Der erste große Profiteur der Aktion Raubfernsehen war der amerikanische Investor Haim Saban, ein jüdischer Händlerssohn aus dem ägyptischen Alexandria, der später in Israel und Paris lebte und mit Musikproduktionen sowie den Rechten für Comicserien (*Power Rangers*) reich wurde. Seine Saban Capital Group stieg im August 2003 in die ProSiebenSat.1 Media AG ein, wenig später stieß de Posch als Vorständler dazu; Saban hatte ihn von der Pariser TF1-Gruppe losgeeist, einem der großen französischen Fernsehanbieter. Der ausgebildete Betriebswirtschaftler machte das, was Finanzinvestoren in solchen Situationen gern sehen: Er straffte die Kosten, wiederholte ein wenig öfter das Programm und päppelte so den Gewinn hoch. Im Dezember 2006 fand dann Haupteigentümer Saban zusammen mit seinen sieben Kofinanziers, allesamt Beteiligungsgesellschaften, einen Käufer, der ihnen die TV-Gruppe zu einem guten Preis abnahm. Rund drei Milliarden Euro bekamen Saban & Co., mehr als dreimal so viel, wie sie beim Einstieg nur gut drei Jahre zuvor investiert hatten. 200 Prozent in vierzig Monaten, das ist ein stolzer Zahlenwert angesichts des medienpolitischen Chaos, das der US-Investor hinterließ. Haim Saban hatte allen Grund, stolz auf sich und ein wenig despektierlich gegenüber den Deutschen zu sein. Zwischenzeitlich hatte sich schon der Axel Springer Verlag als Übernehmer gesehen, doch die Kartell- und Wettbewerbswächter stoppten die Großhochzeit aus gedruckter und gesendeter Macht im letzten Moment.

Guillaume de Posch nahm selbstverständlich jede Volte stoisch hin, und wurde von Saban anlässlich des geglückten Verkaufsdeals – wie die anderen drei Vorstände auch – mit einem mächtigen Bonus über viele Millionen Euro belohnt. Weil der Kapitalexperte mit nutzbarem Fernsehwissen so schön vorexerziert hatte, wie man den Wert eines Medienunternehmens in kurzer Zeit vervielfacht, ließen ihn die neuen Eigentümer der ProSiebenSat.1 Media AG einfach im Amt. Sollte er die Zauberei doch einfach wiederholen!

Diesmal jedoch war es schwieriger. Die neuen Eigentümer – die Beteiligungsfirmen Permira und Kohlberg Kravis Roberts & Co. (KKR) – sind im Gegensatz zu Saban, der im Fernsehgeschäft wenigstens praktische Erfahrungen gesammelt hat, richtig aggressive »Heuschrecken« ohne besondere Medienkenntnisse. Sie hebeln mit der rabiaten Gewalt des *financial engineering* auch solide Unternehmen aus und können damit im Medienmarkt gewaltige Kollateralschäden bewirken. Sie sind Repräsentanten des Systems Geld, die das Prinzip der »schöpferischen Zerstörung«, wie sie der österreichische Ökonom Joseph Alois Schumpeter in seinem Werk *Kapitalismus, Sozialismus und Demokratie* beschrieben hat, einfach umgedeutet haben – in die Norm des »abschöpfenden Unternehmers« bei gleichzeitiger Zerstörung des Kreativen. Wo bei Schumpeter ein neues Produkt das alte verdrängt und so dem Innovator Pioniergewinne verschafft, so bedrängt hier das Produkt Geld die realwirtschaftliche Ware; im Fall von ProSiebenSat.1 Media AG sind das Information und Unterhaltung. Dabei ist den Strategen von Permira und KKR das Kunststück gelungen, gleich zu Beginn des Investments schon kassiert zu haben.

Der Wahnsinn hat wie immer bei »Heuschrecken« Methode, und hier bestand er darin, dass die neuen Fernseheigentümer zwar rund drei Milliarden Euro Kaufpreis für die übernommene ProSiebenSat.1 Media AG entrichteten, sie gleichzeitig aber ihrem gerade gekauften Unternehmen selbst *tout de suite* etwas verkauften: die europäische Sendergruppe SBS für sage und schreibe 3,3 Milliarden Euro. Für diese SBS hatten KKR und Permira im Jahr 2005 noch lediglich zwei Milliarden Euro bezahlt, wie die Wirtschaftsblätter berichteten. Das Procedere ist in etwa so, als ob sich ein Autofahrer einen Mittelklassewagen kauft, dafür aber sein eigenes altes Kleinauto zum Preis einer Luxuslimousine angerechnet bekommt. Von einem »guten Deal zu einem unverschämten Kaufpreis«, sprach der Vertreter der Schutzgemeinschaft der Kleinanleger auf der Hauptversammlung 2007.

Zur Konstruktion gehörte, dass ProSiebenSat.1 den Kaufpreis

für die SBS-Gruppe fremdfinanzierte und Kredite aufnahm, was den Spielraum entscheidend einengt. Immerhin sind auf die hohe Kreditsumme hohe Zinsen zu zahlen; angeblich muss das Münchner Fernsehunternehmen täglich mehr als eine halbe Million Euro Zinsen begleichen. Eine solche Summe will erst einmal gespart sein. Das ist nun einmal am leichtesten im Programm möglich; aber auch Sachkosten sind eingeschlossen, vom Porto bis zum Bleistiftverbrauch. Vorstandschef de Posch hatte sich rechtzeitig festgelegt und eine Steigerung der Rendite von 20 Prozent auf 30 Prozent angekündigt. Von den Gesellschaftern sei er dazu nicht gezwungen worden, fügte der Vorstandschef in zahlreichen Interviews an.

Es war ein rechtes Räuberstück, das sich hier in aller Öffentlichkeit ausbreitete, die theaterreife Aufführung einer finanziellen Aushöhlung – und das bei einem namhaften publizistischen Anbieter. Es konnte keinem verborgen bleiben, dass auf der von KKR und Permira dominierten Hauptversammlung für das Geschäftsjahr 2007 auf einmal eine hohe Sonderdividende von 270 Millionen Euro beschlossen wurde, ein Geschenk an die Großgesellschafter, das größer war als der gesamte Jahresgewinn der Firma. Sicherlich wird die Exzess-Dividende die Gewinnrechnung der gierigen Hauptaktionäre sehr erleichtert haben. Da selbst eine stattliche Firma wie die ProSiebenSat.1 Media AG eine solche Blutsaugerei spüren muss, wurde dem Cashflow durch den Verkauf einiger kleiner Tochterfirmen aufgeholfen. Der TV-Journalist und frühere Sat.1-Star Erich Böhme kritisierte wütend im Juli 2007 gegenüber *stern.de*, der Sender sei »in die Hande von Heuschrecken gefallen«. Die hätten alle Blätter gefressen und wollten »den schnellen Euro machen, das geht in die Hose«.

Götz Mäuser ist der Mann für den »schnellen Euro«. Der Partner bei Permira und Aufsichtsratsvorsitzender der ProSiebenSat.1 Media AG ist persönlich sympathisch, er spricht wohltuend leise und bleibt meist im Ungefähren. Selbstverständlich findet der TV-Investor wie alle anderen auch, dass Fernsehen sowohl Wirtschaftsgut als auch Kulturgut sei. Das betonte er im August 2007 in einem persönlichen Gespräch. Wie lange er und seine Mitstreiter den Kampf für optimale Renditen in der TV-Branche weiter betreiben und Gesellschafter bleiben, das vermochte er nicht zu sagen – nur so viel, dass solche Finanzgruppen natürlich »Investoren auf Zeit« seien. Sie kommen und gehen, je nachdem, wie der Cashflow fließt.

Über die flotten Rechnereien in Euro und Cent verfiel das Programm der einst so stolzen Fernsehsender, in die Permira und KKR eingestiegen waren. Marktanteile schwanden. Von journalistischen Impulsen kann schon lange kaum mehr die Rede sein. Die Misere wurde auch dem Letzten deutlich, als Sat.1 im Sommer 2007 ankündigte, zwei Informationssendungen einzustellen, das Mittagsmagazin *Sat.1 am Mittag* und *Sat.1 News – Die Nacht.* Beide Formate waren bunt genug, versuchten sich aber immerhin an journalistischer Vermittlung, auch wenn die eigenen TV-Chefs hinterher abschätzig von einem Boulevardangebot sprachen, das unter Gesichtspunkten der »Vierten Gewalt« ja wohl verzichtbar wäre. Zugleich wurde bekannt, dass der mit vielen Erwartungen vom öffentlich-rechtlichen ZDF geholte Moderator Thomas Kausch als Anchorman der Sat.1-Newssendung aufhörte. Es übernahm N24-Chefredakteur Peter Limbourg, eine interne Lösung, die vermutlich relativ günstig zu haben war. Der ehemalige Sat.1-Chef Roger Schawinski, der bereits im November 2006 kurz vor dem Eigentümerwechsel gegangen war und auf journalistische Qualität gesetzt hatte, wurde in einem Interview mit dem *Spiegel* im August 2007 zum Gesellschaftskritiker: »Dieses Spiel kann nicht ewig weitergehen. Irgendwann platzt die Blase. Doch den Beratern fällt heute meist nichts anderes ein, als Leute zu entlassen. Der McKinsey-Gott fordert immer und überall neue Menschenopfer.« In seinem Buch *Die TV-Falle* analysierte der Schweizer, in der Medienbranche seien wirtschaftliche Prinzipien lange Zeit nur »verbrämt und verschämt« gelebt worden, und deshalb erstaune es wenig, »dass heute gerade sie ein gefundenes Fressen und damit leichte Beute für die ›Heuschrecken‹ dieser Welt sind«.

Schawinski hatte wenigstens noch versucht, journalistische Teelichter ins Programm zu bringen. Er gewann Anke Engelke für das Format der Late-Night-Show und die im Radio bekannt gewordene Moderatorin Bettina Rust für eine Talkshow, die an Erich Böhmes Zeiten anschließen sollte. Beide Versuche scheiterten, was auch bei der Konkurrenz des Senders RTL, hinter dem der Medienriese Bertelsmann steht, aufmerksam registriert wurde. Hier hat sich Starmoderator Günther Jauch, der die Quizsendung *Wer wird Millionär?* sowie das Magazin *stern TV* leitet, immer wieder mit der Idee einer eigenen politischen Talkshow gemeldet, was ihm aber mit Verweis auf die – leider, leider – nicht wie gewünscht mögliche Finanzierbarkeit versagt wurde. So bandelte RTL-Mann Jauch zwischenzeitlich sogar mit der öffentlich-rechtlichen ARD an, bevor er dort nach binnenpolitischen Ränkespielen frustriert absagte und nicht Nachfolger von Sabine Christiansen bei der Sonntags-Talkshow wurde.

Jede Sendung muss sich im Privatfernsehen rechnen, niemand kann erwarten, dass eine Sendung nur ihres publizistischen Reizes wegen gemacht wird. Solche Innovationen sind in einem messerscharf kalkulierenden Controller-Fernsehen, das sich ganz Zahlenknechten ausgeliefert hat, zum Scheitern verurteilt. Auch ein Einkommensmillionär wie Jauch lernt die Pressefreiheit anders kennen, wenn es niemanden gibt, der das Risiko im Studio übernimmt. Verblasst sind die Erinnerungen an Formate wie *Einspruch!* (Sat.1) oder *Der heiße Stuhl* (RTL), als sich gegelte journalistische Jungterrier zum frontalen Hard-Talk mit Gästen aufbauten, was zunächst ein großes Publikum und Presseresonanz bescherte. Das geschah in der Jungsteinzeit der modernen Fernsehwelt, in der Epoche vor den Consultants und Controllern. Inzwischen sind noch nicht einmal ausführliche Diskussionsrunden vor Wahlen sowie eine intensive Wahlberichterstattung Usus bei den großen Privatsendern. RTL musste journalistische Frontfiguren wie Antonia Rados, Susanne Kronzucker und Markus Lanz zu den Öffentlich-Rechtlichen ziehen lassen, hat aber immerhin mit dem News-

Anchorman Peter Kloeppel jemanden, der im Alleingang über die publizistischen Defizite hinwegtäuschen kann. Für den Gesellschafter Bertelsmann steht an oberer Stelle, dass ihre RTL Group der stärkste Gewinnbringer bleibt – der Konzern muss seine hohen Schulden zurückführen. Sie waren entstanden, nachdem Bertelsmann für mehr als vier Milliarden Euro eigene Anteile in Höhe von 25 Prozent zurückgekauft hatte, die sonst womöglich an der Börse platziert worden wären.

Unter solchen Vorzeichen wie bei Bertelsmann/RTL und Permira/KKR sind großartige publizistische Heldentaten nicht zu erwarten. Nachdem die Deutsche Fußball Liga die Fernsehrechte an der Fußball-Bundesliga ausgeschrieben hatte, ging alle Welt davon aus, dass sie im Fall einer attraktiven Verwertung im Free-TV wieder wie zuletzt an die ARD fallen würde, die ihre *Sportschau* samstags im Stil eines Kommerzsenders gestaltet. Sat.1 und RTL wurden, wegen der hohen Rechtekosten, überhaupt nicht mehr wahrgenommen. Dabei haben die beiden Sender jahrelang die Bundesliga ausgestrahlt.

Die Unternehmensberatung McKinsey war selbstverständlich an vorderster Stelle dabei, als die Gesellschafter des Fernsehkonzerns ProSiebenSat.1 die erste von vielen Entlassungswellen beschlossen. Exakt hatten die Berater errechnet, wie viele Synergien sich aus der Fusion der Fernsehkonzerne ProSiebenSat.1 und SBS erzielen lassen, und selbstverständlich war das Ergebnis so, dass die Zusammenarbeit als Akt der Weisheit erschien. War etwas anderes zu erwarten? Vorstandschef de Posch selbst hatte übrigens ebenfalls jahrelang bei McKinsey gearbeitet, einem elitären Wirtschaftszirkel, der in der Wirtschaft gern geholt wird, wenn größere Umbaumaßnahmen anstehen und mit viel Papier begründet werden müssen.

Die Räubereien der Fernsehspekulanten von München erregten die Öffentlichkeit zuweilen mehr als ihr Programm. Die Unruhe trug sich in Presseartikeln aus, und allmählich verdichtete sich der Eindruck, hier hänge nicht nur der Haussegen schief. Die Gefahren für Demokratie und Gesellschaft wurden zum Thema. Die an der kurzfristigen Wertsteigerungen orientierten Geldgeber würden »an der Schraube der Ökonomisierung weiterdrehen«, resümierte ein im Mai 2008 veröffentlichtes Gutachten des seriösen Hamburger Hans-Bredow-Instituts: »Der inhaltegetriebene Verlegerethos, der ursprünglich dem Rundfunk zugrunde lag, wird so zunehmend abgelöst.«

Verlegerethos? Mit einem solchen Wort kann der Top-Medienmanager Guillaume de Posch wenig anfangen. Er machte, was den Investoren gefiel. Auch das ist eine Art Arbeitsethos und Beweis von Sekundärtugenden, wenn auch nicht in der sozial erwünschten Form. Er strich zwischen 2007 und 2009 rund 180 Stellen und kümmerte sich auch um den Gewinn hinter dem Komma; auf einmal mussten im Frühjahr 2008 weitere 70 Millionen Euro eingespart werden. Zu den Besonderheiten der von ihm genau eingestellten Fernsehverwertungsmaschine von München-Unterföhring gehört es, den Profit pro Sendeminute bestimmen zu können. Dem im Sinne seiner Großaktionäre rührigen Manager de Posch nützte das alles am Ende jedoch wenig, da sich sein Unternehmen mit einem neuen Vermarktungsmodell bei den großen Media-Agenturen überaus unbeliebt machte – und im ersten Halbjahr 2008 mit dem Entzug von viel Werbegeld abgestraft wurde. Umfangreiche Rahmendeals mit den wichtigen Werbeauftraggebern hatten den erst 1988 im Imperium des Münchner Medienunternehmers Leo Kirch gegründeten Sender ProSieben einst groß gemacht – nun beschleunigten sie den Niedergang der TV-Gruppe. Selbst die Experten der Deutschen Bank kamen in einer Studie mit dem Titel *perfect storm* zum Ergebnis, ProSiebenSat.1 müsste die Schulden reduzieren und die viel zu hohe Dividende kurzen. Beide Maßnahmen sind nicht im Sinn der Finanzinvestoren.

Über all den Sparmanövern blieb dem Publikum nicht verborgen, dass die sendende Aktiengesellschaft für immer weniger Überraschungen gut war. Sie konnte im Grunde nur mit den Showeinfällen des Entertainers Stefan Raab und der Castingshow *Germany's*

Next Topmodel des Models Heidi Klum glänzen. Sat.1 fiel immer wieder durch neue Serien auf, die jäh scheiterten. Der Jahresmarktanteil des einstigen Pioniers sank im Jahr 2007 auf 9,6 Prozent, so schlecht war das Fernsehunternehmen ausweislich der Statistiken seit 1990 nicht mehr gewesen, also vor dem großen wirtschaftlichen Aufschwung des Privatfernsehens. Die Zahlen – die einzige Sprache, die Verantwortliche in Private-Equity-Firmen verstehen – passen nicht zu den Versprechungen, die die Eigentümer gemacht haben. Systemimmanent entstehen immer gewaltigere Probleme.

Die permanent schlechten Nachrichten aus dem Hause ProSiebenSat.1, der Stress mit den Mitarbeitern und Kleinaktionären, der schleichende Qualitätsverfall der Programme und fortgesetzte Wechsel im Spitzenmanagement haben den Münchner Medienkonzern zur Lachnummer gemacht. Wenn es eines Beweises bedurft hätte, dass solche wichtigen Unternehmen der Kommunikationswelt nicht in die Hände renditewütiger Finanzinvestoren gehören, dann liefert der Fall aus der Unterföhringer Medienallee reichlich Anschauungsmaterial – für etwaige Nachahmer eine Warnung. Der öffentliche Niedergang ist längst ein Imagedesaster für die Verantwortlichen – ein Desaster, das sich negativ auf den Börsenkurs und mögliches Neugeschäft auszuwirken droht. Wer will schon eine wichtige Firma umstrittenen Leuten übertragen, die innerhalb kurzer Zeit so viel Unheil stiften? Schaut man nicht genauer hin, was eine Firma wie KKR treibt, die zwischenzeitlich den ehemaligen Siemens-Finanzvorstand Heinz-Joachim Neubürger in den Aufsichtsrat der ProSiebenSat.1 Media AG delegiert hat, einen Manager, der im Siemens-Korruptionsskandal früh Bescheid gewusst haben soll und Schadensersatzforderungen der neuen Siemens-Führung zu vergegenwärtigen hat? Und was ist eigentlich mit der fortgesetzten Pannenserie von Permira, dem zweiten Hauptbesitzer der ProSieben-Gruppe?

Die Private-Equity-Gesellschaft hatte es in Deutschland im Jahr 2003 geschafft, das nicht über jeden wirtschaftlichen Zweifel erhabene Pay-TV-Unternehmen Premiere im Zusammenspiel mit dessen eloquenten Vorstandschef Georg Kofler an die Börse zu bringen, was angesichts der jahrelangen eindrucksvollen Verlustgeschichte des Abonnentensenders fast schon als Hexerei gelten konnte. Vielleicht hat dieser Erfolg ein wenig größenwahnsinnig gemacht: Jedenfalls sorgten die Methoden der deutschen Permira-Teilhaber nicht nur im Privatfernsehen für negative Schlagzeilen, sondern auch in anderen Wirtschaftsmärkten, zum Beispiel im Modegeschäft. Hier gelang es Permira innerhalb kurzer Zeit, die Hugo Boss AG aus Metzingen ihres Renommees zu entkleiden. Die Investoren, die im Sommer 2007 eingestiegen waren und schnell 90 Prozent des Kapitals übernommen hatten, zeigten die gleiche Selbstbedienungsmentalität wie bei ProSiebenSat.1 – bei der Boss AG brachten sie eine noch dreistere Sonderdividende in Höhe von 350 Millionen Euro durch. Anders als in München aber lag im Schwabenland der Vorstandschef nicht auf Linie, da stolze Maßnahmen nur über Kredite und nicht aus dem laufenden Geschäft zu finanzieren waren. Bruno Sälzer hatte sich mit seinen Gesellschaftern angelegt und ließ öffentlich durchblicken, er müsse den neuen Eigentümern erst einmal das Geschäft erklären, und zwar so, »dass es jeder versteht«. Es sei jetzt »auf keinen Fall Schluss mit lustig«. Die geplante Expansion des Modeunternehmens sei gefährdet, warnte Sälzer, was der zuständige Permira-Partner freundlich, aber bestimmt dementierte. Im Februar 2008 quittierte der enttäuschte Manager den Job und wechselte zur Modefirma Escada.

Mancher erinnerte sich nun auch daran, dass Permira zusammen mit den Private-Equity-Spezialisten der Investmentbank Goldman Sachs beim Chemieunternehmen Cognis einige Blutspuren hinterlassen hat. Das Schema kommt bekannt vor: Auch hier genehmigten sich die Investoren sonderliche Sonderdividenden (diesmal über insgesmt 850 Millionen Euro) und ließen diese Ausschüttung von der Cognis AG über Schulden finanzieren. Der Aufwand für die fälligen Zinsen und die Tilgung hielten das Unternehmen Cognis für mehrere Jahre in der Verlustzone. Die Bilanz für Permira und die Partner von Goldman Sachs sah ganz anders aus als die von Cognis: Die Investoren hatten nach rund vier Jahren fast doppelt so viel Geld aus der Firma herausgeholt, als sie an eigenem Kapital eingesetzt hatten.

Auch bei ihrem Engagement im Privatfernsehen halten sich die Finanziers von Permira und KKR an die goldene Regel, innerhalb weniger Jahre wieder den Ausstieg (»Exit«) zu schaffen, inklusive einer wundersamen Geldvermehrung. Das bizarre Insichgeschäft zu Beginn ihrer Münchner Aktivitäten mit der eigenen Firma SBS und die hohe Dividende haben schon viel zu diesem Profitplan beigetragen. Es fehlt noch ein lohnender Weiterverkauf des unter die Räuber gefallenen Konzerns. Dieses Finale wurde frühzeitig durch einen rapiden Kursverfall gestört: Die ProSieben-Aktie notierte Mitte 2008 bei einem Billigpreis von rund fünf Euro, der sogar schlechter war als der entsprechende Wert beim Börsengang von ProSieben im Jahr 1997. Noch Mitte 2007 war die Aktie rund 30 Euro wert gewesen. Eine solche Wertvernichtung muss man erst einmal hinbringen.

Die Talfahrt beunruhigt auch die vielen Banken im Hintergrund, die Permira und KKR finanzieren. Sie begannen entnervt über neue Konsortien zu sprechen, die das Großproblem ProSiebenSat.1 Media AG abwickeln könnten, wie im Umfeld des Unternehmens zu erfahren ist. Ihre Analyse kann gut nachvollzogen werden: Nach der finanzmathematischen Logik ist aus einem Weiterverkauf der gesamten Gruppe kein Mehrwert mehr zu erzielen. Ein strategischer Investor müsste rund sechs Milliarden Euro hinlegen, inklusive der Übernahme der beängstigend gewachsenen Schulden. Das ist ein Mondpreis, der selbst den spendabelsten und machtsüchtigsten Medientycoon abschreckt. Also bleibt nur die Einzelverwertung. Der Berliner Zweig mit Sat.1 und N24 könnte dabei separat von der Münchner Zentrale mit ProSieben, kabel eins und 9Live verhökert werden. Auch die in Ländern wie Niederlande oder Schweden tätige SBS-Gruppe bekäme auf diese Art einen neuen Besitzer. Die Zerschlagung wurde zum Wunschleitbild mancher der Verantwortlichen. So geht es oft in der Wirtschaft zu: Zunächst wird eine Fusion als »Hochzeit im Himmel« gepriesen, die Berater und Befehlsgeber loben die Verbundeffekte, und ein paar Jahre später ist dann das Gegenteil richtig – und alles wird wieder auseinandergelöst. Auf diese Weise bleiben Wirtschaftsprüfer, PR-Profis, Anwälte und Finanzexperten in Lohn und Brot. Das Publikum schaut und wundert sich.

Dabei war es einst in München der vollmundige Plan gewesen, durch die Fusion von SBS mit der ProSiebenSat.1 AG einen paneuropäischen Medienkonzern zu schaffen, einen wunderbaren Ansprechpartner für die grenzüberschreitende Werbung der globalisierten Multis. Die Wellness-Formel vom »paneuropäischen Fernsehen« konnte eine Zeit lang verbergen, dass es in Wirklichkeit um viel einfachere Motive geht – um die Gier einiger *Masters of the Universe*. Sie spielen ihr Spiel der Kennziffern, das mit dem öffentlichen Auftrag von Medien so wenig zu tun hat wie eine Filmkonserve mit einem Genussmittel. Richtig ist, dass eine solche Konserve, ein bereits früher gezeigter Film, Programmkosten spart.

Man kann leicht zu dem Schluss kommen, dass der Legionär Guillaume de Posch seine Funktion als eine Art »nützlicher Idiot« der Großanleger erfüllt hat, ein Technokrat des Fernsehens, der seine Wichtigkeit auf Zeit bewies, indem er die komplexe Welt auf eine Matrix voller Gewinnzahlen reduzierte. Für den unternehmerischen Erfolg, zumal in der Medienwirtschaft, gabe es in Wahrheit natürlich viel bessere Vertreter als Permira und KKR. Wer sagt denn, dass die Rendite von 20 Prozent auf 30 Prozent steigen muss? Ist das ein Naturgesetz? Wieso zählen Informationen so wenig? Gehört es nicht wenigstens zum Image, sich hier zu bewähren? Sind amerikanische Formate, die intelligent unterhalten, weniger wert, wenn sie zu viel kosten? Und schließlich: Geht es nicht auch darum, eine Unternehmenskultur zu schaffen, mit nachdenklichen und aktiven Mitarbeitern?

Die Arbeitnehmervertreter von ProSiebenSat.1 wandten sich in ihrer Not im Juli 2008 in einem öffentlichen Brief an die Unternehmensleitung und geißelten die eingeleiteten Sparmaßnahmen als »falsche Strategie«, die in die Sackgasse führe; das »Geschäftsgebaren« von KKR und Permira schade der Belegschaft und den Kleinaktionären. Medien wie die *Süddeutsche Zeitung* oder das Fachblatt *Horizont* berichteten darüber. »Dass es bei Medienunternehmen nicht nur auf die absoluten Zahlen ankommt, haben die Finanzinvestoren an der Spitze der Gruppe bisher nicht verstanden«, kommentierte Michael Konken, der Vorsitzende des Deutschen Journalistenverbands (DJV). Bedenkliches auch von konservativer Seite: Angesichts des Diktats der Rendite und eines nicht ausreichend geregelten Medienmarkts sieht der langjährige CSU-Politiker Alois Glück zwei gravierende Veränderungen. Die Inhalte des Programms seien »nicht mehr Sinn und Zweck des Tuns«, fundierte Informationen und qualifizierter Journalismus hätten keinen eigenen Stellenwert mehr, erklärt er. Und: Für die Programme gebe es keine identifizierbare Verantwortung mehr. Damit, so Glück in einem unveröffentlichten Papier mit dem Titel »Ein neues Kapitel Medienpolitik«, werde »aber eine Grundlage der freien Presse, der Meinungsfreiheit und der Rolle der Medien in einer freien Gesellschaft aufgekündigt: die Verbindung von geschützter Freiheit und identifizierbarer Verantwortung«. Da hat er recht. Doch für den ProSieben-Aufsichtsratschef Mäuser und die anderen Finanziers ist das Recht auf der Seite jener, die am besten verdienen.

Medien haben im »Portfolio« von Kapitalbeteiligungsfirmen nichts verloren. Wenig tröstlich ist, dass die fatale Dynamik der Finanzinvestoren und ihrer Helfershelfer im Management im Fall ProSiebenSat.1 nicht noch mehr Schaden angerichtet hat. So wurde offenbar in Kreisen des Vorstands und der Gesellschafter tatsächlich diskutiert, ob man das Konzept zweier in den Niederlanden und Dänemark erfolgreicher Frauenfernsehsender aus dem Verbund von SBS einfach nach Deutschland übertragen solle – womöglich als neuer Inhalt des naturgemäß wenig profitablen Nachrichtensenders N24. Statt den Politikerköpfen in Nachrichtensendungen wären dann die liebestollen Frauen aus *Desperate Housewives* zu sehen gewesen.

»Verbreitung ist King, aber Inhalte sind King Kong«, hat der um saftige Formulierungen ringende Guillaume de Posch über sein eigenes Treiben im Geschäftsbericht 2007 geschrieben und diesen Spruch später in Interviews leicht variiert. An das Hollywood-Gorilla-Ungeheuer King Kong, das Hochhäuser zerstört, erinnert bei den jüngsten Katastrophen im deutschen Fernsehmarkt eher der Phänotypus des Finanzspekulanten. Es bleibt kein Stein auf dem anderen, wenn sie Geld zu noch mehr Geld machen lassen wollen. Und über die Sache mit dem »Verlegerfernsehen«, da lacht der King Kong von heute.

2

Das Prinzip Geld

Stars und Status · Eine Bühne und ihr Spielplan · Das Doping der Quoten und Klicks · Die Folgen der Währung Aufmerksamkeit · Eine postmaterialistische Gesellschaft

Wer verdient wie viel? Verdient jemand, was er verdient? Dieses Thema gehört zu den beliebtesten Angeboten in deutschen Zeitungen und Zeitschriften. Tabellen, die das Gehaltsniveau der Arbeitnehmer wiedergeben, sind da ebenso zu finden wie große, vergleichende Berechnungen der Millioneneinkommen von Managern. Ist es Josef Ackermann von der Deutschen Bank, der mit seinen vielen Bonus-Millionen am meisten im Jahr erhält? Oder sind es doch eher unbekannte Wirtschaftsführer von Konzernen wie RWE, die inklusive von Pensionszusagen so richtig schön absahnen? Und was ist mit Wendelin Wiedeking, dem Porsche-Chef, dessen Einkommen im Jahr 2007 von sagenhaften 70 Millionen Euro auf noch sagenhaftere 100 Millionen Euro angewachsen ist?

In den USA ist der Kult ums Geld noch weiter entwickelt. Unentwegt präsentieren Publikationen wie *Fortune* oder *Forbes* irgendwelche Ranglisten der Reichen. Wer hat das größte Vermögen? Welche Models kassieren die höchste Gage? Welche Schauspielerinnen und Schauspieler haben den größten Marktwert?

Die westliche Gesellschaft definiert Wichtigkeit über Geld, und die zentralen Vermittler dieses Gesellschaftswerts, der als »Marktwert« einen objektiven Anstrich bekommt, sind Medien – die sich wiederum selbst dem kapitalistischen Prinzip des Immer-Mehr, des

Maximierens von Gewinn und Umsatz, nicht entziehen können. Es ist eine Gesellschaft, die – nach einem Satz von Oscar Wilde – »von allem den Preis und von nichts den Wert kennt«, die ohne Unterlass das Streben nach Reichtum als *pursuit of happiness* vorführt, und die Erfolgreiche als Helden präsentiert, fast gleichgültig, wie der Erfolg entstanden ist.

Geld definiert den sozialen Standort, den Platz in der Pyramide. Fast logisch, dass der Siemens-Konzern offenbar mit organisierten Schmiergeldzahlungen im Kampf um Aufträge und Umsatzwachstum mithalten wollte und der Manager Klaus Zumwinkel, jahrelang Chef der Deutschen Post, das eigene Vermögen über eine gesetzwidrige Steuerflucht nach Liechtenstein zu mehren suchte. Wird solches Fehlverhalten öffentlich, findet sich garantiert ein Intellektueller des öffentlichen Lebens, der über die Enthüllung klagt, nicht über das Enthüllte. »Deutsch, deutsch bis ins Mark« sei es, Manager wegen Bestechung zu verfolgen, wo doch Korruption in vielen Ländern gang und gäbe sei und etwa in Frankreich kein Hahn danach krähe, räsonierte der Schriftsteller Martin Walser in dem Wirtschaftsmagazin *Capital*. Er bemerkte zur Causa Zumwinkel in dem Magazin, der Staat solle sich einmal überlegen, warum es wohl so wenige Steuerflüchtlinge vom Ausland in die Bundesrepublik gebe.

Das System Geld will sich nicht groß erklären, es glaubt, es spräche für sich selbst. Die volkswirtschaftlichen Grundsätze – Geld als Zahlungsmittel, Wertaufbewahrung, Mittel zum Wertmessen und als Kommunikationsmedium – können die Wirklichkeit dieses Systems kaum mehr fassen. In den Lehrbüchern sind schöne Grafiken zu finden, die das Nebeneinander von Produkt-, Geld- und Arbeitsmarkt verdeutlichen und ein Bild der Harmonie vermitteln: Gezeigt wird, wie über freie bewegliche Preise im Fall eines idealen Wettbewerbs sich stets Gleichgewicht einstellt, die Marktwirtschaft also selbst für die Regulierung ihrer Probleme sorgt. Die Theorie der Selbstheilung ist die größte Illusion einer Gesellschaft, die merkt, dass sie mit dem Prinzip Geld ihre Krankheiten nicht loswird. Zur Realität der entwickelten kapitalistischen Ordnung gehören hochkonzentrierte Märkte, in denen wenige Riesen große Marktanteile halten und durch Kauf anderer Unternehmen noch mehr Marktanteile erlangen. Kein Oligopol kann groß genug sein, dass es nicht doch – angeblich zur Erlangung oder zum Erhalt »internationaler Wettbewerbsfähigkeit« – noch größer sein müsste. Es hat sich nebenbei eine verhängnisvolle Dominanz des Finanzsystems herausgebildet, die so wuchtig geworden ist, dass sie Ökonomien zum Taumeln bringen kann.

Dieses Finanzsystem begann ein Eigenleben zu führen, in dem das Geld als wertvollstes Produkt erscheint. Geld ist auf einmal wertvoller als das, was Arbeiter und Angestellte auf der Welt produzieren – ein Scheinriese, dessen Größe nicht mehr mit realen Werten begründet ist. Das führte zur globalen Banken- und Kreditkrise, die im amerikanischen Immobilienmarkt ihren Anfang nahm und die internationalen Märkte in Mitleidenschaft zog.

Das Prinzip Geld sagt, dass jede Handlung richtig ist, wenn sie nur dafür sorgt, dass aus einer bestimmten Summe innerhalb möglichst kurzer Zeit eine maximal hohe Summe wird. Gut ist, was möglichst schnell vermehrt wird – welcher Deal auch immer dazu passt. Die Moral der Herrschenden, die die herrschende Moral ist, gibt die Philosophie des »größten Hebels« wieder: Maximale Rendite verspricht maximales Glück.

Langes Nachdenken ist nicht nötig: Dieses System liefert jede Menge »objektiver« Parameter, beispielsweise in allen Wirtschaftsteilen der Zeitungen. Es sind Parameter wie die Börsenkurse von Unternehmen, ihr aggregierter Börsenwert, der operative Gewinn vor Abzug von Faktoren wie Abschreibungen und Steuern sowie der Umsatz pro Mitarbeiter. Der Auf- und Abstieg ist alltäglich und transparent wie die Bewegungen in der Tabelle der Fußball-Bundesliga.

Mittels solcher Übersichten, mit Rankings und Zahlenkolonnen, erscheint die komplexe Welt – in der einige immer mehr und andere immer weniger haben und wissen – leicht beherrschbar.

Diese Welt hat ein Oben und ein Unten, sie kennt Sieger und Verlierer. Es ist alles »objektiv«. Politik, Gesellschaft und Kultur haben es mit unquantifizierbaren Größen wie Zweifel, Glauben und Hoffnung zu tun, das System Geld jedoch ist immer eindeutig. Die Medien lieben das Spiel der Zahlen, weil sie so die Welt schnell erklären können. Sie sind Reflektoren einer datenreichen Scheinsicherheit – doch sie reflektieren nicht, was wirklich geschieht.

Der Manager Leonard Fischer, damals ein Jungtalent im Vorstand der Dresdner Bank, besuchte einmal Ende der neunziger Jahre die Redaktion des *Spiegel* in Hamburg und machte dort eine Blattkritik, wie unter Journalisten das Analysieren der aktuellen Ausgabe einer Zeitung oder einer aktuellen Zeitschrift heißt. Dabei tat Fischer Überraschendes kund: Ihm sei alles zu gleichförmig, jeder – auch in den Medien – predige nur die Maximen der höchsten Wirtschaftlichkeit und rede vom Heil des Kapitalismus und der Globalisierung, er aber sehne sich geradezu nach einer »Gegentheorie«. Nach etwas, was eine Diskussion hervorrufe, nach einem Ausbruch aus der Meinungsgleichförmigkeit. Es werde so langweilig. Der Mann ist heute Top-Manager beim Private-Equity-Unternehmen RHJ International.

Gut, es sind einige kritische Bücher erschienen, zum Beispiel *Der Terror der Ökonomie* von Viviane Forrester oder *Die Globalisierungsfalle* von Hans-Peter Martin und Harald Schumann. Es waren Momentaufnahmen, feuilletonistisch zugespitzt, bissige Verrisse der Manager-Allmacht, die gleichwohl wenig änderten an der Gesamtsicht der Kreisläufe von Geld und Geltung.

Es ist auffällig, wie sehr sich die Welt der Finanzen immunisiert hat gegen Einflüsse von außen, auch gegen politische Gestaltungsversuche. Wie sehr sich dieses System zusehends selbst genügte, wie es autark wurde im großen wirtschaftlichen Gefüge. Längst hatte sich die Finanzwirtschaft abgekoppelt von der Produktwirtschaft, von der Herstellung und dem Vertrieb von Gütern, in dessen Umfeld Geld das »Schmiermittel« der Marktwirtschaft sein sollte. Anonyme Verantwortliche in Investmentbanken, bei Hedgefonds oder Private-Equity-Gesellschaften wurden zu Königen in ihren abgeschotteten Reichen, die losgelöst von den üblichen Schwerkraftgesetzen agieren und sich niemandem verantwortlich fühlten, außer den Geldgebern und dem Prinzip der Geldvermehrung.

Sie bewegen mit ihren Geldströmen Märkte, Firmen, Politiker und Länder. Das zeigte sich schon vor Jahren, als die internationale Finanzcommunity 1997 gegen die thailändische Währung Baht spekulierte. Das wird deutlich, wenn eine in der Öffentlichkeit weitgehend unbekannte Hedgefonds-Größe wie Christopher Hohn mit seiner Gesellschaft TCI verhinderte, dass die deutsche Börse die Börse in London übernimmt. Und das beweist sich, wenn eine Fondsgesellschaft aus Los Angeles namens The Capital Group Companies eine Summe von mehr als eine Billion US-Dollar zu managen hat und ihr Geld dabei vorzugsweise in die dreißig Spitzenunternehmen des Deutschen Aktienindex (Dax) steckte, beispielsweise in den Reifenhersteller Continental.

Vielfach bleiben die Winkelzüge solcher Hauptstrategen unentdeckt, bis zu dem Zeitpunkt von Übernahmen und Fusionen. Das System hat so viel Geschwindigkeit aufgenommen, dass Schwindelgefühle nicht ausbleiben. Der Deutsche-Bank-Chef Josef Ackermann musste eines Tages im Frühjahr 2008 auf einer Veranstaltung in Frankfurt erklären, er glaube nicht mehr an die Selbstheilungskräfte des Finanzmarkts, die Politik müsse Einfluss nehmen, es seien gemeinsame Aktionen von Regierungen, Zentralbanken und Banken nötig – eine Einschätzung, die er später von einem Sprecher der Bank relativieren ließ. Da hatte die amerikanische Notenbank schon mit einer hochriskanten Kreditzusage die vor dem Kollaps stehende Bank Bear Sterns gerettet und sie in die Übernahme durch die Großbank J.P. Morgan vermittelt. Spätestens hier wurde dem Letzten klar, dass etwas angebrannt ist.

Und der Journalismus? Was hat das Prinzip Geld, der Primat des Profits, das Gesetz des größten Gewinns, mit den Schreibern, Rechercheuren, Chefredakteuren und Programmmachern zu tun, die in ihren Kreativstuben versuchen, dem verwöhnten, ja, manchmal überreizten Publikum etwas Interessantes – und Interessesweckendes – zu bieten? Die Antwort ist einfach: Auch hier gilt oft nur noch das Gesetz der besten Zahl.

Medien sind wichtiger Teil des Geltungssystems. Zeitschriften wie *Bunte* begreifen sich als Dramaturgen der Öffentlichkeit, als Verstärker von Prominenz, womit sich wiederum Geld machen lässt; sie bereiten eine Bühne. Die Chefredakteurin Patricia Riekel erklärt in einem Interview stolz: »Wir bestimmen den Spielplan.« Davon sind auch Politiker betroffen, die sich hier gerne privat zeigen, selbst ein nüchterner Typ wie Außenminister Frank-Walter Steinmeier, der über seine Dienstreisen und Aufenthalte in Hotelzimmern räsonierte – womöglich, weil er schon an eine Kanzlerkandidatur dachte. Die Lust an der Inszenierung hat *Bunte* mit dem Boulevardblatt *Bild* und politischeren Publikationen gemein, die den Handelnden ebenfalls auf ihre Bretter holen und ihn ins Scheinwerferlicht stellen. Medien lassen Politiker vorkommen oder auch nicht. Sie machen sie menschlich oder unmenschlich. Wer aus dem politischen Leben nie in Medien erscheint, wird eine Wahl verlieren; wer zu oft erscheint, und vor allem mit falschen Stoffen, wird keine gewinnen. Das macht es für Politiker schwierig, mit Medien umzugehen. Sie brauchen einander, aber die Enttäuschung über den anderen ist schon mit dem ersten Händedruck abzusehen.

Äußerungen von Politikern in Interviews oder Artikeln lassen den Wunsch erahnen, sich durch Originalität des Spielplans als würdig zu erweisen. Wer aufsteigen will, braucht in der Regel Medien, doch genauso schnell geht es auch wieder abwärts. Mathias Döpfner, der Vorstandschef der Springer AG, die bekanntlich *Bild* verlegt, sagt, das »Problem der Glaubwürdigkeit – und der Würdigkeit – von Politikern« beginne, »wenn sie mit boulevardesken Homestorys und Badehosen-Bildern aus dem Urlaub im Wahlkampf punkten wollen«, und natürlich sei es nicht Aufgabe von *Bild*, solche Storys abzulehnen: »Wer als öffentliche Person seine Würde verliert, der verliert sie öffentlich.« Die Erfahrung mit der

Würde machen immer wieder vor allem B- und C-Prominente, die ihre privaten Erfolge in *Bild* feiern ließen und sich wunderten, dass auch bei Seitensprüngen, Privatinsolvenzen und dergleichen die schreibenden Kollegen arbeiten und das persönliche Unglück zur neuesten Attraktion auf dem publizistischen Jahrmarkt machen.

Die neue Währung Aufmerksamkeit, die der österreichische Architekturtheoretiker Georg Franck in seinem Buch *Ökonomie der Aufmerksamkeit* vor Jahren beschrieben hat, ist die Verlängerung des Prinzips Geld in die Zonen von Politik, Kultur und Gesellschaft. Dem Börsenkurs eines Unternehmens entspricht der Umfragewert, den ein Politiker erreicht – und dieser Grad der Zustimmung unter den Wählern hängt wiederum von ihrem Bild in den Medien ab. Auf einer Doppelseite werden die deutschen Spitzenpolitiker regelmäßig im *Spiegel* als Treppenmenschen vorgeführt, die mal mit ein paar Prozentpunkten Sympathiegewinn aufsteigen, um dann wieder nach einer Woche mit ungeschickten Bemerkungen abzusteigen. Mit solchen Umfragen kann vermutlich mehr Politik gemacht werden als mit Politik selbst. Da die Wähler in der Regel nur alle vier Jahre wählen, wird vier Jahre erforscht, wie der Wähler wohl wählen würde und was der Politiker tun kann, damit er gewählt wird.

Solche Fragen der »Währung Aufmerksamkeit« geben Stoff für journalistische Kolumnen und Kommentare, sie treiben Parteien an und setzen diejenigen unter Druck, deren Aktienkurs an der Börse des Gefallens fällt – Leute wie der SPD-Politiker Kurt Beck zum Beispiel. Nicht mehr über seine politischen Ideen wurde berichtet, sondern über seinen Kampf im Umfragetief. Es zählt der Star-Index. Das ist der »objektive« Faktor in der Politik. Und wenn sich der Wähler bei der Wahl – wie 2005 – tatsächlich trauen sollte, anders abzustimmen, dann hat sich der Wähler geirrt, nicht das Meinungsforschungsinstitut oder der Journalist, der lediglich aufgeschrieben hat, was es an Fakten gab. Dabei weiß jeder: Die Leute antworten bei Umfragen, wie sie glauben, dass sie antworten sollten. Und sie antworten so, wie es die Frage nahelegt.

Das Prinzip Geld: Medien sind entscheidende Verstärker. Im Einzelfall machen sie Stars, in jedem Fall machen sie populärer. Sie machen keine Kanzler oder Parteichefs, aber sie können ihren Aufstieg oder ihren Fall beschleunigen. Sie beuten Geschichten aus für einen möglichst großen Kreis von Nutzern, die dafür Geld zahlen oder dabei mit Werbung konfrontiert werden, die Dritte finanzieren. Medien sind im Zentrum des Systems – und halten sich manchmal sogar dafür. Sie gehörten in der Vergangenheit, wenn es gut lief (und es lief oft gut), zu den verdienstreichsten Branchen der Wirtschaft, nicht aber immer zu den verdienstvollen. Ordentliches, ja sogar außerordentliches Erwerbsstreben ist den meisten Verlagen, Sendern und Medienfirmen nicht abzusprechen.

Money matters. Nur zu genau wussten und wissen die Verantwortlichen: Nichts ist erfolgreicher als der Erfolg. Jahrelang begleiteten die Medien beispielsweise euphorisch den Aufstieg des aus Ostdeutschland stammenden Radrennfahrers Jan Ullrich zum Superstar. Das war einer mit dem richtigen Star-Index, mit dem viel Geld zu machen und Aufmerksamkeit zu erzielen war. Die Deutsche Telekom hatte sich im Wunsch, ihrem Behörden-Beamten-Image zu entkommen und ein echter internationaler Player der Telekommunikation zu werden, den Radrennsport für Sponsoring ausgesucht. Als Ullrich dann im Jahr 1997 als Sieger der Tour de France über die Champs-Élysées rollte, da waren auch wichtige deutsche Journalisten zugegen, die der Bonner Telekom-Konzern herbeigeflogen hatte. Sie mussten ja vom Ruhm des neuen Stars künden. Ullrich bekam den »Bambi« des Burda-Verlags und die »Goldene Henne«. Ein Land braucht Helden, ein Land verbraucht Helden.

Nur selten wurde in den Medien auf mögliches Doping hingewiesen, wie es einmal im *Spiegel* geschah. Eine gewisse Zurückhaltung mag auch darin begründet gewesen sein, dass die Telekom als großer Werbungtreibender in Medienhäusern besondere Beachtung findet und mit ihren Werbeaufträgen die wirtschaftliche Planung sehr erleichtert. Die Fachzeitschrift *Message* präsentierte in ihrer dritten Ausgabe des Jahres 2008 seltsame statistische Zusammenhänge, die aufzeigten, wie in den neunziger Jahren in bestimmten Medien die Zahl der veröffentlichten Telekom-Anzeigen deutlich zurückging, nachdem just diese Medien kritisch über die Telekom berichtet hatten. Pressefreiheit muss man sich auch leisten können.

Jedenfalls war Jan Ullrich ein deutscher Held, einer wie Max Schmeling oder Boris Becker, und das besonders in der ARD, dem öffentlich-rechtlichen Rundfunksystem, das von allen Bundesbürgern über ihre Rundfunkgebühren finanziert wird. So schloss der Senderverbund mit dem Radstar einen Sondervertrag, der gegen ein Extra-Honorar journalistische Exklusivität sicherte. Bis zu 195 000 Euro jährlich war es der ARD von 1999 an wert, dass ihr Star Ullrich beispielsweise im Ziel nach den Rennen den ARD-Reportern exklusiv Rede und Antwort stand, ein Tour-Tagebuch führte und in ARD-Unterhaltungsshows auftrat. Nach einem Zwischenfall – der Star hatte nachweislich Amphetamine eingenommen – ruhte der Vertrag 2002, wurde dann aber fortgeführt und schließlich erst per Ende 2006 gekündigt. Die Zusammenhänge wurden in der deutschen Presse groß analysiert, beispielsweise in der *Frankfurter Allgemeinen Zeitung* vom 5. September 2006.

Zu diesem Zeitpunkt konnte es schon als Gewissheit gelten, dass im Pulk der Spitzenradfahrer Doping Pflicht ist und die vorne mitradelnden Deutschen keine Ausnahme machten. Vorher aber wollten in der ARD und im ZDF nur wenige richtig hinschauen. Und wenn einer wie der ARD-Journalist Hajo Seppelt genau über Doping im Radsport Bescheid wissen wollte, fehlte es an Unterstützung. Die ARD trat ja selbst bei der dopingverseuchten Tour de France als Sponsor des Teams Telekom auf.

Wie sehr das Prinzip Geld das Denken hochverdienter Journalisten und Medienmacher zeitweise eingenommen hatte, zeigte der Umstand, dass die ARD ihre Ullrich-Vergütung erfolgsabhängig machte – je erfolgreicher der Tour-de-France-Gewinner fuhr, desto goldener waren seine Worte. Dann bekam er mehr Geld. Darauf wäre vermutlich nicht einmal der Privatsender RTL gekommen. Jan Ullrich war zwar nach den Touren des Tages oft so mitgenommen, dass er den ARD-Journalisten exklusiv wenig sagen konnte, doch die Intendanten und Manager des öffentlich-rechtlichen Senderverbunds, der jährlich mit Milliarden Euro Gebührengeldern leben kann, waren wenigstens siegesgewiss, dass ihr radelnder Zahlungsempfänger nicht von einem TV-Konkurrenten interviewt wurde.

»Exklusiv!« – das ist ein Aufputschmittel der Medien, wenn es darum geht, selbst möglichst viel Aufmerksamkeit zu bekommen. Dafür zahlen Medien schon einmal Geld, wenn nur ihnen etwas erzählt wird. Und wenn etwas nicht exklusiv ist, wird es einfach dazu erklärt. Später rechnen Spezialisten nach, wie oft welches Medium in den Medien zitiert wird, wie oft es also die Exklusivmeldung einer Zeitung in die Fernsehnachrichten schaffte. Das so entstehende Zitate-Ranking, für das sich die Stiftung »Medien Tenor« verantwortlich fühlt, halten nicht wenige schon für einen Nachweis von Wichtigkeit, egal, wie exklusiv die Meldung wirklich war. Nur was zählt, zählt. Manches Medium schreibt sogar groß »exklusiv« über Artikel oder Ressorts, so, als sei der große Rest nicht exklusiv.

Die ARD hatte in Sachen Jan Ullrich nicht viel Schuldbewusstsein. Zwar sprach ARD-Programmdirektor Günter Struve von einer »Schnapsidee«, zugleich aber sprach er von der internen Sorge, RTL oder Sat.1 könnten beim Rechtepoker um die Tour de France und Ullrich zum Zug kommen. Man habe so handeln müssen, sagten sich die ARD-Intendanten, schließlich waren andere populäre Sportler wie der Formel-1-Pilot Michael Schumacher bei der privaten Konkurrenz verpflichtet; Ullrich bot die Chance, einen Star an das öffentlich-rechtliche System zu binden. Immerhin brachte der Mann ja Quote. Viele saßen vor dem Bildschirm, wenn der Tross der Radfahrer durch die französischen Lande zog. Manche lasen die Ullrich-Autobiografie *Ganz oder gar nicht*, die der seinerzeitige ARD-Sportkoordinator Hagen

Boßdorf als Mitautor verfasst hat. Es passte in diesem System alles zusammen.

Die Quote ist das Doping der Fernsehmacher. Sie sind süchtig nach dem Kick der Zahlen, sie brauchen den Blick auf die Erfolgsstatistik vom Vortag, die sie sich jeden Morgen auf den Computerschirm holen. Wenn eine neue Fernsehserie nicht die erhofften Marktanteile in der »Zielgruppe« holt, wird sie einfach abgesetzt. Und es wird vergessen, dass die Produktion mit guten Gründen monatelang entwickelt worden war. Eine kleine Gemeinschaft von 5640 TV-Sehern, die im Auftrag des Nürnberger Marktforschungsinstituts GfK »repräsentativ« für 34 Millionen deutschsprachige Fernsehzuschauer auf die Tasten einer Quotenbox (»GfK-Meter«) drücken, entscheidet in neunzig Minuten über das Schicksal von Wirtschaftsbetrieben und Arbeitsplätzen. Das Verrückte ist normal.

Fernsehmanager wollen sich bewähren im Wettstreit um Erfolg; da ähneln sich die Verantwortlichen in öffentlich-rechtlichen und privaten TV-Sendern bis zum Verwechseln. Das Prinzip Geld heißt hier, in der ersten Reihe zu sitzen, wenn die Ersten gekürt werden. Die mit einer geradezu verräterischen Präzision ermittelten Quoten sind für ihr berufliches Leben das, was der Shareholder Value für einen guten Chief Executive Officer (CEO) ist.

Inzwischen will die ARD von ihren ganzen Rad-Irrfahrten nichts mehr wissen. Der Profi Erik Zabel, den der Senderverbund auch unter Vertrag hatte, gestand, im Jahr 2006 eine Woche lang mit Epo gedopt zu haben, einem künstlich hergestellten Mittel zur Erhöhung der roten Blutkörperchen. Ullrich steigt nicht mehr aufs Rad, sein Freund Boßdorf ist schon lange kein ARD-Sportkoordinator mehr. Die Sache ist peinlich. Könnte sie wieder passieren? Nicht sehr unwahrscheinlich. Das Denken hat sich nicht wirklich entscheidend geändert.

Im Sommer 2007 war die ARD zusammen mit dem ZDF sogar ganz aus der Live-Berichterstattung der Tour de France ausgestiegen, als immer neue Doping-Zwischenfälle bekannt wurden. Sofort war natürlich einer da, der das Prinzip Geld richtig zu begreifen meinte und den Ausstieg der anderen als Chance zum Einstieg nutzte: Es war der Privatsender Sat.1, der selbst in eine arge Krise gekommen war, nachdem KKR und Permira, die zwei »Heuschrecken« in der Eigentümergemeinschaft, wie im ersten Kapitel beschrieben, exzessiv an ihren Renditeplänen gearbeitet hatten. In dieser Lage beschloss die Kommerz-TV-Station, rasch aktuelle Bilder von der Tour de France zu zeigen, und baute eine kleine Redaktion auf. Konzernchef de Posch trieb die Sache hektisch voran – womöglich wollte der Vorstandsvorsitzende der ProSiebenSat.1 Media AG von der Negativ-Publicity ablenken, die Sat.1 in jenen Tagen aufgrund eines journalistischen Sparprogramms schadete.

Bei der Berichterstattung über die Tour de France stellte sich Sat.1 freilich so dilettantisch an, dass der Schaden eher noch größer wurde; die Quoten lagen weit unter den Werten, die ARD und ZDF erreichten, bevor der Dopingfall des deutschen Radsportlers Patrick Sinkewitz bekannt geworden war. Der Privatsender schaffte es nicht, mehr als eine Million Zuschauer zu locken und einen zweistelligen Marktanteil zu erreichen, wie etwa das Medienmagazin *dwdl.de* am 30. Juli 2007 dokumentierte. Damit war Sat.1 Opfer des eigenen Systems – ein Unfall, der den Sender zum Gespött machte. Frustriert mussten die Sat.1-Leute die Werbepreise senken. Die Tour habe an Relevanz eingebüßt, sie gehöre nicht mehr in einen großen Sender, verkündete die Sendersprecherin danach. Im Jahr 2008 waren trotzdem die großen Sender ARD und ZDF wieder dabei. Auch wenn diesmal wieder Doper erwischt wurden, machten die öffentlich-rechtlichen Sender das Licht nicht aus. Die Einschaltquoten waren gut.

Was den Fernseh-Gewaltigen ihr tägliches Brot der Quotenstatistik, ist den Entscheidern der Presse die monatliche Auflagenmeldung. Eine übergeordnete Stelle mit monströsem Namen, die Informationsgemeinschaft zur Feststellung der Verbreitung von Werbeträgern (IVW), ermittelt aufgrund der Verlagsmeldungen und eigener Stichproben die Verkaufszahlen von Zeitungen und

Zeitschriften. Diese Größe ist wichtig, da sie den Anzeigenkunden die Wichtigkeit eines Blattes signalisiert. Für Chefredakteure ist sie ein Indikator, wie das eigene Konzept, die Themenmischung und die Schlagzeilen ankommen. Die IVW weist auch aus, wie eine Publikation zum Käufer gelangt: über den Einzelverkauf am Kiosk oder im Supermarkt, über ein Abonnement, einen Lesezirkel, im Flugzeug als »Bordexemplar« oder mittels »sonstigen Verkäufen«. Wenn in den Sparten »Einzelverkauf« oder »Abo« wenig eindrucksvolle Zahlen zu finden sind, dafür aber die Ziffern in den sonstigen Kategorien imposant wirken, liegt der Verdacht nahe, dass die Gesamtverkaufszahl künstlich hochgetrieben werden soll. Solche aufgeblähten Zahlen signalisieren Erfolg und sichern das Image, wo doch längst Krisenrezepte greifen müssten. Etliche bekannte Titel sind per Feinanalyse leicht zu entzaubern.

Im Internet kann die Quotenfixierung besonders heftige Auswirkungen haben. Nichts bleibt hier für die Macher geheim, jede Zahl über »Erfolg« oder »Misserfolg« ist prompt verfügbar. Eine aktuelle Statistik zeigt an, wie das soeben auf die Homepage platzierte Thema ankommt oder wie eine andere Überschrift oder ein auffälligeres Bild wirkt. Auf eine Gesamtstatistik muss im Internet nicht bis zum nächsten Morgen gewartet werden – die IVW liefert zu jeder Zeit den Nachweis der aufgelaufenen Klicks. Wann immer der Nutzer bei einem Besuch (»Visit«) auf einer Website ein bestimmtes Angebot des angesteuerten Online-Medienunternehmens anklickt, wird dies als »Page Impression« gezählt. Je mehr »Page Impressions«, umso besser, da sich so Werbung besser und vor allem zu höheren Preisen akquirieren lässt.

Dass sich die Zahl dieser Klicks mit allerlei Unfug künstlich hochtreiben lässt – so wie Printauflagen über »weiche« Verkaufsarten –, hat sich herumgesprochen. Probates Mittel sind grotesk ausgeweitete Bildergalerien, bei denen die Meldung einer Nachrichtenagentur zum teilweise erlaubten Verkauf der Zeitschrift *Playboy* im Polizeistaat China mit 150 Fotos von Playmates dekoriert wird. Wenn 10 000 Nutzer auf den *Playboy*-Artikel gehen, zählt dies als 10 000 Page Impressions; schauen sich diese 10 000 Nutzer aber auch alle Bilder der dargebotenen *Playboy*-Frauen an, zählt dies immerhin als 1,5 Millionen Page Impressions. Je mehr, umso besser?

»Mit den Echtzeit-Quoten hält ein mächtiges Instrument Einzug in die Online-Redaktionen«, bilanziert Benedikt Tüshaus in seiner Mitte 2005 erschienenen Diplomarbeit für die Fachhochschule Darmstadt, Studiengang Online-Journalismus. Er hatte in mehreren Redaktionen geforscht und hielt fest, dass die kurzfristigen Reaktionen auf die minutenaktuelle Quotenmessung im schnellsten Fall binnen einer Viertelstunde erfolgten, nachdem ein Thema auf die Startseite gebracht worden war. Entweder werde der Vorspann mit Reizwörtern oder einem interessanteren Bild aufgewertet, oder aber das Thema »wandert zunächst in der Seitenhierarchie schrittweise nach unten und wird dann, vereinzelt aber auch sofort, durch ein anderes ersetzt«, schreibt der Experte.

Über die Wertigkeit des jeweiligen Online-Journalismus sagen die mitunter strategisch aufgehübschten Zahlen in Wirklichkeit wenig aus – so wenig wie TV-Quoten über gute Fernsehprogramme und IVW-Zahlen über Qualitätszeitungen. So wenig wie Umfragewerte von forsa, dimap und den anderen Instituten über gute und schlechte Politik oder Börsenkurse über die wirkliche Leistung eines Managements. Das System Geld lebt von lauter Indikatoren, die anzeigen, wofür etwas gehalten wird. Es hat keine Skala für einen Wert. Es tut nur so.

In den Medien sind Quoten mehr oder auch weniger korrekte Ziffern der Nachfrage, mit denen man umgehen muss, die in Relation zu setzen sind zum Angebot. Was sagt es beispielsweise aus, wenn die einzigartige Reportage über einen legendären amerikanischen Fotografen nur tausendmal im Netz angeklickt wird? Sie bleibt etwas Besonderes. Soll eine brillante Analyse der russischen Außenpolitik schnell wieder von der Seite genommen werden, weil sie nur zweitausendmal geklickt wird? Allein, dass die Reportage über den Fotografen und das Stück über Russland möglich sind, macht den Wert und die Bestimmung von Medien aus. Neben all den Geschichten, die erwartungsgemäß Quote bringen, muss Platz für das Ungewöhnliche sein. Quoten sind die ständige Aufforderung, Themen journalistisch noch besser aufzubereiten – aber sie machen sperrige Themen nicht verzichtbar.

Keine Zahl, keine Tabelle ermittelt den Nutzen, den Qualitätsjournalismus für die Gesellschaft hat. Nirgendwo ist zu quantifizieren, ob eine Zeitung besonders viel zur Meinungsbildung beiträgt. Kein Index veranschaulicht, wie stark eine Redaktion noch investigativen Journalismus betreibt. Keine Messgröße gibt wieder, ob Korrespondenten gut eingebunden sind. Die Anzahl der Zitationen in anderen Medien, die sich Verlage gern gegenseitig stolz präsentieren, sagt womöglich in Wirklichkeit mehr aus über die Kunst, Nachrichtenagenturen zu bedienen, als über die tatsächliche Exklusivität. Und die Höhe der Klickzahlen beweist womöglich nur, dass die Themen – mit welchen Methoden auch immer – der übermächtigen Suchmaschine Google optimal präsentiert wurden. Für manche Journalisten ist nicht mehr der Nutzer die Zielgruppe, sondern die Technik von Google, die es zu überlisten gilt.

Das Problem wird verschärft, weil soziale Werte alles andere als Fixgrößen sind und die bundesdeutsche Gesellschaft seit Anfang der siebziger Jahre einem Wertewandel unterliegt. Wissenschaftler beobachten den Trend zur Selbstentfaltung in einer »postmaterialistischen Gesellschaft«, die Basisbedürfnisse vollständig befriedigt und in der sich das Individuum eigene Ziele und Werte setzt. Einst wichtige moralische Kategorien wie »Gehorsam« oder »Unterordnung« verloren an Bedeutung, während sich etwa »Ordnungsliebe« und »Fleiß« noch gut halten. Sie fließen ein in die individualistischen Wertekonzepte der Bürger – die darin wiederum von Medien bestätigt, ermuntert oder abgeschreckt werden. Von der Gefahr eines eklatanten »Werteverfalls« seit 1968, wie ihn die Allensbacher Meinungsforscherin Elisabeth Noelle-Neumann zu sehen glaubt, wollen die meisten Wissenschaftler gleichwohl nichts wissen. Noelle-Neumann beklagt die nachlassende Bindung an Kirche und Religion, den Verlust von Autorität, die schwindende Bedeutung sogenannter Sekundärtugenden, eine aufkommende Freizeitorientierung und die abnehmende Lust, sich in der Gemeinschaft zu engagieren, auch in der Politik.

Das Prinzip Geld kann den Wertekanon nicht abbilden. Es bildet nur ab, wie sich Menschen durch Kauf und Verkauf von Gütern voneinander absetzen, wie Status symbolisiert wird. Medien wiederum sind nicht frei vom Gesetz der besten Zahl – der größten Quote, des größten Gewinns, der niedrigsten Kosten. Die erreichte maximale Reichweite lässt vermuten, die Bedürfnisse der Leser getroffen zu haben. Oder nur deren Vorurteil und Vorbildung? Eine Prämie für die Vermittlung von Werten gibt es für Medien nicht. Es gibt nur die Aufgabe, Interesse zu wecken für Informationen und Zusammenhänge, Gesellschaft erfahrbar zu machen und damit beeinflussbar. Das könnte ein wichtiger Impuls für das Wertekonzept der Individuen sein. Und gelegentlich könnte die Nachfrage nach Journalismus einfach einmal dem journalistischen Angebot folgen.

3

Das Prinzip Geist

Was vor vierhundert Jahren begann · »Preßfreiheit« und »Preßbengels« · Die »Vierte Gewalt« entsteht · Lob dem »Morgensegen« · Die Flamme der Leidenschaft

Am Anfang war nicht das Wort, am Anfang war tatsächlich die Anzeige. Als vor mehr als vierhundert Jahren die Zeitungen entstanden, war das neue Medium ein wichtiges Instrument für Buchhändler, Theaterbesitzer und Mediziner, ihre aktuellen Angebote anzukündigen und anzupreisen. Der journalistische Inhalt – zunächst Hofnachrichten, Pferdesport und Lokales – gewann erst nach und nach an Bedeutung. Für die Menschen waren Zeitungen eine willkommene Fortsetzung der Moritatenerzählungen von Bänkelsängern, die durch die Städte zogen und mit ihren Geschichten begeisterten, sowie der Flugschriften und Kaufmannsbriefe. Auf zunächst wenigen Seiten fanden sich Berichte und Mitteilungen aus anderen Städten und Ländern.

In der Pressegeschichte wird eine Zeitung aus Straßburg im Elsass als Pionier gefeiert: Hier erschien im Herbst 1605 die *Relation aller Fuernemmen und gedenckwuerdigen Historien*, die von Johann Carolus einmal wöchentlich herausgegeben wurde. Auf dem Gebiet der heutigen Bundesrepublik kam im niedersächsischen Wolfenbüttel im Januar 1609 als erste Zeitung der *Aviso, Relation oder Zeitung* unter die Leute. Der Inhalt der Zeitungen erweiterte sich schnell. Der Verleger des 1745 in Hamburg gegründeten *Wandsbeker Mercurius* wusste nur zu gut, dass er seinen Lesern mehr schuldig war als trockene Nachrichtenkost. Ein Zeitungsschreiber müsse sich vor Augen führen, dass er »Zeitvertreiber des ganzen Haufens« sei, der seine Blätter liest, meinte er. Die erste Kolumne entstand am 11. März 1751 in London: Unter dem Pseudonym »Der Inspektor« schrieb John Hill täglich im *London Advertiser* und der *Literary Gazette*. Technische Verbesserungen haben der Branche schnell aufgeholfen: 1812 wurde die Schnellpresse erfunden, 1845 kamen die Rotationsmaschinen und 1884 machte die Linotype-Setzmaschine Zeitungen zum wichtigen Massenmedium. Und mit der Herausprägung einer bürgerlichen Mittelschicht wurde der Redakteur zur hauptberuflichen Betätigung. Er repräsentierte den Faktor Geist.

Es wurde deutlich, dass mit dem gedruckten Wort sehr wohl politische Sprengkraft verbunden war, dass Geist Gewalt bedeuten konnte – eben eine »Vierte Gewalt«. Der Jurist Philipp Jakob Siebenpfeiffer zum Beispiel machte zunächst im Staatsdienst Karriere, verzweifelte aber an den politischen Verhältnissen und wollte schließlich als Journalist Veränderungen durchsetzen. Seine unter Pseudonym veröffentlichten Artikel provozierten die Obrigkeit und wurden zum Teil zensiert. Nachdem Siebenpfeiffer in seinem neu gegründeten eigenen Blatt *Rheinbayern* einen despektierlichen Text unter dem Titel »Nur keine Revolution in Deutschland« schrieb, musste er seinen Dienst als Staatscommissär quittieren. Der Mann gründete den *Boten aus Westen*, um im Sinn der französischen Julirevolution von 1830 die Gesellschaft aufzurütteln.

Immer wieder ging es dem Liberalen Siebenpfeiffer um die Freiheit der Presse, um die »Preßfreiheit«, und zu diesem Zwecke wurden Festbankette veranstaltet. Als das größte dieser Feste, als fröhlicher Aufmarsch zur Durchsetzung von Pressefreiheit und anderer bürgerlicher Freiheiten, war im Mai 1832 das Hambacher Fest eingeplant, zu dem 30 000 Menschen kamen. Es endete mit Polizeiaktionen und Verhaftungen. Siebenpfeiffer wurde wegen »Beamtenbeleidigung« zu zwei Jahren Haft verurteilt; mithilfe von Freunden konnte er in die Schweiz fliehen, wo er an der Universität

Bern eine außerordentliche Professur für Straf- und Staatsrecht erhielt. Nach dem Publizisten ist ein bedeutender Journalistenpreis benannt, der alle zwei bis drei Jahre an engagierte Schreiber der Zunft verliehen wird.

Es sind solche historischen Figuren, die an das Beste im Journalismus erinnern, an den Fortschritt der bürgerlichen Gesellschaft, der eng verbunden war mit der steigenden Auflage der Zeitungen. Drei Jahre nach Siebenpfeiffers Tod wurde die Pressefreiheit durch die Paulskirchenverfassung gesetzlich verankert und 1874 formal Teil der Reichspressegesetze. In Berlin entwickelte sich eine große Zeitungskultur, die erst mit den Nazis im Dritten Reich zerstört werden sollte.

Das Prinzip Geist ist Lebensgrund und Lebensbestimmung des Journalismus. Damit ist gemeint: Beobachten, Erforschen, Bewerten und Kritisieren der Wirklichkeit. Es ist die Tradition des Jakob Philipp Siebenpfeiffer. Sie ist politisch, weil sie herrschende Verhältnisse in Frage stellt und Widerspruch organisiert. Für autoritäre Systeme ist das eine grauenhafte Vorstellung. Der Inhalt von Pressepublikationen gehört in der Zeitungswissenschaft zu den »Idealgutern«. Eine Zeitung zu machen, das war eben schon im 19. Jahrhundert nicht einfach nur eine kommerzielle Tätigkeit, sondern vielmehr eine öffentliche Aufgabe – selbst wenn der bekannte Journalist Maximilian Harden 1900 vor amerikanischen Zuständen warnte. Dann höre »die Journalistik, der heute schon Depeschen und Reportagen wichtiger sind als Stil, Können, Sachkenntnis und Überzeugung, völlig auf, ein Zweig der Literatur zu sein«. Die Zahl der deutschsprachigen Publikationen war in der zweiten Hälfte des 19. Jahrhunderts von 1500 auf 4000 angewachsen.

Das Metier von Siebenpfeiffer, Harden und der anderen nachgefolgten journalistischen Größen hebt sich gleichwohl deutlich ab von Märkten, die etwa Hosen, Waschmittel, Schmerztabletten oder Sportschuhe anbieten. Es spiegelt die Gesellschaft wider, und gibt ihr das – subjektiv gesehene – Spiegelbild zurück. Journalismus findet für diese verwirrende Welt prägnante Überschriften, Vorspänne, Sätze und Bilder. Sie sind im besten Fall Stimulans und Inspiration, auf jeden Fall aber Teil der Alltagskultur. »Das Zeitungslesen des Morgens früh ist eine Art von realistischem Morgensegen«, schrieb der Philosoph Georg Wilhelm Friedrich Hegel in seinem Aphorismus Nr. 32. »Morgensegen« – eine fast überirdische Beweihung einer irdischen Arbeit. Hegel fehlt fast nie, wenn das Besondere der Presse gewürdigt wird, wenn der Geist gegen das Geld abgegrenzt wird.

Schon früh aber wurde deutlich, dass der Journalismus für die hohe Politik zugleich Gefahr und Gelegenheit war. Otto von Bismarck ließ im 19. Jahrhundert nichts unversucht, die Presse zu beeinflussen – und hatte Erfolg damit. Journalisten waren für ihn »Preßbengels« und »Reptilien«, ja einmal sprach er von »bösartigen Reptilien«, die »bis in ihre Höhlen hinein« mit speziellen Verordnungen verfolgt werden sollten.

Andererseits tat er alles, um sie mit Geld gefügig zu machen. Mit Geld aus »Reptilienfonds«, aus schwarzen Kassen, unterstützte er schwarze Propaganda. Zuerst war es die *Provinzial-Correspondenz*, die Bismarcks erzkonservative Botschaften in Zeitungsbeilagen unters Volk streute, dann wurde sie von den *Neusten Mittheilungen* ersetzt. Der Absender und Finanzier blieb bei dieser Form früher Polit-PR schön verdeckt. Bismarck unterhielt zudem ein »Literarisches Büro« im Innenministerium, unterstützte das regierungsnahe Wolffsche Telegraphenbüro und bezahlte Leibjournalisten. Dieses System der journalistischen Korruption bewährte sich im Deutsch-Französischen Krieg von 1870/1871, den die großen Medien als heroischen Kampf von Mutter Germania feierten. Anschließend wurde die Reichsgründung bejubelt. Frankreich galt vielen Zeitungen als »Erzfeind«, Minderheiten wie die Polen und Dänen wurden ausgegrenzt und Sozialdemokraten als vaterlandslose Gesellen geschmäht. Die Presse war »verbismarckt« – und einer wie der Schriftsteller Theodor Fontane, der sich noch 1848 als »rother Republikaner« gesehen hatte, pries nun Kaiser Wilhelm I.

als »Kaiser Weißbart«. Dem Typus des schreibenden Wendehalses hat Gustav Freytag – auch er ein Journalistenliterat – bereits im Jahr 1852 in seinem Lustspiel *Die Journalisten* mit der Figur des opportunistischen Schmock ein Denkmal gesetzt. Ihn lässt er sagen, nach jeder Richtung schreiben zu können; dieser Lustspielperson sind im wahren Leben noch viele »Schmocks« gefolgt.

In Deutschland waren es vor allem Juden, die den Journalismus groß gemacht haben. Heinrich Heine beispielsweise nutzte als Erster machtvoll alle Spielarten des Genres, vom Kommentar bis zur Kritik, vom Essay bis zum Porträt. 1831 floh er vor dem deutschen Zensurwesen nach Paris. Er verfasste hier für die *Augsburger Allgemeine Zeitung* seine »Berichte aus Paris« und praktizierte eine sprachmächtige Kunst: Aufklären durch Erklären. Ludwig Börne wiederum schrieb gegen die Restauration in Deutschland in der ersten Hälfte des 19. Jahrhunderts in *Die Waage* an, seiner eigenen Zeitschrift. Seine Literatur- und Theaterkritiken machten ihn berühmt. »Im Dienste der Wahrheit genügt es nicht, Geist zu zeigen, man muss auch Mut zeigen«, wusste der Autor, der die Kunst der Metapher beherrschte wie kaum ein anderer.

Die Grenzen zur Literatur sind fließend, und einmal hat der Münchner Verleger Hubert Burda, einer der wenigen Denker im Gewerbe, Journalismus vielsagend auf der Jahrespressekonferenz 2003 des Verbandes Deutscher Zeitschriftenverleger als »Literatur in Eile« bezeichnet. Das klingt anmaßend, bezogen auf viele Artikel des täglichen Bedarfs – und doch steckt in einer guten politischen Zeitungspointe ein Aphorismus. Und doch ist in der schönen eleganten Formulierung einer Zeitschriftenreportage etwas Romanhaftes, etwas, das Lust am Lesen schafft. Medien sind Kulturgut aus sich heraus; als Wirtschaftsgut müssen sie sich darüber hinaus auch noch bewähren. Ohne Geld kein Geist. Auch Johann Wolfgang Goethe lernte, dass es der Qualität keinen Abbruch tut, wenn er Dutzende von Verlegern um die Rechte an seinen Werken bieten lässt. Der Kommunikationsprofessor Wolfgang R. Langenbucher findet, »dass Journalismus nicht terminologisch zur Literatur geadelt werden muss« – Journalismus könne »wie Literatur, Musik und Kunst eine schöpferische Tätigkeit sein« – er ist einfach per se mehr als nur ein Geschäft.

Immer wieder haben sich Literaten im Journalismus bewährt und im Kampf um das eilige Wort ein großartiges Erbe hinterlassen. Es sind Persönlichkeiten wie der französische Romancier Émile Zola, der im Januar 1898 in der Zeitung seinen berühmten Offenen Brief »J'accuse« abdruckte: Er kämpfte so gegen die Verurteilung des jüdischen Hauptmanns Alfred Dreyfus als angeblichen prodeutschen Verräter und half entscheidend mit, Dreyfus am Ende in Frankreich zu rehabilitieren. Noch im selben Jahr machte der Kriegsminister dem Journalistenliteraten den Prozess, Zola wurde wegen Diffamierung zu einer Geld- und kurzen Haftstrafe verurteilt – und flüchtete nach London.

In diesem Gewerbe gab es Abenteurernaturen Samuel Longhorne, der unter dem Pseudonym Mark Twain (*Tom Sawyer*, *Die Abenteuer des Huckleberry Finn*) Anfang des 20. Jahrhunderts gegen den Imperialismus der USA in ketzerischen Zeitungsartikeln anschrieb und beispielsweise während des Philippinisch-Amerikanischen Krieges (1899–1902) das Vorgehen der US-Militärs auf dem asiatischen Inselstaat hart kritisierte. Twain benannte freiweg die Geldlust als große amerikanische Krankheit – schon damals kontrastierte das Prinzip Geld mit dem Prinzip Geist. Und es sind die Aufrechten, die sich im politischen Kampf aufrieben und zu Vorbildern geworden sind, publizistische Persönlichkeiten wie Kurt Tucholsky, der in der Weimarer Republik als Autor und Mitherausgeber der *Weltbühne* mit seiner Schreibmaschine den Aufstieg der Nazis aufzuhalten versuchte und vergeblich die demokratischen Kräfte stärken wollte. Tucholsky brachte sich 1935 im schwedischen Exil um. Die letzte Ausgabe der Zeitschrift *Weltbühne* schloss am 7. März 1933 mit einem Satz, der für die Unbeugsamkeit der Branche steht: »Denn der Geist setzt sich doch durch.«

Ohne die publizistischen Kämpfer, denen das Prinzip Geist und der Mut zur Meinung wichtiger war als alles andere, sähe die deutsche, die europäische und die amerikanische Kultur ärmer aus. Das ist die »Rendite« des Geistes, ein Ertrag, der über den Tag hinausweist und der nicht in Geld auszuweisen ist.

Die Nationalsozialisten haben rasch nach ihrer »Machtergreifung« im Jahr 1933 die deutschen Medien gleichgeschaltet. Sie handelten, wie es in Diktaturen üblich ist: Als Erstes endet die freie Presse und damit die offene Diskussion. Stattdessen wird über Redaktionen eine Einheitslinie verkündet. Die Nazi-Propagandisten übernahmen die meisten Zeitungen im Land oder schlossen sie; sie gaben unentwegt Direktiven aus und hämmerten über das damals junge Medium Radio ihre Botschaften heraus – die an »Volksempfängern« zu hören waren. Propaganda ist das Charakteristikum aller unfreien Gesellschaften.

Nach dem Krieg etablierten die Alliierten deshalb schnell freie Medien in Deutschland: Demokratie wächst mit freien Journalisten. Die westlichen Siegermächte des Zweiten Weltkriegs etablierten rasch, ganz nach dem Vorbild der BBC in London, einen öffentlich-rechtlichen Rundfunk, von dem sie erwarteten, dass er politisch unabhängig agiert. Und sie vergaben Zeitungslizenzen an politisch unbedenkliche Verlegergemeinschaften. In Artikel 5 des Grundgesetzes wurde im Jahr 1949 die Meinungs- und Pressefreiheit festgeschrieben. Ein Grundrecht, das seitdem – angesichts staatlicher Bespitzelungsversuche und Razzien von Staatsanwälten in Redaktionen – immer wieder verteidigt werden muss. Das Meinungsgrundrecht ist aber auch bedroht durch andere Methoden der Beeinflussung, sei es, wie schon erwähnt, durch Versuche von Unternehmen und Verbänden, sich direkt in Redaktionen einzukaufen und werbliche Texte publizieren zu lassen, sei es durch die Konfrontation mit großen PR-Apparaten, die mehr Mitarbeiter mobilisieren, als die Redaktionen an Journalisten aufbieten können.

Qualitätsjournalismus ist ein wesentliches Element der Demokratie. Er macht aus dem Chaos der vielen Nachrichten und Botschaften ein stimmiges Bild von der Gesellschaft. Aber stimmt es wirklich? Wie gut dieses Bild ist, wie sehr die Leser und Zuschauer begreifen, was vor sich geht, wie stark sie gefordert werden, ohne sich zu langweilen – darin unterscheiden sich gute von weniger guten Redaktionen. »Qualität hat der Sache nach mit Qual zu tun, meint aber nichts anderes als Beschaffenheit, Eigenschaft, Wert«, definiert der Eichstätter Journalistikprofessor Walter Hömberg.

Werner Friedmann, einstiger Chefredakteur und Mitverleger der *Süddeutschen Zeitung* sowie Gründer der *Münchner Abendzeitung*, brachte es auf die Formel: »Entscheidend ist die Flamme der Leidenschaft, die in einem wahren Journalisten brennen muss ... Nur jemand, der die Wahrhaftigkeit und Gerechtigkeit leidenschaftlich liebt und erfüllt ist von der verantwortungsvollen Aufgabe, ein unverfälschtes Weltbild wiederzugeben, kommt dem Ideal des Zeitungsmannes nahe.«

Kein Mangel also an Selbstbeschreibungen und mutigen Zielsetzungen. Kein Mangel an Tradition und Grundsätzen. Eine Branche, die es gewohnt ist, mit dem Wort umzugehen, findet für die eigene Betätigung die schönsten Worte. Es mag ja sein, dass Journalisten seit einiger Zeit in der Gesellschaft nicht mehr die allerhöchste Wertschätzung genießen – ganz anders als etwa Ärzte, Krankenschwestern und Polizisten –, und dass sie in Befragungen weit hinten auf der Beliebtheitsskala landen, so ungefähr auf Platz 18. Offenbar nimmt die Bevölkerung die Vertreter des Gewerbes nicht mehr als Elite wahr, sondern als Eitle. An der Grundbedeutung all der Redakteure und Rechercheure für das öffentliche Leben ändert dies nichts, an ihrer Aufklärungsfunktion für alle. Der Journalismus gehöre dort hin, »wo unsere Gesellschaft noch frei ist von institutionellen Zwängen: in die Zivilgesellschaft, also mitten hinein ins anarchische, weil staatsfreie Alltagsgetümmel«, meint der Schweizer Publizist Frank A. Meyer in der August-Ausgabe 2008 der Zeitschrift *Cicero.* Er ist eine Hilfe von Bürgern für Bürger, und damit eine Kontrolle derer da oben. Ganz oben dazugehören darf Journalismus nicht.

Wie groß aber ist die Chance für den Geist in einer Welt, die von Geld bestimmt ist? Was macht den Hegel'schen »Morgensegen« heute aus? Schwindet die Pressefreiheit womöglich nicht jeden Tag – unbemerkt – ein wenig dahin? Ist es um das »Idealgut« noch ideal bestellt?

Der österreichische Schriftsteller und Journalist Alfred Polgar hat das Dilemma einmal in zwei schönen Sätzen zusammengefasst: »Es ist schrecklich schwer, Leute zu finden, die etwas Neues zu sagen haben. Und wenn man sie gefunden hat, ist es schrecklich schwer, Leute zu finden, die etwas Neues hören wollen.«

4

Die Zeichen an der Wand

Aber bitte mit Foto · Presse mit Auflagenerosion und Werbeeinbußen · Der Tag hat nur vierundzwanzig Stunden · Ein großer Verteilungskampf · Google, der Feind im Bett · Die Skandale des Fernsehens

Für den Leser der *Frankfurter Allgemeinen Zeitung*, der in der Werbung als »kluger Kopf« gepriesen wird, war der 6. Oktober 2007 kein Tag wie jeder andere. An diesem Freitag erschien die überregionale Publikation aus Hessen mit einem großen Foto auf Seite eins. Das hatte es zuvor in der Geschichte des im Dezember 1949 gegründeten Blattes nur 33-mal gegeben, wie die Redaktion penibel erklärte, und zwar bei besonderen Ereignissen wie den Terroranschlägen vom 11. September 2001. Dieser 6. Oktober 2007 war nachrichtentechnisch gesehen allerdings kein besonderer Tag – er war einfach nur der Tag, an dem die konservative *FAZ* ihr Äußeres änderte und moderner sein wollte. Angesichts solcher Vorsätze hatte auch die altmodische Frakturschrift, in der ihre Kommentarüberschriften traditionellerweise gedruckt wurden, keine Chance mehr.

Das Schönheitsrevolutiönchen vom Main schreckte viele Leser in der Gemeinde der Zeitung. Sie machten ihrem Unmut in langen Kommentaren Luft und sahen eine Anbiederung an den Zeitgeist. Dabei hatten sich die fünf Herausgeber der *Frankfurter Allgemeinen Zeitung* relativ spät zum Facelifting entschlossen – viel später zum Beispiel als die nicht minder konservativen Kollegen von der

Neuen Zürcher Zeitung (*NZZ*), die zuvor ebenfalls ohne Foto auf dem Titel ausgekommen war.

Solche radikalen Änderungen gehören zur Standardrezeptur der Verlage, um einen beständigen Verfall der Auflage und der Einnahmen zu stoppen. Sie sind Ultima Ratio gegen einen unheimlich wirkenden Wandel, der auf einmal sogar vierhundert Jahre Tradition bedroht. Eine Branche kämpft gegen ihr Verschwinden, und damit gegen den Verlust öffentlicher Meinung. Es sind Branchengurus wie Steve Ballmer, der Vorstandschef des Softwareriesen Microsoft, die der Presse den Untergang prophezeien: In zehn Jahren, also 2018, würden »keine Zeitungen, keine Zeitschriften mehr in Papierform ausgeliefert werden«, glaubt Ballmer, es gebe dann Medienkonsum nur noch über das Internet. Solche Vorhersagen sind nicht so sicher wie der Ton, in dem sie verkündet werden. Immerhin hatte Microsoft-Gründer Bill Gates den Tod der gedruckten Zeitung bekanntlich in den neunziger Jahren schon für 2000 avisiert. Und doch, alle Verlagsmanager wissen: Es werden mehr Verluste zu beklagen, als Gewinne zu feiern sein.

Angesichts der harten Daten vom Markt, der Abstimmung am Kiosk, bricht der Strukturkonservativismus der größten Bewahrer auf. So verkauften die deutschen Tageszeitungen im Jahr 2007 mit mehr als 20 Millionen Exemplaren rund 16 Prozent weniger als noch vor zehn Jahren. Der Trend ist unerfreulich. Die *FAZ* beispielsweise rutschte Anfang 2003 unter die Auflagengrenze von 400 000 und verkaufte 2007 im Schnitt nach Angaben der Auflagenprüfstelle IVW noch etwas über 360 000 Exemplare. So geht es reihum unter den Großen der Branche, von *Bild* bis *Bild am Sonntag*. Einige Zeitungen weisen zwar noch relativ hohe Gesamtauflagen aus, doch wer sich näher für die Statistik interessiert, entdeckt schnell, dass mitunter hohe »Sonderverkäufe« für die noch günstigen Ergebnisse verantwortlich sind. So kann man sich über die bittere Wahrheit ein wenig hinweglügen. Derartige kosmetische Korrekturen funktionieren über Vertriebsformen, bei denen der Leser oft überhaupt nichts für die Zeitung und die Zeitschrift zahlen muss. Die Exemplare liegen stapelweise im Hotel, in Restaurants oder in Flugzeugen aus, jeder darf sich bedienen. Ein Blatt wie die *Financial Times Deutschland* bringt am Kiosk gerade rund 5000 Exemplare an den Käufer. *Focus* verkauft mehr Hefte in der Luft (»Bordexemplar«) als am Boden im Einzelverkauf an Kiosken. Alles eine Luftnummer? Die Auflage der deutschen Zeitschriften ging, so die IVW-Auflagenstatistik, im zweiten Quartal um durchschnittlich 2,7 Prozent zurück.

An manchen Stellen ähnelt das System bereits dem Markt für Gratispresse, die sich in vielen Ländern durchgesetzt hat, zum Beispiel in der Schweiz. Dort haben sich alteingesessene Verleger wie Michael Ringier oder die Gruppe rund um den *Tagesanzeiger* mit den Spielregeln der modernen Zeit abgefunden und bieten zusätzlich zu den eigenen Zeitungen, für die man nach wie vor Geld zahlen muss, unentgeltliche Blätter an. Das meist jüngere Publikum greift zu. Es hat zu wenig Zeit, die herkömmlichen Abonnement- und Kaufzeitungen zu lesen – und kann wohl mit den gebotenen Themen zu wenig anfangen. Mit den Gratisangeboten machen sich die Verleger Hoffnung, die junge Klientel für den eigenen Journalismus interessieren zu können.

All diese Symptome gehören zum gewaltigsten Umbruch, den die Medien weltweit bisher erlebt haben, eine permanente Revolution im Stillen. Sie besagt: Menschen verhalten sich nicht mehr entsprechend ihren Gewohnheiten und machen nicht, was man von ihnen erwartet, sondern sie entscheiden sich – völlig unberechenbar – für das, was ihnen gefällt. Sie sind auf ihre Art souverän geworden, wenn auch weniger pflichtbewusst. Für die Gesellschaft hat diese Individualisierung, diese Aufspaltung in viele neue Verhaltensmuster, schwerwiegende Folgen. Institutionen wie Parteien oder die Kirche werden genauso »abgewählt« wie Zeitungen oder Zeitschriften. Die Zahl der Parteimitglieder ist über die Jahre ebenso rapide gesunken wie die Zahl der Kirchenmitglieder. Die Presse, als Verlängerung der Bundeszentrale für politische Bildung ins Erwachsenenalter, verlor und verliert ebenso an Bedeutung als kulturelle Heimstatt. Bindungen lösen sich auf.

Zu den quasi staatsbürgerlichen Pflichten gehörte es einst, abends um 20 Uhr die *tagesschau* im Fernsehen zu sehen und eine Zeitung zu abonnieren, die morgens im Briefkasten steckte, aber aufgrund von Zeitmangel nicht sofort gelesen werden konnte. Die permanente Revolution der Medien entspricht den neuen Bedürfnissen in der Gesellschaft: Wenige lechzen nach der gedruckten Wahrheit in einer Zeitung oder in einer Zeitschrift oder der gesendeten Wahrheit einer TV- oder Radiostation. Informationen sind ja – überall und jederzeit – im Internet verfügbar, in allen Sprachen, und das auch noch kostenlos. Anonym oder unter einem Pseudonym kann sich hier jeder frei bewegen und muss sich nicht auf ein Jahr und mehr unter Preisgabe der Kontoverbindung und der Identität zum Lesen verpflichten.

In dieser neuen bindungsarmen Welt, in der Ehen und eine Religionsangehörigkeit nicht lange halten, in der Menschen heute Fahrrad fahren und morgen Porsche, in der sie an dem einen Tag Partynächte feiern und am nächsten Yoga machen, ist es offenbar illusorisch, dass Millionen von Menschen Presseprodukte abonnieren. *Focus* war die letzte Zeitschrift, die nach den Marketingbedingungen der siebziger und achtziger Jahre lanciert wurde, und da wurde schon das Jahr 1993 geschrieben. Dieses Marketing besagt, dass man ein Journal mit Nutzwertinformationen genau auf die Bedürfnisse einer Zielgruppe zuschneidern kann, die von einer Marktforschung ermittelt wurde. Mit diesem Konzept hatte der Medienmanager Axel Ganz, ein Großer der Branche, dreißig Jahre Erfolg, und setzte erst in Deutschland, danach in Frankreich ein Blatt nach dem anderen in den Markt. Im Jahr 2007 aber scheiterte er mit der informierenden Frauenzeitschrift *Jasmin* erstmals im großen Stil. Die französische Zeitschrift musste wieder eingestellt werden, 20 Millionen Euro waren perdu. »Das Problem ist heute«, umreißt der erfahrene Manager Ganz, »jede Woche genügend Frauen an die Kioske zu bringen. Das Medienangebot hat gewaltig zugenommen, aber der Tag hat nach wie vor nur vierundzwanzig Stunden.« Auch sei die Lesergemeinde, so fügte er hinzu, zu unregelmäßig, um die wirtschaftliche Existenz zu garantieren.

Das Medienangebot nimmt weiter explosionsartig zu, weil im Internet jeden Tag etwas Neues entsteht. Dafür sorgen neue Websites und Communitys. Sie werden gestaltet von alten Medienhäusern und neuen Mitspielern, die Angebote kommen von Profis oder von Amateuren, von unabhängigen Journalisten oder von abhängigen Interessensvertretern. Das Internet ist ein Meta-Medium, das die vorher getrennten Mediengattungen zusammenführt. Es vereinigt Wort, Ton und Bild. Es hat seine eigene Mediensprache und Inhalte. Im Online-Journalismus erlaubt es, ein Thema mit fünfzig Elementen zu präsentieren und jedem aktuellen Artikel ein Archiv anzufügen. Und das Internet ist ein riesiges Vertriebssystem, das Gewünschtes rasch in die Haushalte bringt. Es müssen nicht mehr Wälder für Papier geholzt, hochkomplizierte Druckmaschinen gepflegt und Lastwagenkolonnen mit Papier durch die Landschaft geschickt werden. Es braucht auch keine teuren Sendemasten und Satelliten mehr, es genügen DSL-Leitungen, ein gutes Redaktionssystem und ein Klick auf die Enter-Taste. In der neuen Welt des Internets sind Zeitungen und Zeitschriften »Holzmedien«.

Im Jahr 1993, also vor nicht sehr langer Zeit, hat das World Wide Web (www) das bereits vorher entstandene Internet mit neuen Standards für alle leicht nutzbar gemacht. Es entstand ein hocheffizientes Gewebe (»Web«), das die Inhalte von Abermillionen Websites weltweit vernetzt. Die Verbindung vieler Rechner, nichts anderes ist das Internet, wurde über die ständig verfeinerte Systematik des World Wide Web zur Kommunikationsbasis der Weltenbürger. So hat die Vernetzung von Personal Computern den Alltag innerhalb weniger Jahre radikal verändert – so radikal, dass sich auch Ältere damit beschäftigen, ohne so richtig zu verstehen, was die Jungen mit dem gleichen Medium machen. Insgesamt sind 65 Prozent der Deutschen online, also zwei von drei Personen. Längst schreiben die allermeisten E-Mails statt Briefe; es ist üblich und leicht geworden, sich selbst auf einer eigenen Homepage darzustellen; Gleichgesinnte tauschen sich online über Communitys aus; man kann über das Netz billig telefonieren; Autoren treten als Blogger auf; ein Lexikon wie Wikipedia wird von vielen über das Internet gepflegt; Filme können abgerufen werden; es gibt Meisterschaften in Online-Games; Musikfans laden sich ihre Lieblingstitel auf das Abspielgerät iPod; und natürlich lesen die Leute über aktuelle Websites nach, was in der Welt passiert.

Der größte Teil des Angebots ist gratis, er kostet nichts, abgesehen von den Zahlungen für die Internet-Provider und den Strom. Das ist die Welt, der sich die klassischen Medien stellen müssen, jene also, die immer die »Vierte Gewalt« waren und nun nicht das »fünfte Rad am Wagen« werden dürfen. Denn was bleibt, wenn es immer mehr Medien gibt, für die keiner bezahlen will, der klassische Journalismus aber nach wie vor viel Geld und Zeit kostet? Wem ist wert, was Wert hat?

»Der Umgang mit dem Computer hat nichts mehr mit Rechnen und Berechnen zu tun – er ist ein Lebensstil geworden«, schrieb der amerikanische Wissenschaftler Nicolas Negroponte, der Gründer des Media Lab am Massachusetts Institute for Technology (MIT), schon 1995 in seinem Bestseller *Total Digital*. Er sah damals ganz neue »digitale Nachbarschaften« voraus, elektronische Gemeinschaften jeder Größe, deren Werte wichtiger würden als die Wertvorstellungen eines Staates. Er sah aber auch voraus, dass zu Beginn des 21. Jahrhunderts »unsere linken und rechten Armbänder oder Ohrringe auf dem Umweg über erdnahe Satelliten miteinander kommunizieren«, eine Entwicklung, die bisher den Menschen Gott sei Dank erspart blieb.

Die permanente digitale Revolution führt zu einer Beschleunigung, die Wissen täglich in gewaltigem Ausmaß erweitert, es aber auch entwertet. New Media ist eine nicht endende Herausforderung für Verleger und Journalisten. Diese Matadoren der alten Welt machen mit ihren Erkenntnissen eine Bilanz des Moments auf und sortieren gedanklich die sich immer schneller drehende

Welt. Die Langsamkeit, die notgedrungen mit der Geistesarbeit verbunden ist, kontrastiert mit dem unerbittlichen Zwang der Medienmaschine Internet, stets das Neueste zu liefern und die buntesten Geschichten gleich mit dazu. Es ist eine Herausforderung, die jeden Journalisten – ob er will oder nicht – unablässig mit den Wünschen und der Nachfrage von Lesern direkt konfrontiert, weil deren Klick-Verhalten sofort angezeigt wird. Im Netz ist der Lesekonsum unmittelbar nachweisbar. Für Verlage ist das Internet ein ununterbrochener Markttest in Echtzeit. In der alten Welt war das anders: Da schrieb der Redakteur, und ob es beim Leser ankam, merkte man höchstens an Leserbriefen oder bei gelegentlichen Copytests. Sie zeigten an, dass vieles von dem, was der Zeitung wichtig war, kaum gelesen wurde – und umgekehrt eine skurrile, irgendwo versteckte Geschichte ein voller Leseerfolg war.

Die permanente digitale Revolution setzt Old Media einem riesigen Druck aus, den es überleben muss. Dieser Wandel provoziert die alten Beherrscher des Spielfelds, sie fordert den Qualitätsjournalismus alter Prägung heraus – und sie befördert eine außergewöhnliche Bündelung der Kräfte, die sich als gewöhnliche Medienkonzentration bemerkbar macht.

Im Grunde ist es ein riesiger Verteilungskampf um die besten Plätze in der digitalen Welt, in dem sich die bisherigen Hüter der Pressefreiheit, die Verlage und Sender, gegen völlig neue, viel finanzstärkere Konkurrenten bewähren müssen. Es ist ein hartes Gefecht, bei dem nicht nach »Geist« gefragt wird, sondern nach »Content« – nach jenem Inhalt also, der die meiste Aufmerksamkeit des Publikums bekommt. Solche Lockstoffe liefern dann »Content-Aggregatoren« oder »Content-Provider«, wie besonders Dynamische die Journalisten und Redaktionen nun nennen. Es ist ein Verteilungskampf, bei dem das ganz große Geld auf den alten Geist trifft. Geld zum Beispiel, das amerikanische Pensionsfonds eingesammelt haben, um das Rentnerleben von Angestellten und Arbeitern zwischen New York und San Francisco zu finanzieren. Dafür braucht man eine maximale Rendite. Und so wird das Pensionsgeld der Amerikaner direkt in Firmen gesteckt oder es fließt über die Börse in den Markt. Auf diese Weise finanziert es neue Medienriesen, gegen die sich selbst eindrucksvolle deutsche Verlage wie Zwerge des Informationszeitalters ausnehmen. Hätten die Vereinigten Staaten ein solidarisches Rentensystem wie in Deutschland, gäbe es diese Kräfte nicht. So aber bewirkt die amerikanische Alterssicherung ein Beben auf den globalen Finanzplätzen – und damit auch auf dem Marktplatz der Medien.

Die neue Gefahr hat einen Namen: Google. Das Internet-Unternehmen aus Kalifornien kommt in Negropontes Buch von 1995 überhaupt nicht vor; es ist erst 1998 mit seiner Suchmaschine auf den Markt getreten und galt als Spätstarter der New Economy. Längst ist diese alte New Economy mit vielen Insolvenzen verschwunden und eine New New Economy entstanden, mit Google in der Hauptrolle. Inzwischen ist die amerikanische Technikfirma auf ihrem Gebiet so dominant, dass das Verb »googeln« im Jahr 2004 sogar in den deutschen Duden aufgenommen wurde – als Bezeichnung für »Suchen im Internet«. Dementsprechend versuchen die Anwälte von Google zu verhindern, dass »googeln« kein Begriff der Allgemeinheit wird wie beispielsweise »Tempo«, »Aspirin«, »Fön«, »Jeep« oder »Tesa«. Die Markenrechte sollen erhalten bleiben. Google gilt inzwischen mit einem Wert von mehr als 50 Milliarden Euro als die wertvollste Marke der Welt. In Deutschland hat die Firma aus dem Silicon Valley bei Suchmaschinen einen Marktanteil von 90 Prozent. Die Deutschen googeln sich durchs Leben. Und das hat böse Folgen.

Bei ihrer Suchabfrage bekommen die Nutzer in Sekundenbruchteilen ein Ergebnis geliefert, das mehr oder weniger auf plausible Quellen verweist, oft auf journalistische Medien, die der Google-Mensch daraufhin anklickt. Was aber ist davon zu halten, was er da bekommt? Warum ist die eigene Nachrichtenseite Google News – eine Art »Best of« der verschiedenen Angebote der »normalen« Medienhäuser im Netz – derartig willkürlich und inhaltlich fragwürdig? Es erscheint nicht die Exklusivnachricht einer Redaktion ganz oben, wie man denken könnte, sondern allenfalls die Bearbeitung dieser Exklusivmeldung durch eine andere Website. Erst dadurch wird der Content nach den Regeln von Google wertvoll. Es zählt die »Page-Rank-Methode«, bei der wichtig ist, wie oft auf Texte verwiesen, wie oft auf sie »verlinkt« wird. Hier arbeiten keine Journalisten, die Informationen aus allen Quellen bewerten, hier herrscht eine Maschine, die in beeindruckender Schnelligkeit etwas ausspuckt, was die Welt für die Welt halten soll. Genau dieses Ergebnis kann manipuliert werden – erst einmal von Google selbst, und womöglich auch von findigen Suchmaschinenexperten, einer Gilde, die inzwischen zu den Bestverdienern im Netz gehört.

Der riesige Verbund von Rechenzentren, den Google weltweit betreibt, hat in Verbindung mit einer geheimnisvollen Software und einem Algorithmus, den das Unternehmen hütet wie Coca-Cola seine Formel für klebrige Limonade, eine unvergleichliche Medienmacht erreicht. Google kaufte sich zudem mit YouTube die größte Plattform für Videos. Eine riesige Online-Community ist hier seit 2005 entstanden, die Videoclips im Netz hochlädt, kommentiert und bewertet. Ließen sich die Menschen früher von Medien bedienen, machen sie jetzt ihre Medien selbst – und zeigen dabei auch Ausschnitte aus Filmen und Fernsehshows, für die sie keine urheberrechtliche Genehmigung haben.

Google ist ein mächtiger Türwärter, der bestimmt, was die Menschen sehen können und was nicht. An den Crawlern von Google kommt keiner vorbei. Sie stellen Informationen in einen »Index« ein. Nur was hier gespeichert ist, kann bei Suchanfragen gezeigt werden – das aber auf ewige Zeit. Selbst erwiesenermaßen Falsches oder juristisch Unhaltbares bleibt so im »Cache« erhalten. Google bietet auf monopolistische Weise den Zugang zu den Billionen Informationseinheiten, die das Internet bietet. Wenn der Online-Gigant zum Beispiel bei Suchanfragen zu aktuellen Themen immer wieder eine bestimmte Website ganz oben anzeigt und sich immer mehr Menschen so ihren Weg zu Medien suchen, kommt es zu Verzerrungen und Diskriminierungen. »Google hat das Verhalten von Milliarden Menschen verändert, was den Zugang zu Informationen betrifft«, erklärt der Amerikaner David A. Vise, Autor des Buches *Die Google-Story*.

Google lebt von den Inhalten anderer, auf die womöglich noch nicht einmal sachgemäß hingewiesen wird – ein Parasit, der größer als sein Wirtstier wird. Von den rund zwei Milliarden Euro Werbegeldern des Jahres 2007 in Deutschland kassierte das Online-Unternehmen schätzungsweise allein rund eine Milliarde Euro ab, also ungefähr die Hälfte. Rund um angezeigte Treffer bei Suchanzeigen sind passende Anzeigen zu sehen; zudem vermittelt Google auch Anzeigen und verdient anteilig mit. Das Geld, das im Markt ist, kommt aufgrund der Macht der Amerikaner nicht bei denen an, die es brauchen – bei den Journalisten. Es ist einigermaßen grotesk: Den Schöpfern des »Content«, den Google so profitabel vermarktet, fließt davon nichts zu. Eigentlich stünde ihnen, den »Content Providern«, eine Art Lizenzgebühr zu. Hier aber ist das geistige Produkt kostenlos und eine Ressource zur Geldmacherei durch andere. Den Publizisten der Zivilgesellschaft wird auf diese Art die Liquidität entzogen. Beklagen will das in Deutschland lieber kein Verlag, schließlich ist man abhängig von der amerikanischen Journalismusvermittlungsmaschine und hat kaum Chancen, einen offenen Kampf zu gewinnen. Also kuscht man lieber vor dem ganz modernen Imperialismus.

Den Google-Gründern Sergey Brin und Larry Page geht es nach eigener Aussage darum, das menschliche Gehirn und den Drang nach schnellem Wissen so gut zu verstehen, dass das Gehirn von Google noch besser ist. Die beiden wollen im großen Ausmaß Künstliche Intelligenz schaffen; dieses Teilgebiet der Informatik beschäftigt sich mit der Automatisierung von intelligentem Verhalten. In der Welt von Google sei kaum Platz für die Verrücktheit der Kontemplation und für langes Lesen, analysierte der amerikanische Autor Nicholas Carr in einer Titelgeschichte vom August 2008 für das Magazin *Atlantic Monthly*, das menschliche Gehirn sei »nur ein altmodischer Computer, der einfach einen schnelleren

Prozessor und ein besseres Laufwerk« brauche. Google sammele Daten, die für Werbungtreibende nützlich seien, führt Carr weiter aus, und das Letzte, was die beteiligten Firmen wollten, sei zu genussvollem Lesen oder langsamem, intensivem Denken zu ermutigen: »Es ist in ihrem ökonomischen Interesse, uns zur Ablenkung zu führen.« Google arbeitet unaufhörlich den Interessen des Journalismus entgegen, von dessen Arbeitsergebnissen er lebt. Der Feind liegt im Bett der Branche.

Vor einem Ausschuss des US-Repräsentantenhauses, der sich mit dem Sammeln von Daten durch Internet-Portale beschäftigt, musste Google einräumen, eine bestimmte Technologie zum »Internet Tracking« zu verwenden, die das Surfverhalten der Nutzer untersucht – und zwar auf Websites, die mit Google in Verbindung stehen. Dazu zählen potenziell alle Seiten mit Google-Werbung. Die organisierte Sammelwut ist leicht zu erklären, da Google auch den Online-Werbegiganten DoubleClick gekauft hat.

Es vergeht kein Monat, in dem die Großorganisation Google (20 000 Mitarbeiter, 900 Millionen Nutzer weltweit) nicht mit irgendwelchen Welteroberungsplänen die Gesellschaft schockt. Alle sollen Google-Menschen werden. Autos fahren durch die Straßen, und die Leute darin fotografieren die Häuser, damit die Bilder von Google Earth ganz realistisch aussehen. Google scannt und archiviert Bücher und Zeitungsseiten. Ein eigener Browser (»Chrome«) wird gestartet. Eine eigene neue Online-Enzyklopädie soll Wikipedia aufhalten; der Kauf einer von den Nutzern bestimmten Nachrichtenseite (digg.com) soll die groben Schwächen von Google News beheben. In Zusammenarbeit mit dem Telefonauskunftsdienst Telegate sollen in Deutschland mehr als eine Million kleiner und mittlerer Unternehmen für Kleinanzeigen auf Google gewonnen werden, eine Domäne von Lokalpresse, Anzeigenblättern (die meist Zeitungsverlagen gehören) und den Gelben Seiten. Der US-Konzern will mit seinem Handy-Betriebssystem »Android« einen Standard setzen und mit mobiler Werbung absahnen. In den USA beteiligt sich Google an Genforschungsfirmen und zieht einen Service zum Speichern individueller Gesundheitsdaten auf. Und natürlich sichert sich Google laufend Patente.

Gegen die Sammellust des Konzerns Google von Sergey Brin und Larry Page nimmt sich alles klein aus, was der Medienmarkt an Größenzusammenballung zu bieten hatte. Der Weltbeherrschungsanspruch ist ziemlich dreist für ein so junges Unternehmen, das es mit dem Startgeld des Risikokapitalgebers Sequoia Capital an die Börse schaffte und im Grunde von der Vermarktung einer technischen Lösung lebt, die auf Verlangen Texte zu gewünschten Begriffen anzeigt. Der Mitgründer Page wollte nichts weniger als das Internet herunterladen – das ist ihm gründlich gelungen. Die Welt schaut zu, wie aus den Ideen der amerikanischen Kontrollfreaks ein gefährliches Imperium wird. Wenn Google den bisherigen Stil beibehält, wird es mit ziemlicher Gewissheit Probleme bei den Wettbewerbsbehörden bekommen und womöglich auch mit Medienaufsichtsbehörden.

Eine andere Bedrohung für deutsche Medienmittelständler ist der amerikanische Milliardär Bill Gates mit seinem Konzern Microsoft, der ebenfalls mit aller Macht in das Internet drängt und gern dem Suchmaschinen-Monopolisten Google Konkurrenz machen möchte. Der Softwarehersteller aus einem Vorort von Seattle hat frühzeitig alles daran gesetzt, die Online-Firma Yahoo! zu kaufen, deren früher einst erfolgreiche Suchmaschine aufgrund des Google-Triumphs sehr an Bedeutung verloren hat; zu Yahoo gehört beispielsweise die Online-Foto-Gemeinschaft Flickr. Auf mehr als 90 Prozent aller neu verkauften Personal Computer ist ein Betriebssystem von Microsoft installiert; Anwendungssysteme wie Word, Excel, Power Point oder der Internet-Browser des Gates-Konzerns sind weltweit Standardfaktoren der Informationstechnologie. Und natürlich ist das Unternehmen mit dem Fernseh- und Online-Kanal MSNBC direkt im Mediengeschäft aktiv.

Google und Microsoft, dazu die Medienmultis aus Amerika wie Time Warner, Disney, Viacom, NBC aus dem Mischkonzern General Electric oder die News Corporation des Rupert Murdoch, aber auch Telekommunikationsgrößen wie die Deutsche Telekom (»T-Online«) sowie die großen Investmenthäuser und Finanzierungsfirmen – sie alle investieren munter in Medien. Eine illustre Schar streitet um die besten Claims im Goldrausch der Digitalwirtschaft und will aus den Schürfrechten ein Vermögen machen. Leicht können in den nächsten Jahren neue Mitspieler hinzutreten, deren Namen keiner kennt, weil ihre Produkte noch nicht erfunden oder in der Entwicklung sind.

Das hohe Tempo der Veränderung, das mit der digitalen Revolution verbunden ist, sorgt in immer kürzeren Abständen für neue Verhältnisse im Mediengeschäft. Es zwingt den Journalismus und die Verleger, die Domäne des Geistes, rechtzeitig die richtige Antwort zu finden. Eine vergleichsweise unbewegliche Branche muss sich auf einmal ganz schnell bewegen. Das Geschäft von Old Media hatte immer sicheren Annahmen unterlegen: Abonnenten überwiesen jeden Monat eine feste Summe und Inserenten lieferten automatisch ihre Bestellungen ab. Sie mussten sich bereitwillig in die Schlange vor den Anzeigenschaltern einordnen. Oder Werbungtreibende und ihre Media-Agenturen zahlten bereitwillig für tausend Menschen, die sie beispielsweise im Fernsehen angeblich erreichen.

In der digitalen Welt aber ist alles höchst unsicher und riskant; im nächsten Jahr kann alles ganz anders sein. Genau das ist das Problem: Dass jede Situation eine andere Antwort erfordert und der alte Baukasten nicht mehr ausreicht. Kein Wunder, dass manche der Verantwortlichen die hässlichen Geräusche von draußen nicht hören wollen, lieber in den schalldichten Keller gehen und ein wenig über die guten alten Zeiten reden. Allerdings: Die Marktanteile von morgen werden heute vergeben. Wer in seinem Geschäft die Jugend verliert und sie nicht mehr anspricht, wer Trends verschläft, darf sich fühlen wie auf einem Luxusdampfer, der auf einen Eisberg zufährt.

Die Zahlen sind eindeutig. So lesen nach der ARD-ZDF-Online-Studie 2008 die Deutschen im Schnitt achtundzwanzig Minuten eine Tageszeitung, bei den Vierzehn- bis Neunzehnjährigen aber sind es gerade mal neun Minuten. Auch schauen die Jungen im Vergleich bedeutend weniger fern und hören weniger Radio. Nur im Internet verschieben sich die Relationen. Hier surft der Nachwuchs allem Anschein nach unentwegt – hundertzwanzig Minuten Onlinenutzung kommen über einen Tag hinweg zustande. Der Durchschnittsdeutsche ist dagegen nur achtundfünfzig Minuten im Netz. Fazit der Studie: »Für Jugendliche ist das Internet das Allroundmedium, das nahezu alle Medienbedürfnisse befriedigt.«

Es gebe ein neues »wesentlich fokussiertes Informationsverhalten« der Jüngeren, meint Renate Köcher, Geschäftsführerin des Instituts für Demoskopie in Allensbach: Sie würden sich nicht mehr kontinuierlich wie ihre Eltern über Zeitungen und das Fernsehen informieren, sondern den riesigen Informationsvorrat im Netz jeweils je nach Bedarf sporadisch auf Knopfdruck abrufen. Themen aus Politik, Wirtschaft, Kultur und Wissenschaft seien dabei weniger gefragt – Themen, die für den Journalismus wichtig und für die Demokratie lebenswichtig sind. Im Jahrbuch 2008 des Verbands der Deutschen Zeitschriftenverleger führt die Wissenschaftlerin ihre Thesen aus. Die Reichweite der Tagszeitungen sei in der Bevölkerung seit der Mitte der achtziger Jahre »kontinuierlich gesunken, wobei sich diese Entwicklung seit Mitte der neunziger Jahre beschleunigt hat«. In Befragungen stellte sich heraus, dass die deutschen Tageszeitungen nur noch 44 Prozent der unter Dreißigjährigen erreichen; im Jahr 1990 waren es noch 66 Prozent gewesen. Wenn sich diese Bevölkerungsgruppe informieren will, suchen 75 Prozent gezielt im Internet nach News. *Online always*: Für die deutschen Jugendlichen ist das Internet der Hauptkanal geworden.

Der Deutsche ist insgesamt unaufhörlich von Medien umgeben und nutzt sie manchmal gleichzeitig; zum Beispiel liest er Bücher und hört nebenbei Radio. So bringt er es täglich auf immerhin acht Stunden und sechsunddreißig Minuten Mediennutzung. Die

Statistiker ermittelten, dass der Durchschnittsdeutsche mit vier Stunden am Tag nach wie vor das Fernsehen am intensivsten nutzt, gefolgt vom Radio mit drei Stunden. Beide aber werden immer stärker zum »Nebenbei-Medium«. Sie laufen mit und simulieren Leben, während ihre Besitzer mit anderen Dingen beschäftigt sind. Der Deutsche wendet schließlich – statistisch – noch knapp eine Stunde für das Surfen im Internet auf. Es folgen Tonträger (dreiunddreißig Minuten) und die Zeitung (achtundzwanzig Minuten).

Weniger Käufer, kostenlose Presseprodukte, neue Konkurrenten, ausbleibende Jugendliche, weniger Werbegeld, und das alles im Sog des Internets – für die Verlage und Sender ist das eine bedrohliche Kombination. Sie beschränkt die Möglichkeiten der Journalisten. Am schlimmsten ist die Situation auf dem Anzeigenmarkt. Hier ist das Geschäft mit den Kleininseraten – in den Segmenten Beruf, Auto und Immobilien – weitgehend an neue Player im Netz verloren gegangen. Die Werbung finanziert aber zum größten Teil die Zeitungen und Zeitschriften, die Qualitätsjournalismus bieten.

Bei den Zeitungen stammen etwas mehr als 45 Prozent aus der Werbung (1995: fast 55 Prozent), bei den Zeitschriften wiederum sorgt die Werbung nach wie vor für rund zwei Drittel der Einnahmen. Ergebnis der Werbeumbuchungen: Das Geld für Journalismus wird immer knapper. Die »Strukturkrise« der Medien ist die Krise der Werbefinanzierung. Hier spielt sich eine Tragödie ab, von der die Leser nur am Rande etwas mitbekommen.

Wenn wichtige Zielgruppen wie die Jugend in neue Segmente abwandern, folgen die Werbungtreibenden mittel- und langfristig jedoch mit. Noch investiert die Werbewirtschaft relativ wenig im Netz, obwohl die Nutzung der Online-Medien rapide steigt. Die Vierzehn- bis Neunundvierzigjährigen beispielsweise verwenden 14 Prozent ihrer Medienzeit auf das Internet, doch von den gesamten Werbeausgaben der Unternehmen entfallen insgesamt nur vier Prozent auf die Online-Medien.

Manche wundern sich, dass einzelne Ausgaben von Zeitschriften wie *Der Spiegel* so dünn geworden sind. Sie werden sich vielleicht auch darüber freuen, denn früher waren einzelne Hefte mit einem Gesamtvolumen von bis zu 400 Seiten eher kleine, schwer lesbare Kataloge. Dann wieder wird Einzelnen womöglich auffallen, dass immer mehr kleine Prospekte in Zeitschriften eingefügt sind und dass es seltsame Werbeformate gibt, bei denen die kommerziellen Firmenbotschaften den redaktionellen Text ummänteln. Oder es fällt ins Auge, dass zu einem Thema Sonderveröffentlichungen mit Artikeln und Anzeigen zu einem bestimmten Thema erscheinen. Mitunter sind die Mitteilungen und Ansichten eines Unternehmens eins geworden mit dem Inhalt, der als »Journalismus« firmiert, in Wahrheit aber wohl eine Auftragsarbeit ist. Das ist Corporate Publishing mit anderen Mitteln.

Mit immer größerem Aufwand haben Verlage in den vergangenen Jahren versucht, immer kleinere Nischen auszufüllen. Sie dehnten erfolgreiche Marken wie *stern* oder *Geo* bis zum Gehtnichtmehr mit neuen Ablegern aus. Sie sind auf jeden Trend gesprungen, der sich ihnen bot, zum Beispiel auf den sogenannten People-Journalismus der Klatschpresse, wo *Bunte* und *Gala* viele Mitstreiter gefunden haben, etwa Blätter wie *InStyle* oder *InTouch*. Einzelne Großverlage verdienen immer noch gut, weil die Werbewirtschaft ihre Anzeigen noch nicht im großen Stil ins Internet abgezogen hat – einem Medium, dem sie nicht wirklich trauen. Doch unter dem Strich bleibt ein ernüchterndes Fazit: Immer mehr Titel und Neugründungen können die Erosion der Auflage nicht aufhalten.

Am Ende wird vieles einfach verschwinden. Der Markt der Zeitschriften ist hoffnungslos überbesetzt. Die vollen Regale in den Supermärkten täuschen eine Vielfalt vor, die keinen Bestand hat. Das große Sterben hat längst eingesetzt, von *Max* bis *Revue*. Die *Frankfurter Allgemeine Sonntagszeitung* und das Magazin *Neon* waren die letzten großen erfolgreichen Innovationen; unter den kleineren neuen Blättern war *Brand eins* journalistisch geglückt.

Doch selbst das mit großem Aufwand in den Markt gestopfte deutsche *Vanity Fair* enttäuschte die Erwartungen.

Es gibt viele Symptome eines verzweifelten Kampfes um die Werbe-Euros, von denen Verlage und ihre Redaktionen leben. Geld, das erst Recherchen, Korrespondentenplätze, Archive, Schlussredaktionen und große Fachredaktionen ermöglicht. Ohne dieses Geld fehlt das Benzin für die Expedition Pressefreiheit, erst recht, wenn das Internet das große Gratismedium bleibt. Dann taugen die schönen Formeln von der »Vierten Gewalt« nur zur Verzierung für Fachtagungen, auf denen die Welt noch im Gleichgewicht ist, weil man es sich leisten kann, sie nur zu interpretieren und nicht zu verändern.

Entsprechend nervös ist das Klima in den Redaktionen. Von einem »Regime der Flanellmännchen« schreibt der Autor Michael Jürgs am 8. Juni 2008 in der *Frankfurter Allgemeinen Sonntagszeitung* und hat beobachtet: »Blattmacher buckeln vor vorgesetzten Managern, und die zahlen ihnen ausgesprochene Demütigungen heim, werfen per Power Point ihre Renditevorgaben menetekelnd an die Wand.« Seit sich zu viele Kaufleute einbilden würden, Journalismus sei ein Beruf wie jeder andere, blieben auch redliche Männer und Frauen auf der Strecke, die ihr Handwerk verstehen, findet Jürgs und erinnert an einen Brief, den einst der britische Zeitungszar Lord Beaverbrook seinen Chefredakteuren schrieb: »Es ist mir völlig egal, ob Sie Geld verdienen. Alles, was ich von Ihnen erwarte, ist eine großartige Zeitung.«

Die Gewichte haben sich innerhalb weniger Jahre völlig verschoben – und doch ist es vermutlich nur ein Vorspiel für noch gewaltigere Veränderungen. In den USA haben im Jahr 2008 die Ausgaben für Internet-Werbung erstmals den Betrag für Radio- und Fernsehwerbung übertroffen; die amerikanischen Unternehmen geben 26 Prozent ihres Marketingbudgets dafür aus, das sind immerhin rund 105 Milliarden US-Dollar. Davon stecken die Firmen rund 65 Milliarden US-Dollar in den Aufbau oder die Pflege eigener Websites. Das Geld hierfür war zum guten Teil früher in Printmedien geflossen. Dort fehlt es jetzt den Journalisten für ihre Arbeit. Die Firmen glauben, über das Internet direkt die Kunden ansprechen und binden zu können; einen Mittler, ein Medium, wollen sie nicht mehr dabeihaben. Corporate Publishing auch hier. So wie Nutzer im Internet glauben, ihr eigenes Medium machen zu können, wollen Firmenchefs einfach ihre eigenen Verleger sein. Für Werbung im Radio, Fernsehen und Theater geben sie in den USA im Übrigen noch 24 Prozent ihres Budgets aus. Eine Studie der US-Beratungsfirma Outsell will herausgefunden haben, dass der Online-Werbemarkt in den USA im Jahr 2011 den Printwerbemarkt übertroffen haben wird.

Die heute schon bedeutenden Summen für Online-Werbung werden weiter anwachsen. Jahrelang haben Werbungtreibende ihre Millionen für mehr oder weniger glamouröse Auftritte in klassischen Medien abgeliefert; der Kunde blieb das unbekannte Wesen. Das bedeutet, dass die Medienbranche vom »Streuverlust« gelebt hat, wie das im Jargon der Branche heißt: Große Firmen schalteten für große Konsumgüteraufträge in großen Medien, ganz in der Hoffnung, bei den vielen Lesern seien die richtigen Konsumenten dabei. Nun aber können sie online vermeintlich sichere Zahlen bekommen, ob sie die Richtigen erwischen. Die Jahre des »Streuverlusts« sind vorbei.

Die Bilanz ist für viele bitter. Zeitungen und das Fernsehen haben 2007 zwar noch einmal brutto mehr eingenommen, doch das war der guten Konjunktur und wohl auch hohen Rabatten geschuldet. Die Publikumszeitschriften nahmen sogar weniger ein – es gab ein leichtes Minus von 0,6 Prozent. Der Lack ist ab.

Dem Mediengeschäft fehlt der Glanz. Das private Fernsehen zum Beispiel vermittelte in den neunziger Jahren den Eindruck einer unendlichen Champagnerparty. Irgendwie war immer Hollywood. Die großen Industriekonzerne unterstützten begeistert die rasch wachsenden Sender, die Senderchefs kamen mit dem Zählen des Geldes kaum nach – und auch nicht mit dem Ausgeben. Große Beträge flossen in aufwendige Nachrichtenstudios, verrückte Shows und anspruchsvolle Eigenproduktionen. Das war die Phase Schlaraffenland. Es folgte die Ära der Controller, die die Macht übernahmen mit ihren Rechenschiebern, die den Gewinn pro Sendeplatz exakt berechnen konnten. Und dann gewann im Privatfernsehen der Faktor Geld endgültig und verbannte den Faktor Geist in die Nische. Jetzt waren die Controller Senderchefs. In der Goldgräberzeit des Kommerz-TV hatte ein Mann wie Helmut Thoma, der den Sender RTL aufbaute, noch ungestraft über den eigenen Gesellschafter Bertelsmann lästern können. Am Firmenstandort Gütersloh würden die Controller auf den Bäumen wachsen, witzelte der gebürtige Wiener, der die Welt so sieht wie sein Vorbild Karl Kraus – heute wäre ein solcher Humor undenkbar. Controller können über sich selbst nicht lästern. Sie liefern Ergebnisse ab. Sie sind die Senderchefs.

In welche Schieflage das Fernsehgeschäft geraten ist, zeigten Ermittlungen des Bundeskartellamts. Die Beamten dort gingen Verdachtsmomenten nach, wonach die beiden großen dominanten Privatfernsehkonzerne – die RTL Group von Bertelsmann und die ProSiebenSat.1 Media AG decken 85 Prozent des Marktes ab – ihre immensen Werbeaufträge womöglich mit nicht ganz sauberen Angeboten gewonnen haben. Sie gewährten riesige Rabatte in Form von kostenloser Werbezeit, also von Freispots, die den großen Media-Agenturen zugutekamen – als Ausgleich für erfolgsschwache Programme, die weniger Einschaltquoten schafften als versprochen. Die Media-Agenturen nahmen solche Freispots gern wahr und machten damit offenbar vielfach auf eigene Faust Geschäft; sie verkaufen einfach die Sendezeit an andere Firmen weiter.

Solche Media-Agenturen sind Spezialisten, die zwischen werbewilligen Konzernen wie Procter & Gamble (Meister Proper, Wella, Braun, Pampers), Unilever (Langnese, Rama, Iglo) oder Coca Cola auf der einen Seite und den Sendern auf der anderen vermitteln: Sie platzieren all die Werbefilme über Zitrusbodenreiniger, Perlweiß-Waschmittel oder Limonade im Programm. Da inzwischen vier große Mediariesen den Markt beherrschen, haben sie operativ riesige Freiheiten. Im Reich der großen Aegis-Gruppe sind seltsame Praktiken aufgeflogen. Danach zweigte der langjährige deutsche Agenturmanager Alexander Ruzicka möglicherweise in einem Verbund von Tarnfirmen erhebliche Summen für sich selbst ab, wie es die Staatsanwaltschaft glaubt beweisen zu können. Ruzicka kam nach Ermittlungen für viele Monate in Untersuchungshaft; vor dem Wiesbadener Landgericht begann im Januar 2008 der Prozess gegen den Agenturmanager, vor dessen Entscheidungen mächtige TV-Manager einst zitterten. In den Verhandlungstagen wurden Usancen der Branche öffentlich. Aegis selbst bemüht sich um Klärung des Skandals.

Die Wiesbadener Vorgänge haben das Vertrauen vieler in das private TV-Geschäft gestört. Das Kartellamt sprach Strafen von insgesamt 216 Millionen Euro für die RTL-Gruppe und die ProSiebenSat.1 Media AG aus, was beide Fernsehgruppen ohne Schuldeingeständnis akzeptierten. Womöglich haben sie sich gedacht, die Sache sei damit erledigt. Doch dann wurde bekannt, dass die Staatsanwaltschaften in Köln und München Ermittlungen gegen die verantwortlichen Chefs der Werbevermarktungsstellen von RTL und ProSiebenSat.1 eingeleitet haben. Der zuständige Vorstand der Münchner ProSiebenSat.1-Gruppe musste den Posten räumen; die Untersuchungen zogen sich hin. Es ist in diesem Geschäft einfach nichts mehr so, wie es einmal war.

5

Der gesuchte Verleger

Die Spiegel*-Affäre und ihre Nachwehen · Hübsch für den Kapitalmarkt · Von Liz Mohn bis Maria Furtwängler – alle Macht den Frauen · Die Pflege von Netzwerken*

Der Mythos der deutschen Presse begann am 27. Oktober 1961. Und je länger das Datum zurückliegt, umso größer wird der Tag. Der 27. Oktober 1961 war der Tag, an dem ein kleiner Mann mit Brillengesicht den Gang in das Hamburger Untersuchungsgefängnis antrat. Zuvor hatten Polizisten am Verlagsstandort Speersort die Redaktion seines Nachrichtenmagazins nach belastendem Material durchsucht. Der Leiter des Wirtschaftsressorts versteckte sich im Schrank, später erinnerte er immer wieder gern daran, vorzugsweise bei den Jubiläen des Blattes. Vor dem Verlagsgebäude aber versammelten sich protestierende Bürger, die den schlimmen – berechtigte – Verdacht hatten, hier versuche der Staat einen unliebsamen Beobachter mundtot zu machen.

Es war der *Spiegel*, der an diesem Tag Zeitgeschichte schrieb. Immer wieder wird die *Spiegel*-Affäre erwähnt, wenn die Sprache auf die Pressefreiheit kommt – es geht um die Folgen der Titelstory über ein Bundeswehrmanöver (»Bedingt abwehrbereit«), die dem damaligen Bundesverteidigungsminister Franz Josef Strauß (CSU) sehr missfallen hatte. Danach waren die Polizisten ausgeschwärmt. Sie ermittelten wegen Geheimnisverrats. Und der Verantwortliche für die Story, *Spiegel*-Verleger Rudolf Augstein, musste mehr als drei Monate hinter Gittern verbringen. »Selten war eine Haft so gut angelegt«, befand der scharfsinnige Zeit- und Weltenbeobachter später, dessen zynische Intellektualität vor nichts und niemandem Halt machte, nicht einmal vor sich selbst. Augstein wusste, dass mit dieser Auseinandersetzung zwischen Presse und Politik, zwischen *Spiegel* und Schutzmann, die am Ende zugunsten der Journalisten ausging, der Grundstein für den Ruf seines Magazins gelegt war – und für die Notwendigkeit einer investigativen Abteilung in der Publizistik.

Der *Spiegel* hat in den Jahrzehnten danach von der *Spiegel*-Affäre sehr profitiert. Er wurde Vorbild. Seine Montagsgeschichten galten als politische Pflichtstoffe zur Eingewöhnung in die Woche. Ein anderer Säulenheiliger des deutschen Journalismus, der *Zeit*-Verleger Gerd Bucerius, lobte Augstein-Texte als »Bausteine der Bundesrepublik«. Es waren auch die Kommentare des Verlegers, der nach Gusto unter den Pseudonymen »Jens Daniel« und »Moritz Pfeil« schrieb, die das Image seines Blattes weiter förderten. Vor allem aber waren es die präzisen *Spiegel*-Nachrichtengeschichten aus den Machtzentren der damaligen Bundeshauptstadt Bonn, die das Angestelltenpublikum verzückten und bedrückten. Das Chaos, die drohende Katastrophe, das korruptive Klima – alles Ingredienzien der *Spiegel*-Cocktails. Das Magazin wurde stilprägend. Es druckte den Geist der Republik.

Über all den Enthüllungen, die der *Spiegel*-Mannschaft gelungen sind, von der Parteispendenaffäre rund um Friedrich Karl Flick bis zum gescheiterten Gewerkschaftskonzern Neue Heimat, vom Einkaufsscheingebilde Coop bis zum Dokumentendrama des von Opel zu VW gewanderten Auto-Managers José Ignacio López, stets schien das Hamburger Nachrichtenorgan ein Abonnement auf brisanten Stoff zu haben – und darauf, das Material zu bergen, das anderen vorenthalten blieb. In den Jahren nach der *Spiegel*-Affäre perfektionierte sich die Magazinmaschine und machte das Aufspüren sensationeller Stoffe zur Kollektivarbeit. Das politische Bewusstsein hatte sich am Verlagsstandort Hamburg unter dem Einfluss der Achtundsechziger geschärft und zu internen Debatten geführt. Am Ende gehörte der Verlag von 1974 an zur Hälfte den Mitarbeitern.

Das war der *Spiegel*, der Olymp des Journalismus, dessen belustigende Boshaftigkeit in seinen Bestzeiten fast jedem Artikelabsatz anzumerken war, weil die Redakteure auf den Gängen vor ihren Büro-Waben um die schönste Alliteration rangen, um die grellste Metapher und den kräftigsten Kalauer. In den sechziger Jahren war es unter Studenten Kult, sich die ungeheuerlichen Sätze aus dem aktuellen *Spiegel* vorzulesen, erzählte der langjährige Bertelsmann-Chef Mark Wössner einmal in kleiner Runde, dessen Konzern sich in den siebziger Jahren mit rund einem Viertel am Kapital des Verlags beteiligt hat. So mythisch wirkte dieses »Sturmgeschütz der Demokratie« (Augstein), dass Fehlleistungen außer Sicht gerieten – auch jene aus den fünfziger Jahren, als eine Seilschaft ehemaliger SS-Mitglieder in der Redaktion wirkte. Nachdem in den neunziger Jahren Historiker diesbezüglich genauer hinschauten, nahm Augstein höchstpersönlich im Fernsehinterview Stellung. Es blieb am Ende wenig hängen am *Spiegel*, obwohl es nicht zu jener akribischen Aufarbeitung gereicht hat, die das Magazin in solchen Fällen gern von Firmen und Politikern verlangt. Er blieb als unabhängige Festung des Geistes eine politische Institution.

Immer wieder hat der *Spiegel* in eigenen Publikationen zu Jubiläen – sei es zum fünfzigsten oder zum sechzigsten Geburtstag – an jene Zeit erinnert, in der das Nachrichtenmagazin geboren wurde.

Der im November 2002 verstorbene Rudolf Augstein stieg zur legendären Verlegerpersönlichkeit auf, zum Vorbild der Journalisten, über das die Bundesdeutschen in mittlerweile einem Dutzend Biografien Persönliches und Politisches erfahren konnten. Kein Detail blieb unbeachtet, weder der Bildungsdrang des Autodidakten Augstein noch die Lust am Streit mit Verbal-Kraftmeiern wie dem Bayern Strauß, und schon gar nicht der Ehrgeiz, Bremsspuren im System der Politprofis zu hinterlassen – eine eigene Tätigkeit als FDP-Bundestagsabgeordneter war schon nach wenigen Monaten beendet gewesen.

Wenn nach den Idealen des Journalismus, nach den Großen des Geistes im Gewerbe gefragt wird, nennen die Leute immer wieder Rudolf Augstein. Im Pantheon der deutschen Nachkriegspresse hat er den besten Platz. Aber auch andere Namen weisen in eine Zeit, die untergegangen ist, eine Ära, in der Verleger Geist mit Geld munter kombinierten, in der es ihnen eher um Worte und Wirkung ging, als um die Maximierung der Einkommen oder um einen Nutzwertjournalismus, der sich so sehr ranschmeißt an die Leute, dass sie ihn nach einigen Jahren schon wieder satthaben.

Es war die Zeit, in der konservative Kreise und Greise stöhnten über die »Hamburger Kampfpresse«, zu der sie neben dem *Spiegel* die Illustrierte *stern* des Gründers Henri Nannen ebenso zählten wie *Die Zeit* des ehemaligen Hamburger Bausenators und CDU-Bundestagsabgeordneten Gerd Bucerius. Der hanseatische Jurist repräsentierte in seiner Knorrigkeit schönste Verlegertugenden. Als ein Anzeigenkunde einmal wegen einer kritischen Geschichte intervenierte, da gab dieser Bucerius Anweisung, Aufträge von dieser Firma einfach nicht mehr anzunehmen. Und geradezu selbstverständlich nahm es der Hanseat hin, dass seine liberale Wochenzeitung *Die Zeit* in den fünfziger Jahren Verluste machte und von einem publizistischen Bruder Leichtfuß durchgefüttert werden musste, eben dem *stern*, der damals zum Bucerius-Verlag gehörte. »Kampfpresse«, ein solcher Begriff war für Gerd Bucerius geradezu eine Ehrung, und er erklärte, seine *Zeit* sei »ein Teil der demokratischen Institutionen des Landes«. »Presse muss kämpfen«, verfügte Bucerius. Der Verleger schrieb regelmäßig in seinem Blatt die Kolumne »Bucerius zu Fragen der Zeit« und hat in dem Buch *Der angeklagte Verleger* seine Gedanken zur Presse festgehalten. »Wir wären ja alle Narren, wenn wir es für unsere Lebensaufgabe hielten, schlechtes Papier sinnlos zu bedrucken«, formulierte er.

In die Reihe der Verlegerpersönlichkeiten fügte sich Axel Cäsar Springer ein, jener Bonvivant aus Altona, der einmal Opernsänger wie Richard Tauber werden wollte und stattdessen nach dem Zweiten Weltkrieg eine Zeitung nach der anderen lancierte, vom *Ham-*

burger Abendblatt und der *Hörzu* bis hin zu *Bild.* Die Tageszeitung *Die Welt*, die er 1953 den britischen Alliierten abkaufte, funktionierte er nach einem politisch erfolglos gebliebenen Besuch beim sowjetischen Regierungschef Nikita Chruschtschow, der die deutsche Einheit bringen sollte, zum Zentralorgan gegen den Kommunismus und für die Wiedervereinigung des zweigeteilten Deutschland um. Dass die Ideologisierung dem Blatt wirtschaftlich nicht gut bekam und es in der Folge hohe Verluste anhäufte, störte Springer nicht. Es ging um Höheres. Und so machte er weiter mit seiner Kampagne für ein vereintes Deutschland, auch wenn ihn beispielsweise das Magazin *Capital* 1972 in einer Titelgeschichte als »Brandenburger Tor« verulkte. Vor schwierigen Entscheidungen suchte dieser Herr der öffentlichen Meinung den Rat von Astrologen oder Predigern.

Augstein, Springer, Bucerius, Nannen – an diese erste große Verlegergeneration der Republik erinnern Journalistenpreise, Stiftungen, Ausbildungsstätten, Straßennamen und Plätze. Im praktischen Leben aber haben sie keine Nachfolger gefunden. Das, was sie ausgezeichnet hat, ist heute Gegenstand der anekdotischen Rückschau. Ein ähnliches Verhalten in der Praxis und ähnliche Typen wird man nicht finden. An dem Quartett wird deutlich, was die Verlegerpersönlichkeit im Idealfall ausmacht: dass der Besitzer einer Zeitung oder Zeitschrift selbst Lust am Schreiben hat und gern Journalist ist; dass er sich nicht abhängig macht von Interessensgruppen, weder von Parteien noch von Unternehmen; dass er auf die klare Unterscheidung zwischen Werbung und Redaktion achtet; dass er Widerstand aushält und an Prinzipien festhält; dass er aufs Geld achtet, aber das Kaufmännische nicht überhand nehmen lässt; dass er Mut hat zu Innovationen; dass er sich inspirieren lässt von Kunst und Kultur; dass er die besten Journalisten in seine Redaktion holt. Er ist, alles in allem, der perfekte ökonomische Geistesmensch. Und weil es den nicht – oder nicht mehr – gibt, wünscht man sich wenigstens den ein oder anderen Charakterzug bei jenen, die den Beruf ausüben.

Deutschland sind die Verleger ausgegangen – so wie die Parteien ihre Galionsfiguren verloren und einen großen Teil ihrer Gefolgschaft. Heute wollen Personen Verleger sein, die es per se überhaupt nicht sein können, Firmenmanager zum Beispiel, die sich ihre Zeitschriften und Websites selbst machen, um so die Kunden direkt zu erreichen. Sie nennen es Corporate Publishing und geben das Geld nicht mehr nur für fremden Hochglanz aus, sondern gerne für eigene Medien. So machen sie es alle: die Deutsche Bahn, Deutsche Bank, BMW und McKinsey. An der Spitze der deutschen Verlage hat vielfach ein betriebswirtschaftlich ausgerichteter Stil Einzug gehalten. Die neuen Verlagsmanager verweisen inhaltliche Fragen in die Kategorie des Produktmanagements und halten die alte Verlegerfigur für ein Nachkriegsphänomen. Zudem zirkulierte auf einmal branchenfremdes Börsenkapital und das Geld von Fonds in dem einst abgeschotteten Markt. Er gehöre zu einer aussterbenden Spezies, glaubt Alfred Neven DuMont (Jahrgang 1927), der Verleger des *Kölner Stadt-Anzeigers* und der *Frankfurter Rundschau*: »Viele Verleger sind mit Herzblut dabei – wenn es sie noch gibt und sie nicht durch Manager ersetzt wurden.« Der Medienmanager Jürgen Richter, einst Vorstandschef von Axel Springer, hält fest, dass viele Pioniere des Gewerbes eine andere Beziehung zu Geld und Geschäft gehabt hätten. »Heute vergleichen sich manche Unternehmen gern international mithilfe von ›Benchmarks‹ – und erzeugen so Druck auf sich selbst«, formuliert der Professor, der an der Hamburger Hochschule für Musik und Theater über Medien lehrt: »Oft werden Firmen für den Kapitalmarkt hübsch gemacht – und es geht weniger darum, sich als Verleger zu entfalten.« Viele Führungspersonen, so Richter weiter, seien »nun eher geldgetrieben – eckige, kantige Leute sind nicht mehr so gefragt«. Augstein, Springer, Bucerius, Nannen – die glorreichen Vier aus Hamburg sind ein Fall fürs Museum. Ihre Blätter wird es noch einige Zeit geben. Warum aber haben sie faktisch keine verlegerischen Erben gefunden? Wer bestimmt heute über die großen Verlage? Warum gab es keinen »neuen Nannen«, obwohl sie beispielsweise an der Spitze des Großverlags Gruner + Jahr, der den *stern* heute herausgibt, öfter einen sahen, der es sein könnte?

Das hat sicher damit zu tun, dass der Zwang zur politischen Bewährung nach dem Krieg entfallen ist, dass niemand mehr gegründet werden muss, um den Deutschen die Pressefreiheit vorzuleben. Lizenzen zum Drucken, und damit zum Gelddrucken, werden nur in Ausnahmezeiten vergeben. Die großen deutschen Verleger, die wir heute rühmen, waren Verleger aus Zufall – sie handelten zur rechten Zeit am richtigen Ort. Aber sie machten etwas aus dem politischen Auftrag, und sie hatten es mit einem Volk zu tun, das begierig war nach freien Informationen und Nachrichten. Im Übrigen konnten mit Zeitungen gut Fische eingewickelt und Schuhe gestopft werden.

Heute ist die Welt voll mit Informationen und Nachrichten, mit bewegten und unbewegten Bildern, mit Icons und Infografiken, und doch wissen die Menschen weniger, als sie wissen könnten und sollten. Dinge, die für die letzte und vorletzte Generation selbstverständlich waren, interessieren die Jüngeren nicht. Solche Dinge wie die große Politik mit ihren Ritualen und mit Gesetzesentwürfen, die zunehmend kein Normalbürger verstehen kann. Irgendwann wird eine neue Verlegergeneration die Wüste, die sich da ausgebreitet hat, neu kultivieren müssen. Es wird eine Generation sein, die ihre Publikationen im Internet gründet, und sich aus Image- und Marketinggründen vielleicht gelegentlich eine Zeitung oder Zeitschrift als Beigabe leistet.

Ein verlegerisches Projekt ist heutzutage nur vom Internet her planbar, mit einer schnellen Verfügung der Produktionsmittel und der breiten Brücke zum Leser. So betreibt zum Beispiel der Vorarlberger Verleger Eugen Russ sein Zeitungsgeschäft. Der Österreicher, der stets in Schwarz gekleidet ist, bekommt regelmäßig Besuch von deutschen Kollegen, die sich hier umschauen und inspirieren lassen wollen. Die Leser seines Pressegebiets, das er beherrscht wie ein König, informiert Russ in seinen Online-Angeboten und bindet sie in Nutzeraktionen ein. Dazu gibt er seine

Vorarlberger Nachrichten und andere Zeitungen heraus, leicht und schnell zu lesen, mit kurzen Nachrichten und viel Service. Vom politischen Auftrag der Presse, von Recherche und Aufdeckung von Skandalen redet Eugen Russ nicht. Er lacht über das Wort von der »Medienkrise«, macht stolze Gewinne und gilt manchem als Prototyp des künftigen Regionalzeitungsverlegers. Hilft das einer Demokratie weiter?

Schaut man sich die aktuelle Medienlandschaft an und will wissen, wer in Deutschland über den Faktor Geist bestimmt, dann drängt sich auf: Die großen Häuser sind in weiblicher Hand. Es gab und gibt einen heimlichen Machtwechsel. Es sind vielfach die – durchweg jüngeren – Ehefrauen der langjährigen wichtigen Presseunternehmer, die nun entscheidenden Einfluss haben oder bekommen. Während in der Wirtschaft immer wieder Studien erscheinen, die das schlechte Vergütungsniveau und die geringen Aufstiegschancen von Frauen im Management belegen, sieht es ganz oben bei den großen deutschen Kommunikationshäusern anders aus.

Was immer in der Diskussion um »Gender-Management« an Argumenten ausgetauscht wird, an der Spitze des Medienmarkts ist es Realität, dass die oft genannten weiblichen Erfolgsfaktoren – wie hohe Teamfähigkeit und Intuition – zum Einsatz kommen. Fakt ist aber auch, dass die maßgeblichen Verlegerinnen durchweg selbst nicht Stellung nehmen zu großen Fragen der Politik und der Medien, dass sie lieber hinter der Kulisse wirken und auf Umwegen aktiv sind. Hier zählen im Dienste der Wahrheit Soft Skills.

Das Haus Bertelsmann beispielsweise, Europas größter Medienkonzern, der den Buchriesen Random House besitzt und Zeitschriften wie *stern*, *Brigitte* oder *Geo* verlegt und beim *Spiegel* ein Wörtchen mitredet, wird längst geprägt durch eine ehrgeizige Frau aus dem ostwestfälischen Wiedenbrück, die als Auszubildende im Buchklub des Hauses begann, später Empfangsdame war und die Partnerin des Eigentümers Reinhard Mohn wurde. Heute okkupiert Liz (Elisabeth) Mohn, Jahrgang 1941, als Familiensprecherin,

Aufsichtsrätin der Bertelsmann AG und Vorstandsmitglied der Bertelsmann-Stiftung die entscheidende Machtfunktion. Ihr Mann hat sich nach Schlaganfällen zurückgezogen. In Gütersloh, dem Stammsitz des 1835 gegründeten Familienunternehmens Bertelsmann, läuft nichts ohne die blonde resolute Frau. Plötzlich werden Dinge möglich, die vorher undenkbar schienen, zum Beispiel der Verkauf der Buchclubs, der einstigen Keimzelle des Konzerns. In Deutschland wurde die Club-Operation wohl nur gestoppt, weil auf einmal der konkurrierende Weltbild Verlag, der katholischen Bistümern gehört, zum Verkauf auf den Markt kam. Jedenfalls referieren dies Manager des Hauses. Bertelsmann dementiert offiziell.

Andere Mitarbeiter des Unternehmens erzählen immer wieder Geschichten aus dem Inneren der Macht. Geschichten aus dem Herzen der Provinz. Wie beispielsweise Liz Mohn zusammen mit ihrer Tochter Brigitte und ihrem Sohn Christoph am Sonntag in einem »Küchenkabinett« zusammen mit ihrem Vertrauten, dem Aufsichtsrats- und Stiftungschef Gunter Thielen, wichtige Fragen und Themen bespricht. Wie sie gern Blattkritik in der Redaktion der Society-Zeitschrift *Gala* macht, die zu ihren Liegenschaften gehört und die selbstverständlich groß berichtet, wenn Liz Mohn gesellschaftlich aktiv ist – dafür bietet die von ihr gegründete Stiftung Deutsche Schlaganfall-Hilfe und der von ihr veranstaltete »Rosenball« reichlich Gelegenheit. Wie sie einmal erstaunt war, dass der Bundespräsident nur einen einzigen Assistenten hatte, woraufhin sie ausrief: »Ich habe acht!« Wie sie mit dem »Damenkreis« der Bertelsmann-Führungsriege durch die Lande zieht, zum Beispiel nach Dubai, und deutsche Kultur verströmt.

Die erste Frau bei Bertelsmann weiß ihren Einfluss zwischen Coup de Champagne und Rosenbuketts zu nutzen, und nicht immer begreifen alle, die sie erleben, in welche Richtung sich Bertelsmann unter ihrer faktischen Führung entwickelt. Vom üblichen Komment unter Medienunternehmern, sich konkreter Wahlempfehlungen zu enthalten, ist sie früh abgewichen und hat in einem selbstverfassten Artikel in der Zeitschrift *Cicero* lebhaft für Angela

Merkel als Bundeskanzlerin plädiert. Die CDU-Vorsitzende hat es wie die Bertelsmann-Lenkerin ganz nach oben geschafft. Nichts ist in Frauennetzwerken dieser Art beständiger als die Solidarität ihrer erfolgreichen Mitgliederinnen, die es gegen den – reichlich vorhandenen – männlichen Widerstand nach oben gebracht haben. Das sichert Macht.

Liz Mohn hat die Buchhandlungen mit der Autobiografie *Liebe öffnet Herzen* bereichert, die zwar heikle Punkte im Privatleben ausspart, gleichwohl an mancher Stelle in großer Offenheit die Gütersloher Sittenwelt dokumentiert, etwa wenn beschrieben wird, dass es bei Bewerbergesprächen sehr wohl auf die Handschrift der potenziellen Mitarbeiter ankomme: Der Wahrheitsfindung dient dann auch mal die Expertise eines Grafologen. Liz Mohn lässt sich darüber aus, dass zu Hause spontan gern gesungen werde und sie die Liedtexte zu »Die Gedanken sind frei« verteile. Das gefalle den Gästen, dann gelinge die Konferenz am nächsten Tag. Ja, wenn das Mediengeschäft so einfach geworden ist!

Wie die ostwestfälische Medienunternehmerin darf sich auch Friede Springer als Freundin von Bundeskanzlerin Angela Merkel bezeichnen. Hochpolitisch ist sie nicht, auch wenn die Presseunternehmerin für die CDU auf der Bundesversammlung den Bundespräsidenten Horst Köhler wählte und am Tag der Wahl von Angela Merkel zur Bundeskanzlerin zusammen mit der TV-Moderatorin Sabine Christiansen und anderen Freundinnen begeistert auf den Rängen im Bundestag zuschaute. Es gibt in ihrem Freundeskreis Salon-Einladungen und Termine, an denen auch die CDU-Chefin teilnimmt. Die geografische Nähe zur Macht hat Friede Springer der Konkurrentin aus Gütersloh voraus. Die Mehrheitsaktionärin des Axel Springer Verlags, der mit seinen vielen Zeitungen, vor allem durch *Bild*, im Medienmarkt Deutschland die Nummer zwei hinter Bertelsmann ist, lehnt es ab, als »Verlegerin« angesprochen zu werden: Sie verlege nur ihre Brille. Das ist in etwa so kokett wie im Jahr 1983 die Behauptung des Bertelsmann-Eigentümers Reinhard Mohn mitten im Skandal um die gefälschten Hitler-Tagebücher in seinem Journal *stern*, er sei kein Verleger.

Natürlich ist Friede Springer, Jahrgang 1942, durch ihren Mehrheitsbesitz an Springer-Aktien Verlegerin – was sonst. Die stellvertretende Vorsitzende des Aufsichtsrats sieht sich als eine Art Sachverwalterin des Erbes ihres Mannes. In dessen früherem Büro im Berliner Verlagshochhaus sitzt jetzt sie, das frühere Kindermädchen der Familie Springer, und versucht, in seinem Sinn zu handeln. »Ich bin sein Produkt«, sagte sie einmal. Oder: »Ich bin hier nur Gast.« Nach dem Tod des Verlegers im Herbst 1985 hat die Tochter eines Gärtners und einer Hauswirtschaftslehrerin aus Wyk auf Föhr so viele Konflikte zu bewältigen gehabt, dass von einem sehr intakten Machtbewusstsein ausgegangen werden muss. Es verbirgt sich hinter einem damenhaften Lächeln. Friede Springer musste sich mit Großproblemen auseinandersetzen: mit den Folgen eines nicht ganz durchdachten Börsengangs; mit Eruptionen im Aktionärskreis; mit der versuchten Übernahme durch den Münchner Medienhändler Leo Kirch; mit Kabale und Kabbelei im Vorstand; mit enttäuschten Erben, die sich ausbezahlen ließen; mit der Klage von Axel Springers Lieblingsenkel Axel Sven, der sich um sein Erbe betrogen sieht; mit einem trickreichen Testamentsvollstrecker, dessen Kreise sie einschränken wollte. Springer war zeitweise nicht mehr Springer.

Es sei ein »schweres Erbe« gewesen, bekannte die Verlegerin gegenüber den eigenen Journalistenschülern, mit denen sie im Herbst 2007 (»Hallo, ich bin Friede Springer«) in der eigenen Akademie redete. Man habe ihr nach Axel Springers Tod nichts zugetraut, im Übrigen gäbe es aber auch nichts, worauf sie besonders stolz sei. Am Ende hat Friede Springer all diese Aufgaben so gelöst, dass sie im Verlagskonzern die bestimmende Figur bleibt, auch wenn sie sich mit Axel Springers Enkelkindern Ariane und Axel Sven in Grundsatzfragen abstimmen muss.

Fürs Verlegerische, für die Division Geist, hat die Hauptgesellschafterin Anfang 2002 einen Journalisten gefunden, der mit großer Geste medienpolitische Themen auf die Agenda setzt, der in der Kultur zu Hause ist, gewinnend auf dem gesellschaftlichen Parkett auftritt und im Übrigen einige an ihren verstorbenen Mann erinnert. Die steile Karriere des 1963 geborenen Mathias Oliver Christian Döpfner ist sicherlich die farbigste Geschichte aus einem an Geschichten reichen Haus, wovon manches einem Roman von Guy de Maupassant entsprungen sein könnte. Jedenfalls durfte der promovierte Musikwissenschaftler, der in das Gewerbe als freier Musikkritiker der *Frankfurter Allgemeinen Zeitung* gefunden hatte, im Juli 2006 für einen günstigen Preis, der deutlich unter dem aktuellen Börsenkurs lag, aus dem Aktienbestand seiner Verlegerin zwei Prozent an der Springer AG erwerben. Darüber informierte eine Verlagsmitteilung. Döpfner, der den Deal über Kredite finanzierte, verkaufte einen Teil wieder im Dezember 2006 und profitierte dabei von höheren ausgewiesenen Gewinnen und einem gestiegenen Springer-Aktienkurs.

Durch den Freundschaftsdienst Friede Springers war der Manager auf einmal zum Quasi-Verleger geworden, was dem eigenen Status und Selbstgefühl sicherlich dienlich war. Aufmerksam wurde im Verlag registriert, dass die Verlegerin in Potsdam für Wochenendaufenthalte eine Villa bezog, die gegenüber dem Döpfner'schen Anwesen liegt. Und doch ist bei aller demonstrierten Harmonie nicht ausgemacht, ob nicht eines Tages auch Mathias Döpfner sich ins Schema der auffälligen Chefwechsel bei Springer fügen wird. Seit dem Tod des Verlegers waren immerhin gleich sieben Manager zum Vorstandsvorsitzenden gekürt worden. Döpfner hat erkennbar sein publizistisches Haus, offenbar in guter Abstimmung mit dem Aktionär Hellman & Friedman und seinem ebenfalls beteiligten Freund Michael Lewis, einem englischen Geschäftsmann, so sehr auf Börsenkurs und Shareholder Value ausgerichtet, dass die journalistische Leistungsstärke dahinter zur Showgröße zu werden droht, mit der sich Eindruck machen lässt. Kaufmännische Sparkonzepte sorgten für steigende Gewinne, die von permanenten Umbauarbeiten begleitet wurden, beispielsweise mit der Zusammenlegung der Redaktionen von *Welt* und *Berliner Morgenpost* oder dem Umzug der *Bild*-Gruppe von Hamburg nach Berlin.

Döpfners Ära wird stets mit dem Scheitern ehrgeiziger Pläne verbunden sein: Kartellamt und die Medienwächter widersetzten sich Anfang 2006 dem geplanten Kauf der ProSiebenSat.1 Media AG durch den Berliner Verlag. Nachdem der Springer-Chef auch noch bei einem missglückten Ausflug in den Markt der Postdienstleistungen über die Firma Pin rund 600 Millionen Euro in den Sand gesetzt hatte, musste er Ende 2007 zur Finanzierung sogar einen verbliebenen Restanteil an der ProSieben-Gruppe verkaufen. Es liegt etwas Spielerisches über Europas größtem Zeitungshaus, ein beständiger Eindruck der Inszenierung, auch von alter Verlegerkultur, wo doch in Wirklichkeit vor allem der maximale Betriebsgewinn wichtig zu sein scheint.

Interessanterweise ist auch in zwei anderen großen deutschen Verlagsgruppen, die unter den zehn größten Medienunternehmen zu finden sind, der Einfluss der Verlegerfrauen gestiegen: in Hamburg beim Heinrich Bauer Verlag und in München bei Hubert Burda Media. Beide Unternehmen leben von Zeitschriften und haben lange gezögert, im Management einen Generationenwechsel einzuleiten. Sie sollen auch in der nächsten Generation Familienunternehmen bleiben. Das ist jetzt Frauensache. Und damit unterscheidet sich das Mediengeschäft in Deutschland sehr von ausländischen Märkten. Lediglich in dem amerikanischen Konzern der Tageszeitung *Washington Post*, zu dem auch das Nachrichtenmagazin *Newsweek* gehört, hatte viele Jahre lang mit Katharine Graham eine Verlegerin die Schlüsselrolle gespielt.

Unter dem wachsenden Einfluss der Frauen in der höheren Verlagsregion spielt der E-Faktor eine größere Rolle, die Emotion. »Ich fahre meine Antennen aus«, erklärte Gudrun Bauer im Dezember 2004 dem Springer-Journalisten Peter Bachér: »Ich glaube, dass das sogenannte Bauchgefühl wichtig ist. Es wird zwar gern intellektuell heruntergeredet, aber das ist falsch. Wenn ich einmal dagegen verstoßen habe und mich anders entschied, war es rückblickend meist ein Fehler. Und: Man muss zuhören können. Zuhören! Zuhören!« Normalerweise gibt die einflussreiche Frau des Verlegers Heinz Bauer, der Blätter wie *Tina*, *Bravo*, *TV Movie* oder *Neue Post* herausgibt, keine Interviews, sondern tritt nur auf einer jährlichen Bauer-Festveranstaltung (»Die goldene Feder«) auf; offiziell ist sie für die »Außendarstellung« des Unternehmens und die inhaltliche Konzeption der Titel verantwortlich. Aber zum 125-jährigen Bestehen des Familienunternehmens wich sie von der Norm ab und empfing den Journalisten Bachér in ihrem Privathaus an der Hamburger Elbchaussee. Dabei zeigte sie sich stolz auf ihren Pilotenschein und lobte ihre vier Töchter, die im Verlag arbeiten und in Zukunft die Verlegerrolle einnehmen sollen. Gudrun Bauer selbst ist täglich in ihren Unternehmen aktiv. Ihr Wirken ist so dominant, dass der Start des Prominentenblatts *In Touch* ohne sie offenbar nicht denkbar gewesen wäre. Über den eigenen Beitrag zum unternehmerischen Wohlergehen erklärt sie nur so viel: »Ich bin gern mit Menschen zusammen. Wenn ich spüre, dass ich bei einer Konferenz, wo es manchmal ganz schön hart zur Sache geht, die Stimmung freundlicher gestalten kann – einfach weil ich da bin, als Frau, Sie verstehen, wie ich das meine? –, dann macht mich das glücklich.« Im Übrigen habe sie das berufliche Leben ihres Mannes »gedanklich ja immer begleitet«. Liz Mohn hätte es nicht besser formulieren können.

Der Münchner Medienunternehmer Hubert Burda (Jahrgang 1940) wiederum wurde im September 2007 bei einem festlichen Dinner im Hamburger Rathaus an die eigenen Nachfolgeprobleme erinnert. Damals feierte der vier Jahre jüngere Versandhausunternehmer Michael Otto nach sechsundzwanzig Jahren an der Firmenspitze Abschied. In der Folge erörterte Burda, der sich unter anderem vom einstigen Quelle-Chef und Daimler-Manager Klaus Mangold beraten lässt, einige Konzepte, um seinen Verlag neu auszurichten. Dazu gehörte zum Beispiel auch eine Radikalkur: die Aufspaltung des eigenen Medienhauses in einen Teil für Verwaltung und einen für Inhalt. Dann entschied er sich aber gegen diese Zweiteilung und richtete im Vorstand einen Posten für »Crossmedia« ein, also für die Vermarktung von Inhalten über Verlagstitel und Mediengattungen hinweg. Die harmlos wirkende Personalie bedeutete in Wahrheit, dass der Verleger erstmals in das über Jahre hinweg schwierige Zusammenspiel seiner bisherigen Haupthelfer Jürgen Todenhöfer und Helmut Markwort eingriff und eine neue Machtperson aufbaute. Dabei fiel die Wahl auf die zuvor im Fernsehen bei den Sendern MTV und 9Live erfolgreiche Managerin Christiane zu Salm, die mit Burdas Frau Maria Furtwängler seit Jahren eng befreundet ist. Die Ärztin und Schauspielerin ist einem größeren Publikum durch ihre Rolle als *Tatort*-Kommissarin Charlotte Lindholm bekannt geworden. Bis Jacob und Elisabeth, die zwei heranwachsenden Kinder des Verlegers Burda und seiner Frau, wie geplant Verantwortung im Verlag übernehmen können, kommt auf Maria Furtwängler eine wichtigere Rolle zu. Hubert Burda jedenfalls ist entschlossen, so die Dynastie zu sichern, eine Frage, die ihn seit Langem umtreibt. Dem soll auch ein Generationenwechsel im Management dienen, der mit dem Einwechseln der langjährigen Burda-Vertrauten Christiane zu Salm begann. Er selbst bejubelt die »Schwellenzeit«, den Übergang von den analogen zu den digitalen Medien, und sagte dem *manager magazin* in der August-Ausgabe 2008: »Ein Verleger muss immer mit den neuen Ideen gehen.«

Liz Mohn, Friede Springer, Gudrun Bauer und Maria Furtwängler – für den Geist in Deutschlands Presse sind zusehends Frauen verantwortlich. Können die Unternehmerinnen, die im Schatten ihrer Ehemänner das Geschäft kennengelernt haben, die gewaltigen Umbrüche bewältigen? Können sie dem Ansturm des Geldes trotzen, dem Angriff großer Fonds und Beteiligungen, die aus der nötigen Konsolidierung Profit schlagen wollen? Halten sie inmitten der Medienrevolution, die alle erfasst hat, journalistischen Kurs?

Längst sind die Verlage der großen Gründer Teile von Kommunikationsriesen geworden. *Die Zeit* von Bucerius gehört zur Stuttgarter Holtzbrinck-Gruppe, Nannens *stern* leuchtet mal stärker, mal schwächer bei Bertelsmann, und auch beim *Spiegel* haben die Gütersloher inzwischen mehr zu sagen und besitzen die Sperrminorität von 25,5 Prozent. Gegen die Abordnung der Konzernvertreter lässt sich im Hamburger Nachrichtenmagazin inzwischen nichts mehr ausrichten.

Nach dem Tod des Gründers Rudolf Augstein im November 2002 hatte sich in der *Spiegel*-Magazinmaschine mancher Leerlauf gezeigt. Das wurde zunächst intern, zunehmend aber auch extern dem Chefredakteur Stefan Aust zugeschoben, der von Verleger Augstein im Spätherbst 1994 gegen den erbitterten Widerstand der Redaktion durchgedrückt worden war – was Aust wohl als eine Art Ewigkeitsgarantie fürs eigene Amt missverstanden haben muss. Der Journalist, der ein Talent für Titel und Titelbilder hat, war in den sechziger und frühen siebziger Jahren im linken Milieu bei *Konkret* und den *St. Pauli Nachrichten* sozialisiert worden. Später hatte er nach einer Zeit als Redakteur des NDR-Fernsehmagazins *Panorama* in Hamburg *Spiegel TV* aufgebaut. Es blieb am Ende seines Marsches durch die Institutionen für viele Beobachter der Eindruck zurück, hier gefalle sich einer eher in der Nähe der Großen, als dass er sie unnötig verärgern möchte. Tatsächlich schrieben die Journalisten in Austs Ära durchweg schöner beim *Spiegel* und bekamen Reportagepreise, doch auf dem ureigensten Territorium der Enthüllungsgeschichte fehlte es an Biss. Vielleicht lag es daran, dass kaum einer wusste, wen das Netzwerk des Chefredakteurs so alles eingefangen hatte. Aust jedenfalls bewies durch beeindruckende Präsenz bei großen *Spiegel*-Interviews, wie wichtig ihm Prominenz war. Als Mitglied eines Medienbeirats der Deutschen Telekom ließ er sich vom Konzernvorstand jahrelang – genau wie *Focus*-Chefredakteur Markwort – aus »erster Hand« informieren. Ansonsten ging der erste Journalist im Hause *Spiegel* gern der Leidenschaft nach, die großen ungeklärten Mythen der Welt zu klären, wozu vorzugsweise die Entdeckung des Bernsteinzimmers sowie die endgültige Aufklärung des »Estonia«-Schiffsunglücks vor Finnland gehörten.

»Der Fisch stinkt vom Kopf her«, erklärte die Verlegertochter Franziska Augstein im November 2005 auf der »Berliner Zeitungskonferenz«: Der *Spiegel* sei »ein geschwätziges Blatt unter anderen« geworden, mit zu vielen weichen Themen, einem zu großen Hang zur Personalisierung und der Vernachlässigung von politischen Entwicklungen. Die öffentliche Kritik ging – unabhängig vom Wahrheitsgehalt – auch den Aust-kritischen Kräften in der Redaktion zu weit. Noch mehr störte man sich dort allerdings am neuen Konsens in der politischen Klasse, nicht mehr den *Spiegel*, sondern die Boulevardzeitung *Bild* aus dem Hause Springer als politisches »Leitmedium« zu akzeptieren. Diese Erkenntnis hatte zuerst der ehemalige Regierungssprecher Uwe-Karsten Heye in einem Interview der *Süddeutschen Zeitung* ausgebreitet. Er lag insofern nicht daneben, als auch beim *Spiegel* eine große *Bild*-Story schon immer als Volkes Meinung galt, die im eigenen Magazin Platz finden müsste. In der Ära Aust ist sehr leicht der Eindruck aufgekommen, es gäbe eine natürliche Scheu, sich mit *Bild* und Springer anzulegen, als würde also ein publizistischer Führungsanspruch des Großverlags akzeptiert.

Die *Spiegel*-Mannschaft war zunehmend frustriert. Die journalistische Kultur litt. Die Verantwortung hatte ein Chefredakteur, der erkennbar davon ausging, Zusammenhänge zu sehen und zu kennen, die sonst keiner erahnt, und der zweitens den Eindruck vermittelte, niemand könne etwas besser machen als der Chef selbst. Feigheit breitete sich aus. Abweichende Meinung: unerwünscht. Erst langsam entwickelte sich unter der *Spiegel*-Belegschaft, die immerhin mit einem Kapitalanteil von 50,5 Prozent ihr eigener Verleger ist, Widerstandsgeist – genervt von der Selbstherrlichkeit an der Spitze und einem auf Günstlingswirtschaft beruhendem Herrschaftssystem, das allem Anschein nach Talkshowfähigkeit von Redakteuren zum Beförderungskriterium machte. Als die Redaktion und der Verlag schließlich den Machtwechsel aus

Sorge um Augsteins Erbe einleiteten, machten sie damit wiederum in eigener Sache mehr Schlagzeilen, als dem größten Liebhaber der Investigation lieb sein konnte.

Am Ende war Stefan Aust im Februar 2008 seinen Job los. Mit einiger Verzögerung wurden zwei Nachfolger aus dem eigenen Lager benannt: der langjährige *Spiegel-Online*-Chefredakteur Mathias Müller von Blumencron sowie der Berliner Büroleiter Georg Mascolo. Dass der presseunerfahrene ZDF-Moderator Claus Kleber – ein Fernsehgesicht mit blonden Haaren und blauen Augen – zwischenzeitlich als möglicher politischer Kopf des *Spiegel* gehandelt wurde, gehört zu den Verzierungen, die diese Branche in schönster Weise regelmäßig aufweist.

Der *Spiegel* konnte erst nach dem Führungswechsel wieder machen, was er am besten kann: in Teamarbeit brisante Geschichten zusammentragen und unabhängig unbequem werden. Rasch nach Austs Abgang waren zum Beispiel auch wieder kritisch-neutrale Geschichten über die Chefs der Axel Springer Verlag AG zu lesen – vorher waren sie nett wie auf einem Ponyhof gestreichelt worden. Zum Absicherungskordon des Stefan Aust, der aus dem *Spiegel* eine Art geistiges Gefängnis gemacht hatte, gehörten gute Arbeitsbeziehungen mit anderen wichtigen Journalisten; das glich den Nettigkeiten, die Chefärzte auszutauschen pflegen. Besonders hatten es Aust dabei offenbar der Springer-Chef Döpfner sowie Frank Schirrmacher angetan, der Herausgeber der *Frankfurter Allgemeinen Zeitung*, dessen Formulierungs- und Zuspitzungskunst dem Land und ihm Bestseller beschert hat. Weil die mächtigen Drei im Berliner Prominentenlokal »Borchardt« gesehen wurden, machte das böse Wort vom »Borchardt-Kartell« die Runde, auch wenn die Beteiligten abstritten, sich in dieser Dreier-Konstellation oft zu sehen. Das »Borchardt« in der Französischen Straße ist der Ort der »Berliner Republik«, an dem Politik, Wirtschaft, Kultur, Medien und Showbusiness einen bunten Abend lang zusammenfließen – und die Eitelkeit garantiert nicht an der Garderobe abgegeben wird.

Als »lächerlich« und »absurd« bezeichnete Schirrmacher die Anwürfe, seine *FAZ*, der *Spiegel* und Springer würden sich dank des Dreibunds der Chefs über Themen und Intonierungen absprechen. Dennoch fiel auf, wie in diesem Kreis in wechselnden Besetzungen kooperiert wurde. Da wurde Schirrmachers Buch *Das Methusalem-Komplott* mit einem Vorabdruck im *Spiegel* geweiht und später in Döpfners *Bild* zur Serie verarbeitet. Dann wieder traten die drei von *FAZ*, *Spiegel* und Springer gemeinsam den Kampf gegen die Reform der deutschen Rechtschreibung an, eine Formation von Kulturrittern zur Bewahrung des Schönen, die Medienmacht im besseren Sinn nutzen wollte und die »Vierte Gewalt« als persönliche Gewalt interpretierte. Über allem wurde das bilaterale Freundschaftswesen bevorzugt. Aust hielt beispielsweise eine vibrierende Laudatio, als Schirrmacher den Preis »Goldene Feder« vom Bauer Verlag erhielt. Und in einer DVD-Geschichtsreihe befragten die beiden für ein Projekt von *Spiegel TV* und *FAZ* berühmte Zeitgenossen wie Richard von Weizsäcker, wobei die Ergüsse beiläufig – ganz »crossmedial« – als gedrucktes Interview in der *Frankfurter Allgemeinen* verwertet wurden. Mit Springer machte Aust ein Filmprojekt, der Vorabdruck der Biografie von Bill Clinton – die bei Econ veröffentlicht wurde, einem Verlag, der damals noch Springer gehörte – erschien in *Bild* und *Spiegel*. So ging das munter hin und her in einer journalistischen Interessensgemeinschaft, die Vernetzung als probates Mittel zur Absicherung vor Karriereproblemen begriff.

Dass die konservativen Springer-Blätter, die liberal-konservative *FAZ* und der früher linksliberale *Spiegel* oft genug gemeinsame Sache machten – woraufhin auch liebedienerische Artikel übereinander deuteten –, verblüffte und verängstigte die politische Welt. Mit Pressefreiheit hatte dies nichts zu tun, eher mit der Freiheit zur Pression. Die Bündnispartner Aust, Schirrmacher, Döpfner – allesamt Aufsteiger aus dem gutbürgerlichen Milieu – glaubten vermutlich an einen Bedeutungszuwachs, der ihnen auf immer und ewig einen Platz unter den Filmstars und Ministern, kurz der

Bourgeoisie des »Borchardt« garantiere. Das sei »ein sonderbares Trio«, befand Rudolf Augsteins Sohn Jakob treffend in der *Zeit*: »Die haben festgestellt, dass sie sich mehr nützen können, wenn sie sich nicht schaden. Dass gemeinsame Macht keine geteilte Macht ist, sondern dreifache.«

Im Bundestagswahlkampf 2005 hatten sich *FAZ*, *Spiegel* und Springer auf die CDU-Kandidatin Angela Merkel festgelegt sowie auf tiefgreifende marktwirtschaftliche Reformen und eine Koalition der Union mit der FDP. Die rot-grüne Koalition von Gerhard Schröder hatte in ihren Augen abgewirtschaftet – dass es Schröders SPD am Ende trotz schlechter Umfragewerte, die besonders der *Spiegel* genüsslich zelebrierte, doch noch zum Partner einer Großen Koalition mit der Union schaffte, muss für das Meinungsmacher-Trio eine ziemliche Demütigung gewesen sein. Ihre Meinungsmacht war mehr eingebildet als gebildet. Der Misserfolg bewies, wie begrenzt zum Glück die Chance des politischen Journalismus ist, direkt Politik zu machen – wie wichtig es aber andererseits ist, auf jeden Nießbrauch von Medienmacht hinzuweisen. Noch kommt es auf das Volk an – und nicht auf jene, die sich für Volkes Stimme halten.

Im Fall des Gerhard Schröder ist es geradezu perfide, dass in dessen ersten Kanzlerjahren der *Spiegel*-Chefredakteur Aust seinen alten guten Kontakt zu ihm reichlich nutzte und von seinem Duzfreund hier und da wertvolle Informationen erhielt. So wurde der *Spiegel* zeitweise geradezu zur Plattform für Schröders Politikstil, ja, manchmal frönte der Kanzler geradezu der Lust, im *Spiegel* neue Ideen und Pläne zu testen. Das lief über vertrauliche Dossiers und Hintergrundinformationen. Waren sie erst einmal in Augsteins ruhmreichem *Spiegel* und damit in der Welt, konnte man je nach Lage weitermachen oder – mit einer eleganten Begründung – aufhören. Schröder spielte Katz und Maus mit Austs Blatt, so wie er mit jedem Medium spielte, das sich ihm zur Verbreitung seiner Persönlichkeit bot. Ging es ihm doch darum, die virtuelle Welt seiner rot-grünen Koalition zu etablieren, die geradezu agendafixiert ständig neue Themen durch die Nachrichtenverwurstung der Republik jagte. Der *Spiegel* versprach sich dabei Exklusives. Doch als die SPD in ihrer zweiten Legislaturperiode Wahl auf Wahl verlor und es auf den Kanzler nicht mehr ankam, näherte sich Austs Truppe der ostdeutschen Herausforderin Merkel, was Schröder als Verrat und Illoyalität begriffen haben muss. Bald galt dem *Spiegel* der Union-Wahlhelfer Paul Kirchhof als Guru der Steuerreform. Umso bedauerlicher für die Redaktion, dass selbst bei der CDU/CSU der »Professor aus Heidelberg« als politisches Risiko galt und aussortiert wurde.

Für das Hamburger Nachrichtenmagazin besteht nach Ende der zuletzt lähmenden Regentschaft des Stefan Aust die Chance, zum Kern des eigenen Journalismus zurückzufinden – und zugleich die Herausforderung der Moderne zu meistern, die Verbindung von Print und Online. *Spiegel Online* ist zu einer der größten journalistischen Websites der Verlage geworden. Der alte Traum Augsteins, eine eigene Tageszeitung zu besitzen, erfüllt sich im Netz auf ganz eigene Weise.

Noch spannender ist die Frage, inwieweit sich in Hamburg ein Modell bewährt, das dem Verlegerjournalisten Rudolf Augstein einmal am besten geeignet schien, als Festung des Geistes den Angriffen von außen zu widerstehen. Das *Spiegel*-Mitarbeitermodell war Ende der sechziger Jahre, auf dem Höhepunkt der Studentenproteste, seine Unternehmerantwort auf die Rufe nach Demokratisierung der Betriebe. Das Kapital sollte nicht mehr länger nur einfach möglichst viel Zins abwerfen, sondern Mitbestimmung und Menschlichkeit ermöglichen. Im festen Willen, auf der Höhe der Zeit seine Macht zu verteidigen, verschenkte Augstein den größten Anteil seines Verlages – die 1974 effektiv gewordene Regelung hat er später bereut und wollte sie rückgängig machen. Aber darüber war mit der Mitarbeiter KG nicht zu reden. Wer schafft sich schon selbst ab? So ist der *Spiegel* der größte selbstverwaltete Betrieb Deutschlands, ein Relikt aus einer Zeit, als man groß über die Vergesellschaftung der Wirtschaft diskutierte, über Ökonomie von unten – und immer wieder auf die Beispiele der nordhessischen Glashütte Süßmuth und des Unternehmens Photo Porst in Nürnberg verwies. Süßmuth wurde im Übrigen 1996 stillgelegt und das Porst-Modell hielt von 1972 bis 1982. Der *Spiegel* aber macht weiter mit seinem Versuch, die Kakophonie des Kollektivs zu kombinieren mit der Hierarchie und Befehlsvermittlung eines kapitalistischen Betriebes und dabei journalistische Ideale zu verteidigen.

Das ist mitunter verwirrend und lädt ein zu einem pausenlosen »Karneval der Egomanen«, wie das ein leitender *Spiegel*-Redakteur nennt. Es ist gleichwohl eine Chance, viele Meinungen zu Gehör zu bringen und zu verhindern, dass aus dem *Spiegel* eine Zeitschrift zum Verwechseln wird. Wer über Demokratie schreibt, will nicht die Diktatur im eigenen Laden. Als Schönwettermodell hat die *Spiegel*-Mitarbeiterbeteiligung in den Zeiten des Monopols – als *Focus* montags noch nicht existierte – gut funktioniert; nun muss sich das Modell gegen den Ausbreitungsanspruch des am *Spiegel* beteiligten Großverlags Gruner + Jahr und seines Eigentümers Bertelsmann bewähren. Auch das eine Konfrontation zwischen Geist und Geld.

6

Politisches Sprechtheater

Das Erbe des Medienkanzlers Schröder · Aufmerksamkeit gegen Auflage · Berliner Rollenspiele · Symbiose und Symbole · Was Klaus Wowereit mit Gabriele Pauli verbindet

Von der siebenjährigen Amtszeit des Bundeskanzlers Gerhard Schröder ist neben der Agenda 2010 und dem Beschluss, nicht mit den Amerikanern in den Irak-Krieg zu ziehen, vor allem sein Politikstil in Erinnerung geblieben. Der gipfelte in einem ihm zugeschriebenen, nie dementierten Satz, wonach er zum Regieren nur »*Bild*, *BamS* und Glotze« brauche. Einmal ganz abgesehen davon, dass offenbar auch der *Spiegel* zeitweilig nötig war, so weist das Zitat doch auf ein neues Verständnis von Politik als Medienereignis hin, auf ein völlig verändertes Rollenzusammenspiel zwischen Politik und Presse.

Auch Schröders Amtsvorgänger sind durchaus den Reizen einer vorteilhaften Präsentation in Zeitungen und im Fernsehen aufgeschlossen gewesen, besonders in Wahlkämpfen. So nahm der erste Kanzler der Republik, Konrad Adenauer (CDU), 1953 für den anwesenden *stern*-Reporter eine Pfanne in die Hand, um einen Pfannkuchen zu wenden. In der Illustrierten wurde das einfühlsam kommentiert: »Die geschickte Hand, mit der Konrad Adenauer das deutsche Schicksal seit dem Zusammenbruch gewendet hat, zeigte der Kanzler auch beim Wenden des Pfannkuchens.« Zeitweise seien drei Mitarbeiter im Kanzleramt damit beschäftigt gewesen, »Adenauer-Anekdoten« zu erfinden, erklärt der Historiker

Magnus Brechtken von der Universität Nottingham, der die PR-Strategien des Altkanzlers in einer Festschrift analysierte. Der Hollywood-Film *Wag the Dog* ist nur eine karikierende Übertreibung der Realität, für die sogenannte *spin doctors* zuständig sind: In *Wag the Dog* lenkt die PR-Maschinerie des amerikanischen Präsidenten erfolgreich von einem Sexskandal ab, indem es dem Volk einen fiktiven Krieg gegen das ferne Albanien präsentiert und hierfür eigens Kriegshelden und Rührgeschichten erfindet.

Auch Schröders Vorgänger Helmut Kohl arbeitete durchaus mit Medien – jenen mit Journalisten, denen er traute. Sein Freund Leo Kirch, viele Jahre der größte Film- und Fernsehunternehmer Deutschlands, richtete ihm beispielsweise auf Sat.1 eine eigene Talkshow (*Zur Sache, Kanzler*) ein, in der konservative Journalisten den großen Konservativen befragten. Auch durfte der *Bild*-Reporter Kai Diekmann die Familie Kohl ganz aus der Nähe beobachten und beschreiben, was seiner weiteren Karriere keinen Abbruch tat; sie führte schließlich in die Chefredaktion von *Bild*. Kohl lud die von ihm skeptisch beäugte »Journaille« an seinen Urlaubsort St. Wolfgang am österreichischen Wolfgangsee und ließ sich mit Rehen fotografieren. Auch ging der CDU-Vorsitzende in die großen Inszenierungsshows des Fernsehens und stellte sich zum Beispiel bei RTL-Moderator Hans Meiser dem Publikum.

Dennoch bot das System Schröder grundsätzlich Neues. Schröder war der erste Kanzler, der nach Plan mit den Medien regieren wollte und glaubte, das Spiel mit ihnen beherrschen und Themen frei setzen zu können. Der SPD-Politiker begriff sich als Produzent von Unterhaltung, dem es gefiel, wenn die Massenmedien ihn mit Cohiba-Zigarre und Brioni-Anzug zeigten oder ihm das Saalpublikum in der ZDF-Show *Wetten, dass …?* zujubelte. Er reizte dieses System bis zum Extrempunkt aus, und wäre wohl auch in der Harald-Schmidt-Show oder als Kommentator der Fußballsendung *ran* aufgetreten, wenn er nicht im letzten Moment das Gefühl gewonnen hätte, es hier zu übertreiben. Schröder etablierte im komplizierten Verhältnis zwischen Politik und Medien das Prinzip des Deals:

Ich liefere Geschichten, ihr berichtet und behandelt mich fair. Aufmerksamkeit gegen Auflage. Reiz gegen Reaktion. Stoff gegen Reichweite. So wurde Gerhard Schröder zum »Medienkanzler«. Seinen Pressesprecher holte er sich konsequenterweise aus der Redaktion von *Bild* und glaubte so, das Schwungrad der Medien kontrolliert in Bewegung halten zu können. Das Dilemma von Politikern in solchen Situationen schildert der Autor Andreas Dörner in seinem Buch *Politainment*: »Meiden sie die Medienöffentlichkeit, dann entsagen sie einem zentralen Machtinstrument; suchen sie hingegen die Foren des Politainment auf, dann begeben sie sich in eine Welt, deren Mechanismen nur zum Teil steuerbar sind.«

»*Bild*, *BamS* und Glotze« – da diese Emotional-Medien hauptsächlich auf Spektakel und Sensationen reagieren, hätte sich Gerhard Schröder ständig selbst überholen müssen, um quotenstark zu bleiben. Irgendwann war sein Abstieg das größte Spektakel, und der abgewählte Kanzler saß nach der knapp verlorenen Bundestagswahl 2005 im Fernsehstudio und greinte über »Medienmanipulation«. Auch wenn einige seiner Vorwürfe zutrafen – es waren die Geister, die der SPD-Politiker gerufen hatte und die er jetzt nicht wieder loswurde.

Die rot-grünen Jahre bleiben als »Mediendemokratie« in Erinnerung, mit einem »Medienkanzler« an der Spitze, der die Hoheit über Fernsehbilder und Zeitungsspalten für Regierungskunst hielt. In diesem System waren die Journalisten weniger als Aufklärer, sondern eher als Verklärer gefragt. »Vierte Gewalt«? Das erschien so altmodisch wie Schwarzweiß-Fernsehen. Das gefragte Modell war das einer Symbiose. Politiker und Journalisten begannen Verständnis dafür zu entwickeln, dass sie einander brauchen, um im Stimmengewirr draußen nicht unterzugehen. Sie wurden Koproduzenten der Unterhaltung. Sie gaben der Mediendemokratie ihr politisches Sprechtheater. Das gewünschte Resultat: Sie kamen weiter gemeinsam als politische Klasse prominent in der öffentlichen Meinung vor, die ihre veröffentlichte Meinung war. Angereichert wird eine solche Symbiose durch den beständigen Fluss an

Meinungsumfragen, die spezialisierte Institute anliefern. Solche Umfragen geben vor, punktgenau zu spiegeln, was die Bevölkerung über ein politisches Vorhaben denkt und wie Frau Bundeskanzler oder Herr Minister wirklich ankommt – und sie lösen politische Maßnahmen aus. Demoskopie ersetzt Demokratie.

Das politische Sprechtheater ist nicht mit langwierigen Diskussionen über Gesetze zu betreiben, die Gegenstand der Parlamentsarbeit sind. Komplizierte Reformen, sei es im Renten- oder im Gesundheitswesen, sind schwer vermittelbar und tendenziell langweilig. Was die medial vermittelte Politik braucht, ist eine Dramaturgie mit Konflikt und Emotion. Es braucht Stücke, in denen sich der verhärtete Charakter weich zeigen kann oder es zu handfestem Streit kommt. Es braucht die Zuspitzung einer Boulevardzeitung und die Showkraft des Fernsehens. Es ist kein Zufall, dass seit der Schröder-Zeit die pseudopolitische Talkshow (*Maybrit Illner*, *Sabine Christiansen* jetzt *Anne Will*), zur festen Institution geworden ist, zu einem bevorzugten Format, das wöchentlich die Frage aufwirft, wie sich Politiker wohl angesichts unverschämter oder nur naiver Moderatorenfragen schlagen. Das konsequenteste Format bei dieser Art der Berichterstattung ist eines, das man seit den Boxkämpfen eines Henry Maske bei RTL gut kennt: das Duell. Die Inszenierung Duell ist immer schön, weil einer siegt und einer verliert. Nichts liebt das Fernsehen mehr, als das Prinzip des Showdowns der Westernfilme in die Jetztzeit zu übertragen. Niemand hat dieses Duellformat so gut beherrscht wie Gerhard Schröder.

Ein anderes Lieblingsformat der Berliner Medienrepublik ist die Personality-Talkshow eines Reinhold Beckmann oder eines Johannes B. Kerner. Der Moderator legt die Stirn in Falten und dringt ins Seeleninnere des Gegenübers. Oder er thront feixend hinter einem großen Schreibtisch und sucht die Pointe. Der Politiker aber erzählt von sich: wahlweise von seiner wilden Jugend (Motorrad gefahren, Joint geraucht), seinem Hobby (Motorrad fahren, Bücher, Kochen), seiner sozialen Betätigung, seiner Familie (mitsamt Haustier, wenn vorhanden) oder von den Freunden. Nur die

Politik muss draußen bleiben; schon das Erwähnen politischer Fragen führt im Quotenverlauf der Sendung zu kleinen Abstürzen. Man muss nicht so weit gehen wie der Philosoph und Berliner Medienprofessor Norbert Bolz, der erklärt, man solle die in TV-Talkshows vorgeführten bezuglosen Ereignisse überhaupt nicht verstehen – »Aufklärung« sei »die Lebenslüge der Journalisten«, und im Übrigen würden politische Probleme in der Mediendemokratie »nicht durchdacht, sondern gefühlt«. Aber die Gefahren der Talkshowdemokratie sind nicht von der Hand zu weisen.

Für die Form des politischen TV-Sprechtheaters ist ein kleines Ensemble von vielleicht fünfzig Vertretern der Parlamentsparteien notwendig. Man sieht sie immer wieder im Fernsehen, genauso wie die Gesandten von Interessensgruppen oder die beigefügten Experten, die gegebenenfalls in der Sendung ein paar kluge Sätze zur Sache sagen sollen. Auch der politische Journalist hat seinen Rollenplan: Er ist für die ketzerische These zuständig und für den Gag. So unterhält er ein großes Publikum gleich mit und darf sich auf der großen Bühne des Entertainments zu Hause fühlen. Da es stets eine neue These sein muss, die das Geschehen bereichert, ist ein rascher Meinungswechsel zwangsläufig. Zu einer gewissen Meisterschaft in der Publizistikpräsenz hat es der Journalist Hans-Ulrich Jörges mit seinem »Talkshowhopping« gebracht. Jörges, stellvertretender Chefredakteur und Berliner Büroleiter des *stern*, hat immer eine Meinung. Vor der Bundestagswahl 2005 fand er wie viele andere Berliner Journalisten, Rot-Grün habe abgewirtschaftet – und verkündete direkt nach dem TV-Kanzlerduell zwischen Schröder und Angela Merkel im Brustton tiefster Überzeugung, die CDU-Chefin sei besser gewesen. Millionen Fernsehzuschauer jedoch waren zu ganz anderen Schlüssen gekommen.

Unter den Bedingungen der Mediendemokratie, mit dem ständigen Kampf der Beteiligten um die Bühne, fühlen sich einzelne Journalisten selbst als Star. Ihre Devise ist die der neuen Zeit: »*Brand yourself!*« Präsentiert wird eine Wunschidentität, von der man meint, dass andere meinen, sie sei interessant. Mit der Suche nach Wahrheit des 19. und 20. Jahrhunderts hat das wenig zu tun, eher mit einem Computerspiel. Überhaupt fällt auf, dass in der öffentlichen Arena Themen eine merkwürdige Karriere haben: Sie werden plötzlich von Politikern, Beratern oder Journalisten gesetzt, schießen hoch, werden in kurzer Zeit im Rudel von allen ausgebeutet – und fallen dann genauso jäh wieder hinab wie sie aufgestiegen sind. Es gebe nicht nur an der Börse, sondern auch im Journalismus eine »Heuschreckenplage«, führten die Medienwissenschaftler Susanne Fengler und Stephan Ruß-Mohl in der *Neuen Zürcher Zeitung* aus und nennen Stichworte wie »SARS«, »BSE«, »Anthrax« und »CDU-Spendenskandal«: »Medien-Hypes ähneln durchaus den viel beschworenen Blasen an der Börse, auch weil sie von heute auf morgen platzen können.«

»Die großen Qualitätszeitungen haben sich vom Chronisten zum Akteur der Geschichte gewandelt«, behauptet der französische Philosoph Bernard-Henri Lévy. In einer Welt, in der die Staaten nur noch »ad hoc auf die Forderungen einer gleichermaßen frivolen und emotionalen öffentlichen Meinung reagieren«, nehme »die Presse immer öfter die Fackel auf, welche die Ideologien haben fallen lassen«. Die Zeitungen seien der letzte Ort, glaubt Lévy, »an dem die Frage nach der Unmenschlichkeit und den Möglichkeiten, ihr zu begegnen, gestellt wird«. Der Journalist sei dabei »kein Bote der Welt«, sondern gehöre zu deren Akteuren, die ein Ereignis formen würden. Das haben Redaktionsverantwortliche wie Jörges begriffen. Fraglich ist aber, ob das Pendel nicht längst zurückschlägt – und die Menschen, frustriert von all den Inszenierungen und Verformungen, nach gültigen Sätzen fragen, nach Meinungen, auf die man sich verlassen kann. Sie wollen nicht mehr, dass der Schwanz mit dem Hund wedelt wie bei *Wag the Dog*. Die Lust am Künstlichen würde damit den Niedergang der Presse beschleunigen, statt ihn aufzuhalten. In Wahrheit täte der überreizten Branche die Rückbesinnung auf Börne und Heine, auf Augstein und Bucerius gut.

Seit dem Abgang Schröders und seines Außenministers Joschka Fischer ist es im Berliner Medienzirkus ruhiger geworden. Die Mechanismen sind geblieben, es fehlen die prägenden Akteure. Bundeskanzlerin Angela Merkel kommt weitgehend ohne kommunikative Schnörkel aus und ist erstaunt, wenn einmal ein freizügiges Dekolleté ihres Ballkleids zum Zeitungsthema wird. Sie versteht sich auf politisches Networking, lässt nur ab und an eine Sommergeschichte aus ihrer ostdeutschen Heimat Uckermark zu und profitiert vor allem von ihren außenpolitischen Auftritten, die sie regelmäßig ins Fernsehen bringen. Den anderen Mitgliedern des Bundeskabinetts fehlt die persönliche Aura, die das politische Sprechtheater liebt. So hat sich das Zentrum der politischen Medienaktivität unmerklich zur Opposition verlagert, zu Figuren wie Oskar Lafontaine und Gregor Gysi, die immer für kräftige Sätze und Sprachbilder gut sind.

Einer, der genau um die Wirkungsmechanismen des politischen Entertainments, des »Politainments« weiß und sich regelmäßig über das Bedürfnis der Journalisten nach nicht langweiligem Stoff lustig macht, ist der Grünen-Politiker und ehemalige Außenminister Joschka Fischer. Im Gesprächsbuch *Medienmenschen*, herausgegeben von Jens Bergmann und Bernhard Pörksen, plaudert er ungewöhnlich offen über suggestive Elemente im Wahlkampf und über die Mediengesellschaft. Personen würden in ihr immer wichtiger werden, »die Sache selbst hat nun mal keinen Kopf und keine Beine«, verkündet er. Joschka Fischer erzählt, er habe die berühmten weißen Turnschuhe bei seiner ersten Ministervereidigung im hessischen Landtag 1985 auf Beschluss der Landtagsgruppe tragen müssen. »Es musste ein Symbol dafür her, dass unsere Protestbewegung jetzt in der Regierung angekommen ist. Aber ich habe sie danach nie wieder getragen. Sie stehen zu Recht im Museum.« Den modernen Menschen mache das Rollenspiel aus, führt Fischer aus und ärgert sich, dass Journalisten in ihrer Rolle nicht mehr die Politiker testen würden, »sondern sich anmaßen, es besser zu können als die Politiker … Bei vielen Journalisten rührt meine Abneigung daher, dass ich den Eindruck habe, sie machen sich ihren Job zu leicht.«

Es ist eine Symbiose voller Misstrauen, die sich in Berlin beim Kampf um die Symbole entwickelt hat, in einer »nervösen Zone«, wie sie der Autor Lutz Hachmeister beschrieb. Die Kritik des Politischen ist unter aktuellen Bedingungen immer auch Medienkritik. In dem Ausmaße, in dem sich der Kandidat für ein Amt den Gesetzen des Entertainments unterwirft, wird er wie ein Unterhaltungskünstler bewertet. Was ist da in den letzten Jahren nicht alles geboten worden! Es begann mit dem FDP-Politiker Jürgen W. Möllemann, der bei Wahlkampfveranstaltungen zielgenau mit dem Fallschirm ins Stadion sprang und setzte sich fort mit dem liberalen Parteichef Guido Westerwelle, der Möllemanns »Projekt 18« in die Fernsehtalkshow brachte. Er malte sich die Wunschzahl für das Wahl-Prozentergebnis der FDP mit Kreide auf die Schuhsohle und zeigte sie schön in die Kamera.

Die neue Generation der Politiker begriff, dass besondere Anlässe zur Berichterstattung geboten werden müssen. Ein normales Parteiprogramm, und sei es noch so gut formuliert, reicht nicht aus. In der Mediendemokratie steigen die Chancen, je »anfassbarer« der politische Akteur für das Publikum wird, je plakativer der gebotene Stoff dem Mittler in den Redaktionen erscheint. »Klatsch und Tratsch sind immer gut für Quote und Auflage«, sagt der SPD-Politiker Wolfgang Thierse.

Ein weiterer Politiker, der die Zusammenhänge verstanden hat, wahrscheinlich weil er in Berlin im Zentrum der Mediendemokratie lebt, ist der Regierende Bürgermeister Klaus Wowereit, der in der Hauptstadt mit der Linken koaliert hat. Sein bekanntes offenherziges Bekenntnis – »Ich bin schwul, und das ist auch gut so« – vor den Genossen seiner Partei, hat den Aufstieg des SPD-Politikers und seinen Bekanntheitsgrad enorm befördert. Das »Outing« machte ihn mit einem Schlag interessant für Interviews. Homosexualität war sein Marketing-Turbo. In der Rolle des Bürgermeisters konnte er seine Prominenz mit Auftritten bei zahlreichen Galas und Partys der Hauptstadt stabilisieren. Nie war es so leicht wie in seiner Amtszeit, durch die Freundschaft mit einer TV-Moderatorin (Sabine Christiansen) und einem Starfriseur (Udo Walz) in den Medien präsent zu bleiben, und zwar nicht nur in den bunten Blättern. SPD-Kreise werden nicht müde zu behaupten, dass Wowereit sich mittelfristig Chancen als Spitzenmann oder Kanzlerkandidat ausrechne; vielleicht wähnt er sich sogar auf Schröders Spuren. Schließlich trat der Regierende Berliner Bürgermeister als Gast bei *Wetten, dass …?* auf und spielte sich in der TV-Serie *Berlin, Berlin* sowie im Film *Alles auf Zucker!* selbst.

Dass Wowereit mit seinem Bekenntnis zur eigenen Homosexualität so viel Resonanz fand, hat den Berliner Politiker selbst überrascht und fasziniert, wie er in seiner Autobiografie erklärte. Sie hat den einfachen Titel … *und das ist auch gut so.* Dass ein Regionalpolitiker bereits im Alter von vierundfünfzig Jahren seine Memoiren vorlegt, ist nur für die erstaunlich, die das Tauschgesetz der Mediendemokratie nicht verinnerlicht haben: Aufmerksamkeit gegen Auflage. Zur Verwertungslogik einer solchen in der Regel von einem Journalisten geschriebenen Biografie gehört ein voluminöser Vorabdruck in der *Bild*, flankiert von zahlreichen öffentlichen Auftritten, zum Beispiel bei der Frankfurter Buchmesse. Die neue Elite dieser Gesellschaft nutzt jeden sozialen Anlass zur Multiplizierung des eigenen Images; Indiskretion ist Herzenssache. Ein beständiger Kreis aus publicityscharfen Politikern, gut vernetzten Beratern und Agenten, Medienmanagern und Journalisten hält den bunten Stoff für das »Agenda Setting« in der Diskussion – für das bewusste Setzen von Themen, über die das Volk reden soll.

Am weitesten gegangen beim Versuch, mit einer Kunstfigur zuerst in den Medien und dann in der Politik Erfolg zu haben, ist die Betriebswirtin Gabriele Pauli, die in der Öffentlichkeit als »schöne Landrätin« aus Fürth in die Überschriften kam. Anfangs flogen ihr auch in der bayerischen Regierungspartei CSU die Sympathien zu, weil sie es gewagt hat, den selbstherrlichen Stil des langjährigen Parteichefs und Ministerpräsidenten Edmund Stoiber zu kritisieren. Doch je stärker sie in den Medien als attraktive Rebellin porträtiert wurde, die es dem CSU-Establishment zeige, umso stärker begriff sich Gabriele Pauli wohl als auserwählte Retterin, die die CSU vor dem Niedergang zu bewahren hatte. Ihre Rolle war nun die der extremen Nonkonformistin, der mutigen Herausforderin, die sich in ihrem Tauschgeschäftsspiel mit den Medien auf immer riskantere Konditionen einließ, zum Beispiel auf die Produktion erotischer Fotos. Die erschienen im April 2007 in der Zeitschrift *Park Avenue*, und sorgten für Aufregung: Die Politikerin zeigte sich mit Latexhandschuhen und weckte bei dem ein oder anderen Assoziationen an eine Domina. Um das Niveau der erreichten Aufmerksamkeit zu halten, mussten die Themen immer extremer werden. Einige Monate später gab Gabriele Pauli bekannt, sich gegen die CSU-Größen Erwin Huber und Horst Seehofer um den Parteivorsitz bewerben zu wollen, was die Journalisten noch einmal richtig neugierig machte. Der Rummel wurde sogar gesteigert, als Gabriele Pauli ihr knappes politisches Programm mit der von einem Kabarettisten entlehnten Forderung würzte, Ehen sollten auf maximal sieben Jahre geschlossen werden – und dann kurz vor der CSU-internen Wahlveranstaltung auch noch freizügig als Covergirl auf der *Bunten* erschien, scheinbar nur mit einer bayerischen Rautenflagge bekleidet.

Ihrem ohnehin unrealistischen Aufstieg in der Männerpartei CSU haben diese Medienaktionen nicht geholfen. Ihre nächste Tat, die noch einmal eine große Reichweite in den Medien garantierte, war die Trennung von den Christsozialen, exklusiv gegen ein kleines Honorar platziert bei der Gesellschaftszeitschrift *Vanity Fair*, die vermutlich auch gern die Latexhandschuhfotos des Konkurrenten *Park Avenue* gedruckt hätte. Seitdem Gabriele Pauli im Juni 2008 bei den Freien Wählern Bayern aktiv wurde, ist das Interesse an ihr spürbar erlahmt. Auf den *Bunte*-Titel kommt sie nicht mehr. Auch die Motorradfotos, die die begeisterte Bikerin ins Netz gestellt hat, stoßen nicht mehr auf die Nachfrage aus dem Jahr 2007, als sie die wilde Frau der CSU war. Das Schicksal der Gabriele Pauli ähnelt sehr den Erlebnissen des SPD-Politikers und ehemaligen Verteidigungsministers Rudolf Scharping, der sich mitten im

Kosovo-Konflikt von der Zeitschrift *Bunte* planschend im Hotelpool auf Mallorca mit seiner Freundin Kristina Gräfin Pilati ablichten ließ. Das begriff die Mediengesellschaft als Fauxpas. Auch wenn die einstige Fürther Landrätin die gleichen Medienmechanismen wie Wowereit oder Schröder benutzt hat, ging die Sache für sie doch ungünstig aus. Das System ist gnadenlos: Wer sich lächerlich macht, wird ausgelacht und ausgeladen. Das politische Sprechtheater braucht Helden, es braucht aber auch Verlierer und Narren.

7

Gefährliche Liebschaften

Politik und Medien aus einer Hand · Die Allmacht des Silvio Berlusconi · Pariser Lieben – die Freunde des Staatspräsidenten · Die Lehre aus Hugenberg · Die Welt, wie sie der Mogul Murdoch sieht

Zu den schwerwiegendsten Angriffen auf das Prinzip Geist im Journalismus, auf das verlegerische Ethos, gehört die strategische Kombination aus Geld und Politik. Wenn sich Wirtschaftsgrößen – Industrieunternehmen oder Finanzakteure – mit Verlagen oder Fernsehsendern verbinden, um so Regierungen beeinflussen zu wollen, entsteht ein gefährliches Gebräu für die Demokratie. Noch schlimmer ist es, wenn ein Firmenpatron, ein Milliardär mit dunkler Vergangenheit, einfach selbst dank seiner eigenen Medien die Regierung eines Landes übernimmt und Gesetze erlässt, die ihm nutzen und eigene ungesetzliche Missetaten aufheben können.

Wozu ein Übermaß an Medienmacht führt, zeigt seit zwei Jahrzehnten das Beispiel Italien. Es ist kein Land der Dritten Welt, kein Staat der Südsee oder Afrikas, in dem ein Einzelner Mediendiktator spielen darf, es ist ein Gründungsmitglied der Europäischen Gemeinschaft und ein alter Schauplatz der Demokratie, das mit solchen Vorgängen abschreckendes politisches Anschauungsmaterial bietet. Es ist Italien, das eine Figur wie Silvio Berlusconi hervorgebracht hat, den Helden einer schlechten Oper, der ein ganzes Land in seine Gefangenschaft genommen hat – und sogar mit Schlagertexten, die er für einen neapolitanischen Sänger geschrieben hat, unterhalten will.

Die Machtfülle dieses Italieners ist so verblüffend, sein Zugriff auf den Journalismus so dreist, dass allein die schiere Aufzählung der Fakten auch unvoreingenommenen Zeitgenossen den Atem verschlägt. Der Mann aus Mailand, der in Italien anscheinend nach Belieben immer wieder Ministerpräsident werden und Regierungen bilden kann, hat bekanntlich das gesamte Privatfernsehen seines Landes unter Kontrolle. Die großen Kommerzsender Italiens – Italia 1, Rete 4, Canale 5 – gehören alle zum börsennotierten Konzern Mediaset, an dem die Familie Berlusconi die Mehrheit hält. Hier serviert Berlusconi einen gefälligen Mix aus halbnackten Frauen, Reality-Shows, Glücksspielen und platter Politpropaganda, die im Volk Gefallen findet. Da der italienische Regierungschef qua Amt auch Einfluss auf das Budget und die Auswahl des Spitzenpersonals beim einzigen Konkurrenten seiner persönlichen Fernsehstreitmacht hat, der staatlichen Sendergruppe RAI, ergibt sich ein perfektes Monopol der Bilder und Töne. Das ist die Basis des Berlusconismus. Über wen berichten diese Medien wohl am liebsten?

Es kommt noch vieles hinzu in diesem System der totalen Kontrolle über Medien. Hinter Berlusconis Fernsehunternehmen Mediaset gibt es noch einen weiteren Familienkonzern, die Holding Fininvest, und die wiederum steuert den größten Verlag des Mittelmeerstaats, das Unternehmen Mondadori. Es handelt sich hierbei unter anderem um den größten Buchverlag Italiens, der es im Jahr 2007 nach Branchenschätzungen auf knapp 30 Prozent Marktanteil brachte; Mondadori ist ebenso die Heimat bedeutender Journale wie *Panorama*. Selbstverständlich ist Berlusconis Zeitschriftenhaus mit seinen 40 Titeln und einem Marktanteil von knapp 40 Prozent die Nummer eins im Lande; nach dem Kauf der französischen Pressegruppe Emap ist Mondadori sogar in Frankreich eine große Nummer bei den Zeitschriften. Bei jedem Staatsbesuch in Paris kann Berlusconi quasi nach dem Dessert einmal nach den eigenen Besitztümern Ausschau halten. Und zu guter Letzt gehört auch die kleine rechts-intellektuelle italienische Zeitung *Il Foglio* zum Dunstkreis, die den autoritären Katholizismus der Ära Benedikt XVI. zur lebensbestimmenden Konstante erklärt und damit ganz auf der Linie ihres irdischen Besitzers Berlusconi liegt.

Dem empfindlichen Selfmademan (»Ich bin der verfolgte Jesus Christus der Politik«) reicht es nicht, die Medien Italiens zu steuern – nein, er hat auch noch Einfluss auf ein höchst wichtiges Objekt der Berichterstattung, auf den Fußball. Seit 1986 gehört ihm der AC Mailand, über Jahre hinweg einer der wichtigsten Klubs des Landes. Bis 2004 hat Berlusconi persönlich als Präsident das Geschehen beaufsichtigt. Die Siege seiner Fußballer bringen ihm jene Freudenstimmungen, in denen er sich zeigen und feiern lassen kann. Dann ist er in seiner Lieblingsrolle, die des modernen Imperators, der dem Volk Brot und Spiele bringt. Politik ist abgelöst worden von einer riesigen Personalityshow. Berlusconi besitzt die Bühne, bestimmt den Spielplan und spielt selbst die Hauptrolle. So kann Berlusconi seiner Mission nachgehen – allen zu zeigen, dass er ein Land wie ein großes Unternehmen führen kann. Ganz Italien ein einziges Business von Berlusconis Gnaden, mit gleichgeschalteten Medien. Höchst folgsam, wenn es darauf ankommt, und durchaus kritisch, wenn es nicht schadet, das ist das Wunschbild dieses Aufsteigers aus der Lombardei, der in jungen Jahren sein Geld als Unterhalter auf Kreuzfahrtschiffen verdiente und später mit Millionen aus dunklen Quellen Neubausiedlungen am Rande Mailands hochzog. Wer Berlusconis Aufstieg rekonstruiert, wird zahlreiche Spuren der Nähe zur Mafia finden. So ist sein langjähriger Werbemanager Marcello Dell'Utri im Dezember 2004 in einem Prozess zu neun Jahren Haft wegen Mafia-Kontakten verurteilt worden.

Fassungslos muss man registrieren, dass sich in der Person Berlusconi ein ganzer Staat vereinigt. Würde jemand versuchen, seine Omnipräsenz nach Deutschland zu übertragen, so müsste derjenige im Fernsehen die RTL-Gruppe und die ProSiebenSat.1 Media AG beherrschen, den *stern* und die anderen Blätter des Verlags

Gruner + Jahr herausgeben, das Holtzbrinck-Buchgeschäft mit Verlagen wie Rowohlt, S. Fischer und Droemer Knaur kontrollieren sowie die Fußballer des FC Bayern München beaufsichtigen. Obendrein wäre er natürlich Bundeskanzler. Mit einer solchen Unterstützung kann man Wahlen nicht verlieren.

»Die anderen machen Politik des Geldes wegen. Für mich ist das eher ein Verlustgeschäft«, verkündete Berlusconi voller Selbstbewusstsein. Doch das ist das übliche Geflunkere eines Wanderers zwischen den Welten, der sehr genau weiß, wo sein Platz ist. Verlustgeschäft? Noch jede seiner Amtszeiten als italienischer Regierungschef hat der studierte Jurist genutzt, um in der Gesetzgebung für sich selbst Vorteile herauszuschlagen.

Silvio Berlusconi ist der Beweis, dass Medien nicht nur Ministerpräsidenten machen können, sondern dass Medien sogar Ministerpräsident sein können. Bei der letzten Parlamentswahl im Frühjahr 2008 lud der rechte Spitzenkandidat seinen linken Widersacher Walter Veltroni ins eigene Berlusconi-Studio zu einem politischen Vergleich. Zuerst befragte einer von Berlusconis Journalisten den politischen Gegner, dessen Rede von einem vierminütigen Werbeblock unterbrochen wurde, danach hatte der Gastgeber das Wort. Dieser redete fast ununterbrochen fünfundvierzig Minuten lang, gelegentlich ermuntert von netten Fragen des eigenen Bediensteten, der sich nicht traute, bei vagen Behauptungen Berlusconis einzugreifen. Zum Schluss forderte der sendende Politiker plakativ die Abschaffung der Kfz-Steuer. Im Wahlkampf 2006 wiederum war Berlusconi zum Finale zwei Stunden solo im eigenen Sender Canale 5 aufgetreten, was selbst seinen Anhängern ein wenig übertrieben vorkam. »Verstehst du nicht«, sagte Berlusconi einmal einem Freund, »dass etwas, was nicht im Fernsehen läuft, nicht existiert? Kein Produkt, kein Politiker, keine Idee.«

Dieser »Cavaliere«, der in jungen Jahren Staubsauger verkauft hat, nutzt seine Medien schamlos aus, wenn es darum geht, im Wahlkampf Stimmung zu machen und Wähler für sich zu begeistern. Berlusconi hat die Prinzipien des Waschmittelmarketings hemmungslos in die Politik eingeführt. Er hat Parteien entstehen lassen wie Produktmanager eine neue Lotion für den Hauptwaschgang herstellen. Unter dem Blickwinkel des Werbens und Verkaufens ist Berlusconi begnadet, unter dem Blickwinkel der öffentlichen Hygiene hochgefährlich. Mithilfe seiner TV-Vermarktungsfirma Publitalia hat er 1993 die Vereinigung Forza Italia gegründet, die eher einem überdimensionierten Fanclub ähnelte als einer politischen Partei. Solche Produkte haben einen kurzen Lebenszyklus, und so wurde Forza Italia schon 2007, nach nur vierzehn Jahren, von der Formation Popolo della Libertà (Volk der Freiheit) abgelöst. Und wieder griffen die Mechanismen der Manipulation, wieder wählten die Italiener mehrheitlich den charismatischen »ersten Popstar der Weltpolitik«, dem sie allem Anschein nach alles verzeihen, seine lockeren Sprüche genauso wie die auffälligen Haarkorrekturen.

Das absolutistische System Berlusconi, diese perfekte Telekratie, zeigt auch wenig an Medienpolitik interessierten Zeitgenossen, wie wichtig eine Trennung der Gewalten ist, eine Trennung von Exekutive, Legislative, Juridikative und Presse. Sie ist ein Basiselement der Demokratie. Der französische Staatstheoretiker Charles de Montesquieu hätte in seinem Buch *De l'esprit des loix* (*Vom Geist der* Gesetze) den Medien sehr viel Platz eingeräumt, wären sie damals schon so bedeutend gewesen wie heute. So hat der französische Baron die Teilung der drei Gewalten gefordert. Ungeachtet der italienischen Verhältnisse hat es die Europäische Union nicht geschafft, für klare Mediengesetze zu sorgen, die Medienkonzentration und eine solche Zusammenballung von Macht verhindern. Alle Ansätze dazu sind nicht weiter verfolgt worden. Medienpolitik ist beim Volk eben nicht gefragt. Und für Politiker birgt sie die Gefahr, sich bei jenen Medienunternehmen unbeliebt zu machen, in deren Sendungen und Zeitungsteilen man sich gern präsentieren möchte. Berlusconi hat dieses Problem nicht. Bei seinen eigenen Medien ist er immer beliebt.

Im Süden von Europa existiert mit Italien ein Land, in dem ungerügt die Grundregeln der Demokratie missachtet werden können. Das macht den Anspruch der EU so unglaubwürdig, den neuen Mitgliedern der Gemeinschaft genaue Vorschriften machen zu wollen, wie Demokratie auszusehen hat. Es ist vermutlich kein Zufall, dass sich Berlusconi, der »Citizen Kane in Rom« (*NZZ*), so gut mit dem russischen Ministerpräsidenten Wladimir Putin versteht, der ebenfalls viel von totaler Medienkontrolle hält. In Putins großem Land gehören die wichtigsten Medienbetriebe entweder direkt dem Staat oder einem staatlichen Konzern wie beispielsweise dem Energieriesen Gazprom. Mit allzu harscher Kritik wird auch Putin nicht behelligt. Demokratien würden letztlich nicht in Einzelstaaten verwirklicht, sondern erst in Weltbürgergemeinschaften, schrieb der Philosoph Immanuel Kant in seiner Schrift *Zum ewigen Frieden* – dies setze die Selbsterfahrung der globalen Zivilgesellschaft sowie Grundrechtsverhältnisse voraus, die universell gelten. Zu solchen Grundrechten gehört zweifellos das Recht auf freie Meinung. Die Realität zeigt, dass in immer mehr Staaten einst unabhängige Medien gelenkt oder beeinflusst werden.

Ganz so schlimm wie in Russland ist die Lage in Italien nicht. Es gibt noch offene Kritik an Berlusconi, gelegentlich auch in seinen eigenen Blättern. Und doch ist das Land weit entfernt vom Idealzustand; überall gibt es Interessenskartelle. Die großen italienischen Zeitungen gehören zu Firmenkonglomeraten, beispielsweise *La Repubblica* zur CIR Group des Industriellen Carlo de Benedetti oder *La Stampa* zur Fiat-Gruppe (Agnelli-Familie). Die Agnellis sind zudem am *Corriere delle Sera* beteiligt. Auch diese enge Verbindung zwischen Industrie und Medien entspricht nicht den Grundsätzen unabhängiger Publizistik. Zu groß ist die Gefahr, dass Politik gemacht wird, wo keine Politik zu erkennen ist, dass die Interessen des Eigentümers Eingang finden in die Veröffentlichungen seiner Blätter. Dem Industriellen-Verleger schmeicheln solche Besitztümer, sichern sie doch Macht im politischen Geschäft. Wer will sich schon mit einem anlegen, der gegebenenfalls die Presse mobilisieren kann?

Noch problematischer als in Italien ist die Verzahnung zwischen Big Business und Big Media in Frankreich. Hier schwang sich der Rüstungsunternehmer Serge Dassault, Jahrgang 1925, zum bedeutendsten Medienunternehmer auf, der allein 70 Zeitungstitel beherrscht – vom Pariser Leitblatt *Le Figaro* bis zu *La Voix du Nord* in Lille und *Le Progrès* in Lyon. Das Mitglied der konservativen Regierungspartei UMP des Staatspräsidenten Nicolas Sarkozy zog sogar in den Senat ein. Mit einer Machtfülle von fast berlusconischem Ausmaß überrundete er sogar seinen jungen Widerpart Arnaud Lagardère (Jahrgang 1961), der ebenfalls Flugzeuge und Rüstungsgüter (EADS) herstellt sowie über den Verlag Hachette Filipacchi viele Zeitschriften (*Elle*, *Paris Match*) herausgibt. Lagardère ist auch an *Le Monde* beteiligt und bekennt, Staatsoberhaupt Sarkozy sei wie ein »Bruder« für ihn.

Der Milliardär Bernard Arnault wiederum beherrscht nicht nur den Luxusgüterkonzern LVMH mit Marken wie Louis Vuitton, Hennessy oder Moët & Chandon, sondern auch die Wirtschaftszeitung *Les Echos*. Die kaufte er im Herbst 2007 für 240 Millionen Euro und musste sich dafür von *La Tribune* trennen. Selbstverständlich ist der Nebenbei-Verleger eng mit Sarkozy befreundet und Taufpate von dessen Sohn Louis. Solche persönlichen Dienste sind noch immer die beste Garantie für den Gleichklang der Interessen gewesen, sie legen einen Teppich unter das, was man »öffentliches Leben« nennt. Der Bürger, Konsument und Steuerzahler aber erkennt nicht, auf welchem Teppich er gerade steht.

Für den französischen Politiker Sarkozy ist die enge Beziehung zu den Industrie-Mediengewaltigen seines Landes – er war der Anwalt Lagardères – eine politische Lebensversicherung gewesen. Zu seinem Geflecht zählt beispielsweise auch der Bauunternehmer Martin Bouygues – ebenfalls Taufpate des Sohns von Sarkozy –, der den großen Fernsehsender TF1 besitzt. Oder der Einzelhandelskönig François Pinault, der sich das Wochenmagazin *Le Point* leistet. Wo Berlusconi in Italien anstehende Medienfragen praktischerweise mit sich selbst ausmachen kann, muss Sarkozy in Frankreich nur ein paar Freunde anrufen. Und wie der italienische Verlegerpolitiker mit dem Fußball für schönsten Medienstoff sorgt, kann auch der französische Staatspräsident mit einem Thema aufwarten, das garantiert alle Medien seines Landes interessiert, die rechten wie die linken, die ernsthaften wie die unterhaltenden: Das ist das Leben und die Liebe seiner singenden Frau Carla Bruni Sarkozy.

Als die Tochter eines italienischen Großindustriellen und einer Konzertpianistin im Juli 2008 ihre neue CD präsentierte, war sie überall auf Titelseiten zu bewundern. Der Zeitung *Libération*, die zu den hartnäckigsten verbliebenen Opponenten ihres Mannes gehört, gab sie ein großes Interview. Die Sympathiewerte, die das freigeistige Ex-Model Bruni erreicht, strahlen auf Sarkozy aus, dem manischen Gestalter, der mit seinem aktionistischen Politstil neue Maßstäbe gesetzt hat und von der deutschen Bundeskanzlerin Angela Merkel als »Duracell-Präsident« verulkt worden sein soll. Als der konservative Politiker einige Monate nach seiner Wahl zum Staatspräsidenten wenig bewegen konnte und unter harte Kritik geriet, als drängende Probleme wie die ausufernde Staatsverschuldung nicht zu ignorieren waren, da breitete sich öffentlich die Romanze mit Carla Bruni eventartig aus. Es erschienen – wie zufällig von Paparazzi fotografiert – in den weitgehend von Sarkozy-Freunden gelenkten Medien schöne Bilder des neuen Paares, die es gemeinsam mit Carla Brunis Sohn im Disneyland bei Paris zeigten. Wochen später waren die Liebenden bei offiziellen Staatsbesuchen oder beim Weihnachtsurlaub in Ägypten zu sehen, ehe schließlich die Heirat von der Presse und dem Fernsehen zelebriert wurde. Selten ist Politik mit Unterhaltung, Macht mit Muse so quotenträchtig vermählt worden – eine *real soap* auf höchstem Niveau, mit Darstellern der ersten Kategorie.

Frankreich, das Land der Revolution, war in wenigen Monaten unter Sarkozy zu einer virtuellen Monarchie des Entertainments geworden, zum Disneyland der Politik. Hier ist ein einfaches Gesetz eingeführt worden, nach dem sich alle richten müssen, auch die Gegner: Politik ist Pop. Sarkozy betreibe »mit seinem Exhibitionismus die Demontage einer Institution«, fürchtet der französische Philosoph Michel Onfray, woran sich aber wenig ändern wird, solange die Einschaltquoten und Verkaufsauflagen stimmen. Immerhin ist Sarkozy doch ein »Telepräsident«, wie er in einem Buch der Soziologen François Jost und Denis Muzet genannt wird, eine neue Figur der politischen Vermarktung, die Politik als Echtzeit-Serie à la »24« verkaufe.

Unangenehme Themen lassen sich in Medienkartellen der Freundschaft, wie sie der Machttaktiker aus dem *Élysée*-Palast pflegt, leicht besprechen und einer Lösung zuführen. Der Chefredakteur der *Paris Match* aus dem Reich des Kumpanen Lagardère war nicht mehr lange im Amt, als er eine Story über amouröse Abenteuer von Sarkozys damaliger Frau Cécilia enthüllt hatte. Das fiel bei Lagardère ebenso unter »unbotmäßige Berichterstattung« wie die Exklusivstory seiner Sonntagszeitung *Le Journal du Dimanche*, die herausgefunden hatte, dass Cécilia 2007 einfach nicht zur Wahlurne gegangen war, ihrem Mann also die Unterstützung versagt hatte. Da in einer kontrollierten Meinungswelt nicht ist, was nicht sein darf, erschien der Bericht einfach nicht; da konnte die Redaktion noch so lange gegen »Zensur« wettern.

Was in einem solchen System der strukturellen Abhängigkeiten auf der Strecke bleibt, ist die journalistische Unvoreingenommenheit, die Freiheit der Presse, sich im öffentlichen Interesse jederzeit jedes Themas annehmen zu können. Ideal ist eine Berufsausübung, die ohne »Schere im Kopf« auskommt, ohne das Denken an mögliche Konsequenzen. Wie aber soll der Journalist frei recherchieren können, wenn er um den Einfluss des eigenen Verlegers und seine höchst wichtigen Bekanntschaften weiß? Wenn er weiß, dass alle davon wissen? Da braucht es keine Anweisungen wie bei Axel Springer, der gekritzelte Botschaften (»A. S.«) seinen Untergebenen zukommen ließ.

Im Vergleich zu den politischen Shows und Verflechtungen in Italien und Frankreich sind die Verhältnisse in Deutschland – bei aller Konzentration – geradezu altmodisch korrekt. Hierzulande fände es vermutlich jeder seltsam, wenn französische Fakten gelten würden, wenn also zum Beispiel der BMW-Großaktionär Stefan Quandt zugleich die *Süddeutsche Zeitung* oder den *Münchner Merkur* verlegen würde und zudem, sagen wir für die CDU, einen Bundestagsausschuss leitete. Das würde, zu Recht, als gefährliche Vermischung begriffen.

Warum sind Deutschland die missliebigen Tendenzen aus den EU-Stammländern Italien und Frankreich erspart geblieben? Das liegt an der Vergangenheit. Offenbar wirken noch die schlimmen Erfahrungen aus den späten zwanziger und den dreißiger Jahren nach, als deutsche Industrieführer massiv Einfluss auf das politische Geschehen nahmen und zur Destabilisierung der bei ihnen wenig geliebten Weimarer Republik beitrugen. An vorderster Stelle stand dabei Alfred Hugenberg (1865–1951), der Spitzenpolitiker der Deutschnationalen Volkspartei (DNVP), der sich ein riesiges Medienunternehmen aus Verlagen (Scherl Verlag, Franz Eher Verlag), Zeitungsbeteiligungen, Presseagenturen, Filmbetrieben und Werbefirmen geschaffen hatte; er war auch Montan- und Rüstungsunternehmer. Unablässig machten Hugenbergs Blätter nationalistische Propaganda, schimpften über die Demokratie, und halfen so dem NSDAP-Chef Adolf Hitler, dessen Nationalsozialisten 1933 tatsächlich die Regierung übernahmen. Hugenberg trat sogar für einige Monate als Minister für Wirtschaft, Landwirtschaft und Ernährung in das braune Kabinett ein. Bis 1945 gehörte Hugenberg als Gast der NSDAP dem Reichstag an, wobei der Großteil seines Presseimperiums von NS-Verlagen übernommen wurde. Er habe »dem nationalsozialistischen System erheblichen Vorschub geleistet«, urteilte das Leipziger Bundesverwaltungsgericht 1995 in einem Entschädigungsprozess.

Der Fall Hugenberg, ein deutsches Trauma. Zur *reeducation* der Alliierten nach 1945 gehörte, dass sich niemals mehr in Deutschland Medienmacht mit Politik liieren sollte. Vorbild war die strikte Unabhängigkeit führender angelsächsischer Blätter, bei denen selbstbewusste Verleger und meinungsfreudige Journalisten die Politik begutachteten. Kritikfähigkeit und Lust an der Aufklärung wurden zu Idealen. Kumpanei von Politikern mit publizistischen Steigbügelhaltern war verdächtig.

Als sich der erzkonservative Münchner Medienunternehmer Leo Kirch, der den Altkanzler und CDU-Altvorsitzenden Helmut Kohl zu seinen engsten Freunden zählt, in den achtziger und neunziger Jahren anschickte, einen ganz auf die Bedürfnisse der Union und der Hochfinanz ausgerichteten Medienkonzern aus Film, Fernsehen und Presse (Axel Springer) aufzubauen, da war es der Geschäftsführer Helmut Thoma vom Konkurrenten RTL, der wieder und wieder vor einem »zweiten Hugenberg« warnte. Das war sicherlich übertrieben, verfehlte aber seine Wirkung nicht. Zumal jener Kirch ausgerechnet in Silvio Berlusconi einen getreuen Geschäftspartner gefunden hatte, mit dem er jahrelang gemeinsame Sache machte.

Vor dem Hugenberg-Hintergrund haben sich große deutsche Industrieunternehmen und Finanzhäuser stets aus prinzipiellen Überlegungen dem Mediengeschäft versagt. Sie fürchteten eine breitgetretene Diskussion um gesellschaftliche Macht. »Führung muss man auch wollen«, verkündete einst der Kirch-Freund Alfred Herrhausen, bis zu seiner Ermordung Chef der Deutschen Bank. Aber diese Macht zeigt man in Deutschland nicht gern auf Hochglanz. Das war auch der Grund, weshalb der Versicherungsriese Allianz 1996/1997 die erörterten Pläne nicht weiterverfolgte, sich vor dem Börsengang des Münchner Senders ProSieben neben der Kirch-Familie am Kapital zu beteiligen.

Ein deutscher Berlusconi oder ein deutscher Lagardère ist einstweilen nicht zu fürchten. Die führenden Unternehmer und Manager der Bundesrepublik pflegen das Spiel der Einflussnahme lieber diskret und verschwiegen. Sie wissen, dass von ihren Werbe-Millionen eine ganze Branche abhängt – und damit auch die Pressefreiheit. Sie tun ansonsten Gutes, errichten Stiftungen und sorgen sich um das Image, das so gut sein soll, dass es für die »Hall of Fame« des *manager magazins* reicht. Selbst aber wollen sie nicht – anders als die Kollegen in Frankreich und Italien – die Intendanten der großen Bühne sein. Die Scheinwerfer sollen andere ausrichten; es gibt ja genug, die sich hierin gern sonnen wollen.

Die musicalhafte Entwicklung von Medien und Politik in bedeutenden Staaten wie Russland, Italien und Frankreich zeigt, wie fragil das System der Gewaltenteilung ist, wie schnell politischer Ehrgeiz und wirtschaftliches Kalkül neue Konstellationen schaffen. Die Pressefreiheit wird in diesem Spiel der Mächte zur abhängigen Variablen. Die Rechnung machen andere. Vielleicht ist das der brisanteste Trend der neuen Zeit: dass sich der Faktor Geld anmaßt, Geist zu sein – und politische Macht. Und dass man über all den Neuigkeiten aus dem digitalen Leben, mit all den Nutzergruppen (»Communitys«) und schicken Geräten (»Devices«), diesen einfachen Zusammenhang vergisst.

Der Mann, der weltweit für den Einfluss von Medienunternehmern steht, den sie einen »Hai im Gewand einer Schlange« (*Time*) nennen oder einfach nur »Mogul« oder »Tycoon«, hat für die direkten Regierungsambitionen eines Berlusconi nur ein Lächeln übrig. Rupert Murdoch, Jahrgang 1931, wäre nie selbst in die Politik gegangen. Dafür gibt es doch Chefredakteure, die Politik machen können, die Regierungen fordern oder fördern. Dieser Murdoch ist mit seinen weltweiten Medienmitteilungen, mit seinem Appeasement oder seiner Konfrontation gegenüber Machthabern, zu einer Art James-Bond-Figur geworden. Sein Ideal ist der konservativ-autoritäre Regierungsstil des Staates Singapur mit viel unternehmerischer Freiheit, wenig Widerstand durch Gewerkschaften und einem effizienten Law-and-order-System. In der westlichen Welt ist die britische Regierung unter der konservativen Premierministerin Margaret Thatcher seinem Ideal sehr nahe gekommen, und seine Londoner Zeitungen *The Sun*, *The Times* und *News of the World* haben alles getan, die Ära Thatcher mit aufmunternden Artikeln zu begleiten. Thatchers Nachfolger John Major freilich war in den Augen Murdochs eine Enttäuschung, zwar in der richtigen

Partei, aber ein Weichling – woraufhin seine *Sun* Mitte der neunziger Jahre plötzlich den Kandidaten der Labour-Partei unterstützte, den charismatischen Tony Blair. Der Politiker hatte sich beizeiten mit Murdoch getroffen und für seinen »dritten Weg« zwischen Sozialismus und Kapitalismus alter Prägung geworben, für eine wirtschafts- und sozialfreundliche Reform der Marktwirtschaft. Eine rigide Medienpolitik, die Murdochs Einfluss in Großbritannien bremst, musste der Drahtzieher im Hintergrund von Blair nie fürchten.

Er verhalte sich wie die »großen Piraten des Journalismus, William Randolph Hearst und Joseph Pulitzer«, schrieb der Autor Mark Bowden im Juli/August 2008 im US-Magazin *Atlantic Monthly* über den Eroberer Murdoch, der Verleger handele also gewissermaßen wie vor hundert Jahren, als sich die Berichterstattung darum gedreht habe, »der Konkurrenz die nächste Sensationsmeldung vor der Nase wegzuschnappen« und Reporter »weniger Autoren als Bauernfänger und Hochstapler« gewesen seien. Bowden sah die voluminösen Hintergrundstücke im *Wall Street Journal*, Murdochs amerikanisches Schmuckstück, schwinden zugunsten von Nachrichtenscoops. Der Medienunternehmer begreife Journalismus »nicht als Form der Literatur oder als öffentliche Aufgabe, sondern als Ware, deren Wert sich vor allem aus ihrer Formbarkeit für den Wiederverkauf bemisst«.

Einem wie Murdoch geht es – jenseits aller ordnungspolitischen Überzeugungen – vor allem darum, am Ende auf der richtigen Seite zu stehen und einen guten Kontakt zum Sieger einer Wahl zu haben. In den Vereinigten Staaten zum Beispiel hat der gebürtige Australier, der seit einigen Jahren die amerikanische Staatsbürgerschaft hat und inzwischen in New York lebt, ein großes Territorium zu verteidigen, mit dem Hollywood-Studio 20th Century Fox, dem TV-Sender Fox, der Boulevardzeitung *New York Post* und – seit August 2007 – dem *Wall Street Journal*. In der Demokratischen Partei war er seit Längerem gut vertraut mit Hillary Clinton, die im Kampf um die US-Präsidentschaft als Top-Favorit galt.

Als dann Clintons Rivale Barack Obama stärker und stärker wurde, bekam Murdoch im letzten Moment noch die Kurve. Seine in London lebende Tochter Elisabeth richtete für Obama ein Essen aus. Und die *New York Post* entschied sich öffentlich für Barack Obama als den geeigneten Präsidentschaftskandidaten.

Murdoch ist ein erfolgreicher alter Verleger in der neuen Zeit. Der Mann, der lange über das Internet gespottet hat, bewältigt den Epochenwechsel allem Anschein nach besser als andere: politisch bewusst lebend, mit journalistischem Talent zur Pointe und stets offen für technische Sprünge. Am Anfang seiner Karriere, zu Studienzeiten an der englischen Oxford University, stand er noch sozialistischen Vorstellungen nahe, eher er sich zum Ordo-Liberalen entwickelte. Seine rhetorische Kunst und sein sprachlicher Reichtum – Murdoch ist der prägnanteste Formulierer in der Verlegerschar, seine Sprüche wirken wie Zeitansagen – wurden in Jahren als aktiver Chefredakteur geschult. Der Verlegersohn, der im australischen Adelaide seine Berufskarriere startete, verbindet den Bekenntnisdrang eines Axel Springer mit der technischen Neugier eines Bill Gates. Er scheute sich nicht, im hohen Alter gegen viel Skepsis und Häme die Online-Community MySpace zu übernehmen, in der die Mitglieder bevorzugt über Musik kommunizieren und manche neue Popband ihren ersten Auftritt hatte.

Beim Zeitenwandel will Murdoch mitmischen, er will profitieren vom Übergang der klassischen Medien in die neue digitale Welt. Er hat verstanden: Es ist eine Wende, sie ist nicht umkehrbar, und wenn schon, möchte er Wendegewinner sein. Rupert Keith Murdoch möchte der Herde vorweglaufen, wenn sie neue Weiden entdeckt. Er ist ein Pionier unter den Verlegern, einer, von dessen Handlungen man sich Orientierung verspricht. Dem Ansturm der Finanzfirmen und Private-Equity-Spezialisten, dem »Heer der Heuschrecken«, setzt er die Machtstrategie des »Moguls« entgegen, der seine erprobten Rezepte auf immer mehr Medien überträgt. Hier geht es nicht um die schnelle Rendite, um den berühmten Return on Investment innerhalb weniger Jahre, hier geht es um die

Ausbreitung eines Netzwerks, in dem sich Mediennutzer aller Altersgruppen und Werbekunden aller Länder vereinigen sollen. Die Familie Murdoch hat es mit ihrem börsennotierten Konzern News Corporation, den sie als Hauptaktionär faktisch beherrscht, geschafft, im globalen Kapitalismus zu bestehen – und das, obwohl Banken den stürmischen Investor nach der teuren Expansion seines britischen Satellitenfernsehens BskyB Anfang der neunziger Jahre vor dem Kollaps retten mussten. »Wenn man Autorität und Vertrauen genießt, wenn man Nachrichten interessant gestalten kann, dann kann man überleben«, sagt Murdoch selbst. News, News, News, das ist sein Mantra.

In den Redaktionen hinterließ dieser Intendant im *global village* des amerikanischen Medienwissenschaftlers Marshall McLuhan gleichwohl eine Spur des Schreckens. Journalisten fürchten den Murdoch-Stil, den latenten Interventionismus. Als sich Mitte 2007 konkretisierte, dass der rastlose Medienunternehmer für mehr als fünf Milliarden US-Dollar das konservative *Wall Street Journal* kaufen werde, die mit einer Auflage von rund 1,8 Millionen Exemplaren zweitgrößte Zeitung des Landes, traten die Redakteure in einen Warnstreik – aus Sorge um ihre Freiheit, schreiben zu können, was sie recherchieren oder denken. »Wir wollen unserer Überzeugung Ausdruck verleihen, dass die journalistische Integrität von einem Eigner abhängt, der sich journalistischer Unabhängigkeit verschrieben hat«, verkündete die Belegschaft in einer Erklärung, die vor Murdoch warnte. Der deutsche Verleger Dieter von Holtzbrinck trat aus dem Vorstand des Mutterhauses Dow Jones aus, mit der Begründung. »Ich kann nur auf die Geschäftspraktiken der News Corp. in der Vergangenheit hinweisen.«

Das *Wall Street Journal* ist wegen der vielen Pulitzer-Preise, die seine Journalisten gewonnen haben, und wegen des hohen finanziellen Vermögens seiner Leser ein Mythos. Es ist so unabhängig gewesen, dass es distanziert und groß über die Manöver im eigenen Haus und die Übernahmegespräche mit Murdoch berichtete. Durch den Kauf der Zeitung ist Murdoch, »der Fuchs im Hühnerstall« (*Time*), ins Zentrum der amerikanischen Elite vorgedrungen. Er habe »einen Platz am Tisch der Adeligen«, befand die liberale *New York Times.*

Genau auf diese *New York Times* hat es Murdoch mit seinem hinzugekauften *Wall Street Journal* abgesehen. Die am Hudson River klar dominierende Zeitung soll richtig Konkurrenz bekommen. Und so ist das *Journal* nunmehr nicht eindimensional auf Wirtschafts- und Finanzthemen ausgerichtet, sondern soll auch viel Politik und Kultur bringen. Die Erfolgschance: höchst unsicher. Sicher aber ist, dass seine neue Wirtschaftszeitung Murdochs Macht in den USA mehren wird. Der Mann ist ein Faktor, an dem kein Präsident vorbeikann. Fast überflüssig zu erwähnen, dass manche Journalisten mit der Hybris ihres neuen Eigentümers nichts anfangen können und nicht zu Gehaltsempfängern im Murdoch-Universum werden wollten. Sie quittierten den Job. Chefredakteur Marcus Brauchli überließ nach nur einjähriger Tätigkeit seinen Job dem Murdoch-Wunschkandidaten Robert Thomson, der sich schon bei der Konzernzeitung *The Times* in London bewährt hatte. Thomson hat auffällig viele Gemeinsamkeiten mit seinem Vorgesetzten: Er stammt wie Murdoch aus Australien, ist wie Murdoch mit einer Chinesin verheiratet und hat auch am 11. März Geburtstag. Beide Familien machten schon gemeinsam Urlaub. Solche Beziehungen sind es, die ein Patriarch wie Murdoch liebt, die ihn an den Journalismus als großen Männerbund glauben lassen, bei aller Härte im Gewerbe. Sein Schützling Robert Thomson glaubt an die Chancen der digitalen Revolution: »Die Welt ändert sich exponentiell. Es ist zwar richtig, die Vergangenheit zu respektieren, aber in diesen Tagen wäre es fatal, durch die Geschichte gefesselt zu sein. Wer stehen bleibt, wird überrannt.« Murdoch zieht immer in den Krieg.

Ein altes Branchengesetz sagt: Chefredakteure machen Ressortleiter, Verleger machen Chefredakteure. Und in dieser Funktion sehen sie gern Leute, die so denken wie sie. Murdoch achtet wie kein Zweiter darauf, dass seine leitenden Journalisten keine abweichende Meinung haben, sondern konform mit ihm gehen. Alle wissen, dass der Verleger in Europa strikt gegen die EU und ihr Einigungsstreben eingestellt ist – und dass er in den USA ein glühender Verfechter des Irak-Kriegs war. Das bekommen die Leser dann zu lesen, und die Zuschauer zu sehen. Der Film *Outfoxed* brachte an die Öffentlichkeit, wie im Konzern des eingebürgerten Amerikaners täglich ein Memo in die Sendeleitung des patriotischen Nachrichtenkanals Fox News gereicht wurde, mit den gewünschten Themen des Tages.

Tatsächlich kam die Regierung des George W. Bush bei Fox News gut weg, der Krieg um Bagdad war ein Heldenstück im Dienste der Freiheit. Publizistik ist für Murdoch gut, wenn sie ihm dient und seinen Gegnern schadet. Der Verleger James Ottaway, ein langjähriger Aktionär des *Wall Street Journal*-Mutterhauses Dow Jones, hat so seine Erfahrungen gemacht: »Täglich veröffentlicht die *New York Post* Artikel, in denen Murdoch Freunde unterstützt und Feinde attackiert.«

Dass der Mediengroßunternehmer in seinem Buchverlag HarperCollins die China-kritische Biografie von Chris Patten (*East and West*), dem einstigen Gouverneur von Hongkong, lieber doch nicht veröffentlichte, um die kommunistischen Machthaber in Peking nicht zu verschrecken, gilt als Sündenfall, der typisch ist für das Gebaren dieses Machthabers der globalen Medienwelt.

Die Welt, wie sie der Mogul sieht: Der Medienbetrieb Murdoch ist parteiisch und nicht unabhängig. Er ist eine fortgesetzte Kampagne. Wann immer Murdoch irgendwo auf der Welt bei einer Zeitung eingestiegen ist und vorher geschworen hatte, die journalistische Unabhängigkeit nicht anzutasten, so war es zwei Jahre später ganz anders. Die Murdoch-Meinungsmacherei ist keine wunschenswerte Alternative zum geistlosen Gewerbetreiben mancher berufsmäßiger Geldgeber und schon gar nicht zum Berlusconismus. Aber wenigstens macht Rupert Keith Murdoch, der Welteneroberer, wenig Hehl aus seinen Anschauungen und Ambitionen. Und irgendwie ist er, bei aller Kritik, immer noch Verleger.

8

Ist der Ruf erst ruiniert

Heuschrecken in der Presse · Das Beispiel Berlin · Rommels verlorene Schlacht · Fuck you *in Los Angeles · Hedgefonds attackieren die* New York Times *· Der letzte Held*

Ich bin ein Verleger. Ich bin keine Heuschrecke. Als David Montgomery im August 2007 anlässlich der »Berliner Medienwoche« öffentlich auftrat, war es dem gebürtigen Nordiren wichtig, immer wieder diese Botschaft zu verkünden – ich bin ein Verleger. Zu viel Abträgliches war über den gelernten Journalisten und ehrgeizigen Finanzinvestor in der Presse erschienen, zu oft war die Rede von »Rommel«, wie britische Journalisten den hemdsärmeligen Montgomery beschrieben hatten. Ihnen waren angesichts seines Benehmens die Schlachtenbilder aus dem Zweiten Weltkrieg eingefallen, als der britische General Bernard Montgomery in Nordafrika mit seinen Truppen gegen die Armee des Deutschen Erwin Rommel kämpfte. David Montgomery, der langjährige Chef der Mirror-Gruppe (*Daily Mirror*), war manchem Beobachter beißende Kritik wert.

Ein aggressiver Finanzhai hat im vergleichsweise ruhigen, ja, fast betulichen deutschen Verlagswesen keine Chance, das wusste Montgomery an jenem Augusttag. Mit diesem »Rommel«-Heuschrecken-Image könnte er seine beiden deutschen Neuerwerbungen, die *Hamburger Morgenpost* und vor allem den Berliner Verlag mit *Berliner Zeitung* und *Berliner Kurier*, nicht wie erhofft in einen größeren Verbund, in eine Zeitungskette überführen. Dann würde sich die investierte Summe von mehr als 182 Millionen Euro nicht lohnen. Dann könnte die von ihm geleitete Beteiligungsgesellschaft Mecom nicht, wie geplant, dem europäischen Netzwerk mit Zeitungen in den Niederlanden, in Dänemark, Norwegen, Polen und der Ukraine eine starke deutsche Dependance zufügen. Also forderte Montgomery auf dem Berliner Kongress möglichst harte Fragen, er wolle auf alles antworten. Schließlich hat er sich zu diesem Zeitpunkt Hoffnungen auf einen Einstieg beim Süddeutschen Verlag gemacht, einem Ziel, dem er später durch Einladungen für abendliche Dinner in London näherkommen wollte.

Überaus unfreundlich war schon der Start in Deutschland gewesen, damals im Oktober 2005. Die Mitarbeiter des Berliner Verlags hielten Schilder hoch mit gezeichneten Heuschrecken, die durchgestrichen waren. Sie hatten in Vollversammlungen gegen den Kauf geredet, und der damals amtierende Chefredakteur Uwe Vorkötter hatte in Interviews gegen Montgomery und seine Finanzarmada argumentiert. Es nutzte alles nichts: Das angelsächsische Finanzkapital eroberte eine deutsche Zeitung – ein sehr bemerkenswerter Vorgang in einer Branche, die traditionellerweise Familien gehört und die alles getan hat, Branchenfremde aus ihrem Revier herauszuhalten. Bei der *Berliner Zeitung* gab es in der Folge fast jeden Monat außerordentliche Vorkommnisse, die man sich so nie hätte vorstellen können. Die Zeitung vom Alexanderplatz wurde zum Menetekel für die Gefahren, die dem Geist durch das große Geld drohen.

Die *Berliner Zeitung* und die *Hamburger Morgenpost* waren Reste untergegangener Presseimperien, die zwischenzeitlich einmal über seine Hamburger Verlagstochter Gruner + Jahr dem Gütersloher Medienriesen Bertelsmann gehört hatten. Die *Hamburger Morgenpost* war in früheren Tagen deutscher Parteipresse ein Organ der SPD gewesen, ehe sich von 1986 bis 1999 Bertelsmann daran mühte. Danach landete das Blatt in den Händen des Hamburger Investors und Galeristen Hans Barlach, eines Enkels des bekannten

Bildhauers Ernst Barlach, der es wiederum im Januar 2006 an die fliegende Einsatztruppe des David Montgomery verkaufte. Bei Barlach kann man sehen, wie sich zur schönsten Kunst noch schnödester Kommerz gesellen kann – und beides doch hilft, sich einen Platz in der höheren Gesellschaft zu sichern.

Auf der Strecke bleiben Journalisten, denen es nichts nutzt, leidenschaftlich und aufklärerisch zu sein, ganz so, wie es die Lehrbücher und die großen Vorbilder fordern. Im Februar 2008, also fast dreißig Monate nach dem Einstieg der Finanzinvestoren, schrieb die Redaktion der *Berliner Zeitung* einen offenen Brief an ihren Verleger Montgomery in London und fasste in wenigen Zeilen zusammen, was aus ihrer Sicht schiefgelaufen ist: »Zunehmend erschweren die Kostenreduzierungen unsere Bemühungen. Eine abnormal hohe Zahl von qualifizierten Kollegen verlässt das Haus; die Inhalte unseres Produkts drohen zu verarmen. Unsere Zeitung verliert Leser, der Ruf der Marke erodiert.« Und dann forderten die Vertreter eines Berufsstandes, der in Jahrhunderten den Geist der Gesellschaft repräsentiert hat, eine langfristige publizistische Geschäftsstrategie. Wenn Montgomery und Mecom dazu nicht in der Lage waren, sollte doch bitteschon nach einem neuen, geeigneten Eigentümer gesucht werden. Wenige Wochen später wurde bekannt, dass die Zahl der Redakteursstellen weiter sinken sollte, von 130 auf 90, und die einst verkündete Online-Offensive keine Priorität mehr habe.

Verleger gesucht – in Berlin ist im »*creative content business*« (Montgomery) passiert, was sich in Hamburg, München, Frankfurt leicht wiederholen kann. Dass die *Berliner Zeitung* einmal zum Spekulationsobjekt werden würde, zu einem Skandaldauerthema, schien nach der Wende völlig undenkbar zu sein. Die Vorgänge deuten auf einen eklatanten Mangel an Verantwortungsbewusstsein auf allerhöchster Ebene in der deutschen Medienlandschaft. Nach dem Fall der Mauer hatten der größte deutsche Medienkonzern Bertelsmann und der damalige Gruner + Jahr-Chef Gerd Schulte-Hillen wenig Wichtigeres zu tun, als jene große Zeitung aus Ost-Berlin zu kaufen, die im Verbund der Zeitungen der Sozialistischen Einheitspartei Deutschlands (SED) das größte Rotlicht gewesen war. Die Investoren von Bertelsmann, die Verleger sein wollten, nahmen bei ihrem Deal sogar in Kauf, dass sie mit dem boulevardesken Briten Robert Maxwell bei der *Berliner Zeitung* einen etwas obskuren Partner hatten. Der als Jan Ludvik Hoch in einem Karpatendorf 1923 geborene Unternehmer wurde weltweit als »Pressezar« gehandelt und besaß genau jenen Verlag rund um den *Daily Mirror*, den später die Berliner Schreckensgestalt Montgomery geleitet hat. Nachdem Maxwell 1991 unter nie ganz geklärten Umständen nackt über Bord seiner Yacht »Lady Ghislaine« ging und die Leiche später in der Nähe von Teneriffa aus dem Meer gefischt wurde, hatte der Bertelsmann-Manager Schulte-Hillen dann in Berlin freie Hand.

Für den Diplom-Ingenieur, der bei Gruner + Jahr über die Konflikte rund um das Magazin *stern* langsam in die Verlegerei hineingefunden hatte, war die Zeitung das Maß aller publizistischen Dinge. Hier ist man richtiger Verleger, dachte er sich wohl – aktuell mit dem Weltenlauf betraut und stets in politischer Mission unterwegs. Für jemanden, der Kochrezepte, schönes Interieur, fremde Landschaften oder Frauenmode auf Hochglanzpapier verbreitet, muss das tägliche Publizieren von Nachrichten, Reportagen und Leitartikeln so etwas wie die Weihe zur wahren Pressepersönlichkeit sein. Folglich hatte sich Schulte-Hillen rechtzeitig die *Hamburger Morgenpost* geleistet, die er zeitweise vom späteren deutschen Wirtschafts- und Arbeitsminister Wolfgang Clement (SPD) als Chefredakteur leiten ließ.

Zum Fixstern am Himmel sollte aber die *Berliner Zeitung* werden; hoffnungsvoll wurde der langjährige *Spiegel*-Chefredakteur Erich Böhme 1990 als Herausgeber geholt, der vollmundig von einer »deutschen *Washington Post*« sprach. 2006, lange nach seinem Dienstschluss, zeigte sich der Journalist stolz auf »unsere Mini-*Washington-Post*«, doch sei mit dem »jungen Traditionsblatt zu oft Schlitten gefahren worden«. In Gütersloh waren sie ebenfalls stolz – in der Zeit des Chefredakteurs Michael Maier wurde eine Reihe guter Journalisten aus westdeutschen Blättern in die Redaktion geholt. Auf einmal war die *Berliner Zeitung* ein Modell für die moderne Presse, die mit einem gelungenen Layout und pointierten Texten den Plan einer »Hauptstadtzeitung mit überregionalem Charme« wahr zu machen schien. Wer von den alten ostdeutschen Kollegen vielleicht etwas mit der Stasi zu tun gehabt hatte, wollte man lieber nicht zu genau wissen.

Doch als sich der Wind bei Bertelsmann drehte, war es mit der schönen Zeitungsverlegerkultur vorbei. Von November 1998 an regierte in Gütersloh nicht mehr der in publizistischen Dingen hanseatisch konservative Mark Wössner, sondern der fünfzehn Jahre jüngere Manager Thomas Middelhoff, den vor allem die Börse mit all ihren Deals faszinierte. Nach Middelhoffs Vorstellungen sollten Aktien der Bertelsmann AG bei den vielen ersehnten Zukäufen als Akquisitionswährung eingesetzt werden, also teilweise in den Händen der Verkäufer landen; andererseits wollte er langfristig eigene Aktien an der Börse platzieren. Für solche Pläne braucht man klare Verhältnisse im eigenen Haus und strategische Bereinigungen. So etwas heißt in solchen Kreisen »Portfolio-Optimierung«, und hat eine Konsequenz: Überall dort zu kaufen, wo man Nummer eins werden kann – überall dort zu verkaufen, wo man unter »ferner liefen« rangiert.

Der Blick auf die Ländereien von Bertelsmann ergab Anfang des neuen Jahrtausends, dass man es bei Zeitungen nicht zur gewünschten Größe bringen würde. In Ostdeutschland war es zwar gelungen, das alte Dresdner SED-Bezirksorgan *Sächsische Zeitung* zu erwerben, mit der Medienholding der SPD als Partner. Auch war Anfang 2000 mit lautem Modernitätsgetöse die eigene *Financial Times Deutschland* (*FT*), zunächst zusammen mit dem englischen *FT*-Mutterhaus Pearson, gestartet worden. Doch weitere Akquisitionen waren dem zuständigen Zeitungsvorstand Bernd Kundrun nicht geglückt. Offenbar vermissten viele der angesprochenen Zeitungsbesitzer das Feingefühl für ihr Druckwerk, die

Wertschätzung für das geistige Erbe. Eine Beratungsfirma identifizierte für Kundrun mögliche Kaufobjekte (*targets*), wobei der Süddeutsche Verlag ganz oben stand – aber auch das nutzte nichts. Kundrun machte dennoch Karriere und wurde im November 2000 Vorstandschef von Gruner + Jahr.

Im Grunde war Gruner + Jahr mit derselben Idee gescheitert, an der auch David Montgomery scheitert: von ganz unten einen Zeitungskonzern aufzukaufen. Und das mit der Taktik, viel Geld zu nehmen und es den deutschen Zeitungsfamilien so lange unter die Nase zu halten, bis sie zugreifen. In der dritten Generation nach der Lizenzierung durch die Alliierten zeigen sich nämlich überall in Deutschland bei den Zeitungsfamilien Nachfolgeprobleme. Die Erbengemeinschaften sind zu groß geworden, und die Kindeskinder der Gründer haben vielfach ganz andere Interessen. Sie betreiben lieber beispielsweise Fitnessstudios oder Zahnarztpraxen, als sich mit dem Zeitungsmachen zu beschäftigen. Wenn die Alten vom Schnurren der Druckmaschinen sprachen, zuckten sie die Achseln. Ein Generationenproblem also, verbunden mit dem immensen Anpassungsdruck.

Bei Bertelsmann setzten sich die Zeitungsverkaufswünsche Middelhoffs durch, was ein monatelanges Drama auslöste. Als zahlungsfreudigsten Käufer gewannen die Gütersloher die Stuttgarter Verlagsgruppe der Holtzbrinck-Familie, die in Deutschland neben der *Zeit*, dem *Handelsblatt* und einigen Regionalzeitungen auch den *Tagesspiegel* in Berlin besitzt. Doch dem Bundeskartellamt wurde die sich anbahnende Konzentration in der Hauptstadt – Holtzbrinck mit *Tagesspiegel* und *Berliner Zeitung* gegen den Axel Springer Verlag (*Bild*, *B.Z.*, *Berliner Morgenpost*, *Die Welt*) – zu groß. Die Beamten untersagten das Geschäft, was gerichtlich bestätigt wurde. Holtzbrinck konnte den Kauf nicht vollziehen. Der Fall beschäftigte die deutsche Politik und die Presse in allen Einzelheiten, und der Berliner Verlag war in jener Zeit sich selbst überlassen – was ihm in der Rückschau besser tat als das Management des David Montgomery, den Holtzbrinck am Ende als Problemlöser gefunden hatte.

Die Krise der unverschuldet ins Schlingern geratenen *Berliner Zeitung* – und damit auch für die Kulturlandschaft in Deutschland – wurde in der Montgomery-Ära von Monat zu Monat größer. Rasch bewahrheitete sich, dass eine solche Beteiligungsfirma wie Mecom in einem Verlags-Qualitätsmarkt für größte Verwerfungen sorgen muss. Montgomery ist seinen Finanziers verantwortlich, zum Beispiel Pensionsfonds aus der Londoner City; die aber sind kaum daran interessiert, ob eine Zeitung in Berlin glänzende Sozialreportagen veröffentlicht oder einen lesenswerten Politikteil hat. Sie interessiert die Rendite. Zeitungen sind für Finanzinvestoren aus einem simplen Grund genauso spannend wie beispielsweise eine Betätigung im Kabelfernsehen: Es kommt regelmäßig Geld in die Kasse, weil es Abonnenten gibt, die monatlich eine feste Summe überweisen. Mit nichts ist besser zu kalkulieren als mit solchen konstanten, sicheren Einnahmen. Wenn dann der Käufer einer Zeitung noch viel Fremdkapital einsetzt, ließe sich trotz wenig rosiger Wachstumsaussichten der Branche ein Traumgewinn erzielen, glauben die Chefs solcher Beteiligungsfirmen wie Mecom. Es muss ja nur gelingen, über eine neue Organisation, mehr Geschmeidigkeit gegenüber Werbekunden zu erzielen und über das große Kostensparen den Gewinn zu steigern. Dann könnte am Ende ein solches Objekt im Verbund mit anderen Blättern wieder mit einem großen Aufschlag verkauft werden.

Angesichts dieser ökonomischen Mechanik gerät schnell in Vergessenheit, dass die *Berliner Zeitung* einst höchsten Ansprüchen genügen wollte. Der alte Spruch von der »deutschen *Washington Post*« wirkt da wie ein Kalenderwitz. Montgomery und seine Helfer ließen keinen Zweifel daran, dass die interne Rendite schnell gesteigert werden sollte; die neun Millionen Euro, die das Blatt 2005 erwirtschaftet hatte, reichten der Korona des Kapitals nicht. Aus 14 Prozent Rendite sollten 18 Prozent werden, wie aus der Redaktion zu hören war, was auch nur ein Zwischenwert ist, da die Finanzbranche nun einmal Größen zwischen 20 Prozent und 30 Prozent gewöhnt ist. Dass Montgomery bei seinen Plänen auch nicht vor plumpen Methoden zurückschreckt, wurde klar, als er den zuvor bei der *Hamburger Morgenpost* durch kaufmännische Taten aufgefallenen Boulevardjournalist Josef Depenbrock zum Chefredakteur und Geschäftsführer machte. Depenbrock ist somit sowohl für Journalismus als auch für das Geschäft verantwortlich – also für redaktionelle Unabhängigkeit und kaufmännische Abhängigkeit gleichermaßen. »Der Newsroom soll näher an das Anzeigengeschäft rücken«, gab Montgomery als Strategie aus. Die Trennung von Werbung und Redaktion ist ein eisernes Prinzip der Branche, das jahrhundertelang in Großbritannien genauso gegolten hat, selbst wenn es in der Praxis hier und da von schwächeren Zeitungen unterlaufen wurde.

Die Redaktion protestierte, sie streikte sogar, und an einem Tag erschien die *Berliner Zeitung* mit einer Notausgabe. Auch sahen die Journalisten ihr eigenes Redaktionsstatut verletzt, das eine Trennung von Redaktion und Geschäft vorsieht, und klagten vor Gericht. Montgomery gewann – und sein Statthalter Depenbrock gab danach zum Besten, seine Redaktion sei ja »keine Wohlfühltruppe«. Der Berliner Fall beweist, wie schnell man eine Zeitung ruinieren kann, und wie der Zwang zum Geld dem Verlust an Geist entspricht. Immer wieder war im Berliner Verlag von Streichungen im Budget die Rede, von Stellenstreichungen oder Papiereinschränkungen, aber auch von hochtrabenden Plänen, Redaktion und Werbung besser zu planen. Und man wollte Print und Online zusammenzuführen. Der einstige Herausgeber Böhme hatte orakelt: »Ob die Freunde noch zu retten sind und ob das ein Beispielfall für andere ist, wer weiß.« Die Antwort, die der beim britischen Boulevardblatt *The Sun* als Journalist ausgebildete Montgomery auf dem Markt gab, ist inzwischen klar: Der erste Teil des Satzes ist zu verneinen, der zweite Teil zu bejahen. Ist der Ruf erst ruiniert …

Ich bin ein Verleger, ich bin keine Heuschrecke – dem Image des britischen Presseimperators Montgomery ist nicht aufzuhelfen. Er mag gedacht haben, dass es für seine Expansionspläne förderlich sei, als die Investmentfirma Veronis Suhler Stevenson (VSS) den Ausstieg aus dem Berliner Verlag bekanntgab. Die Angelsachsen sind als Private-Equity-Investor per se verdächtig, als »Heuschrecke« aufzutreten, tatsächlich haben sie ihr Kapital in Nordamerika und in Europa immer wieder in internationale Medienfirmen gesteckt und sind bei Bedarf wieder ausgestiegen. Schon im Frühjahr 2007, also rund achtzehn Monate nach dem Einzug in Berlin, war die VSS als Großgesellschafter des Berliner Verlags ausgeschieden und hatte den eigenen stattlichen Mehrheitsanteil von 75 Prozent für 163 Millionen Euro an Montgomery verkauft. Die eigene Strategie sei »buy and build«, hatte ein VSS-Manager anfangs verkündet, es sei »überhaupt nicht unsere Intention, den Berliner Verlag zu zerschlagen« – vielmehr sei das die Plattform, um organisch zu wachsen und am Ende, in fünf bis zehn Jahren, dem Markt »ein Schmuckstück von einem Unternehmen zurückzugeben«.

Schmuckstück? Das Beispiel zeigt, dass allen zeitlichen Vorhersagen von Private-Equity-Firmen generell misstraut werden muss. Journalisten können sich entsprechende Nachfragen schenken – selbst wenn die interviewten Abgeordneten solcher Finanzfirmen die Wahrheit kennen würden, so dürften sie darüber doch nicht reden. Meistens aber handeln Privat-Equity-Manager außerordentlich flexibel und entscheiden situativ, ob eine erzielte Wertsteigerung schon ausreicht. Als Faustformel gilt, dass sich in drei bis spätestens sieben Jahren das eingesetzte Kapital enorm vermehrt haben muss – um mindestens das Doppelte. Dreifaches ist erwunscht, Vierfaches nicht unmöglich. Eine solche Rechenweise passt nicht zu einer Branche, die der Gesellschaft im öffentlichen Auftrag das Beste bieten muss, was die Journalisten recherchieren und schreiben können.

Schon früh zeichnete sich ab, dass die Erwartungen des David Montgomery, bei der Konsolidierung der europäischen Zeitungen zur wichtigen Größe zu werden, nicht eintreffen werden. Seine selbst gewählte Rolle als Retter oder Sanierer, die in Wirklichkeit die eines Ausschlachters oder bestenfalls eines publizistischen Gebrauchtwagenhändlers ist, implizierte, hier könne einer einen Beitrag zur Neustrukturierung einer alten Branche leisten, die sich radikal anpassen und ändern muss. Am Ende bleibt eine andere schlichte Erkenntnis: Dass sich im Globalisierungs-Kapitalismus-Rausch schon viele Hasardeure verzockt haben, dass es aber nirgendwo so schädlich ist wie bei einem, der mehr als hundert Zeitungen in sechs Ländern zusammengerafft hat. An vielen Stellen in Montgomerys Mecom-Reich, beispielsweise in Norwegen oder in den Niederlanden, hatten sich bald ähnliche Probleme wie in Berlin gezeigt. Acht Chefredakteure seiner niederländischen Blätter schrieben sich, so wie die Kollegen in Deutschland, den Frust von der Seele und bekundeten öffentlich, man sei dabei, »die eigene Zukunft zu kannibalisieren«; es sei »fünf vor zwölf, möglicherweise später«. Jeder vierte der einst 4300 Angestellten im niederländischen Verlagshaus Wegener wird nicht mehr zu Montgomerys Mecom-Gruppe zählen.

Die Moral ist einfach: Medien sind zum Zocken nicht geeignet. Finanzinvestoren, die mit einer Kurzfristtaktik viel Geld herausholen wollen, haben in diesem speziellen Geschäft nichts verloren. Das wusste man schon vorher. Nun, nach dem Experiment Berlin, weiß man es genau. Das Versprechen Montgomerys, er handele nicht wie ein Private-Equity-Investor, ist so viel wert, wie die Summen auf seinem Kontoauszug. Der Ärger, den die *Berliner Zeitung* macht, lohnt sich unter finanzmathematischen Aspekten nicht. Die Vorgänge schrecken Leser, Werbekunden und mögliche neue Verlagspartner ab. Bei der *Sächsischen Zeitung* legte die der SPD gehörende Medienholding DDVG, die 40 Prozent der Anteile hält, größten Wert auf eine interne Abmachung, wonach das Blatt auf keinen Fall an Finanzinvestoren verkauft werden dürfe. Montgomery fällt für die SPD in diese Kategorie, weshalb er einen Deal in Dresden vergessen kann. Der Mann, den sie »Rommel« nannten, hat eine Front gegen sich aufgebaut, an der er scheitern muss. Wer will schon mit einem wenig vertrauenswürdigen Investor wie Montgomery zu tun haben, wenn das ganze Licht der Öffentlichkeit darauf gerichtet ist? Wenn auch Bürger, die sich normalerweise nicht für die Feinheiten der deutschen Medien interessieren, danach fragen, was hier angerichtet und vernichtet wird?

Mecom und Montgomery sind nicht die Alternative zum deutschen Verlagsfamilienmodell, um die gefährdete Zeitungsbranche durch die digitale Medienrevolution in die Zukunft zu führen. Der nordirische Investor sieht das anders. Er redet im persönlichen Gespräch immer wieder davon, dass die Journalisten endlich aufwachen müssten, dass sie wirtschaftlich denken und die »Revolution annehmen« sollten, weil sie sonst untergehen würden. Montgomery ist ein Evangelist, der umso lauter spricht, je mehr sich die Kirche leert. Er überzeugt auch nicht mehr jene, die er eigentlich überzeugen müsste, zum Beispiel den langjährigen Holtzbrinck-Verlagsmanager Michael Grabner, der einst die *Berliner Zeitung* an Montgomery verkauft hat: »Ein Finanzinvestor ist kein geeigneter Unternehmer, um eine Zeitung zu führen«, sagt er mit Blick auf die Berliner Bredouille.

Am besten wäre es, der Nordire mit dem lockeren Geld und den guten Beziehungen zur englischen Hochfinanz würde es an anderer Stelle versuchen. Seine Beteiligungsfirma Mecom ist hochverschuldet und hat an der Börse einen jähen Kurseinbruch erlebt. Sie ist nicht mehr Treiber, sie ist Getriebene. Findet sich für seine Hinterlassenschaft eine andere Finanzgruppe oder doch ein »normales« Verlagsunternehmen? Wer organisiert die Konsolidierung im Markt der Zeitungen? Konzerne wie die Gruppe rund um die *Westdeutsche Allgemeine Zeitung* haben sich dabei in der Vergangenheit wesentlich geschickter und effizienter angestellt. So gelang es den Essener Zeitungsleuten ziemlich geräuschlos, ihren Großbetrieb mit Fast-Zeitungsmonopolen im Ruhrgebiet, in Thüringen, in Österreich und auf dem Balkan um die *Braunschweiger Zeitung* zu erweitern.

Auch in München, beim Süddeutschen Verlag und der *Süddeutschen Zeitung*, ist Montgomery bekanntlich nicht weitergekommen. Als die überregionale Publikation im Jahr 2007 in einer

Art Auktion auf den Markt kam, wie ein altes Gemälde bei Christie's, bewarben sich zum Beispiel auch das Investmenthaus Goldman Sachs zusammen mit dem erfahrenen Verleger Dieter von Holtzbrinck, die Private-Equity-Firmen 3i und Apax sowie erneut die Spezialisten von Veronis Suhler Stevenson, die schon bei der *Berliner Zeitung* dabei gewesen sind. Für Redaktionen, die Qualitätsjournalismus wollen, ist schon die Aussicht, womöglich bald in den Händen maximierender Finanzinvestoren zu sein, erschreckend. Das Beispiel *Berliner Zeitung* warnt alle. Das Rennen in München machte schließlich eine Stuttgarter Verlagsgruppe, die in den Wirren der Zeitungskrise der Jahre 2002 und 2003 mit zunächst 18,75 Prozent bei der *SZ* eingestiegen war: die Südwestdeutsche Medien Holding (SWMH), die zum Beispiel die *Stuttgarter Zeitung* verlegt und zu dessen Gesellschaftern die Verleger der *Rheinpfalz* in Ludwigshafen und der *Südwestpresse* in Ulm gehören. Gemessen an der Auflage entstand hier der zweitgrößte Zeitungsverbund Deutschlands, nach dem Axel-Springer-Imperium mit dem Massenblatt *Bild*. Solche Verkettungen stehen für den Wunsch der deutschen Zeitungsverleger, über die Nutzung von Economies of Scale das Überleben zu sichern. Größenvorteile sollen finanzielle Erträge stimulieren, egal, ob beim Einkauf von Papier, dem Vermarkten von Anzeigenseiten oder der Beschaffung technischer Gerätschaften.

Weitere Partnerschaften, Fusionen und Übernahmen werden auf dem deutschen Markt folgen. Die Konzentration bleibt ein treuer Begleiter des Zeitungsmachens. Die Sicherung des Geldes soll den Geist sichern. Das ist die Hoffnung all jener, die kritisch auf die Vorgänge in der sensiblen Zeitungslandschaft schauen. Die wissen wollen, ob die Vielzahl der Stimmen erhalten bleibt und ob der journalistische Auftrag der Aufklärung noch erfüllt werden kann. Und ob das Reinheitsgebot der Branche weiterhin gilt, also redaktionelle Inhalte wirklich strikt von Werbung und politischer Propaganda zu trennen sind.

Verglichen mit dem Flurschaden, den Montgomery seit seinem

Marktauftritt im Herbst 2005 angerichtet hat, wäre vermutlich die einst geplante Verbindung zwischen dem Holtzbrinck-Objekt *Tagesspiegel* und der *Berliner Zeitung* weniger gefährlich für die Gesellschaft gewesen, auch wenn schwerwiegende wettbewerbsrechtliche Einwände gegen eine solche Verlagsehe bestanden. Und schließlich: Die Verantwortlichen bei Bertelsmann in Gütersloh und Hamburg müssten sich in einer ruhigen Stunde darauf besinnen, welches Chaos sie in Berlin geschaffen haben – bedingt durch hochfliegende, schnell gescheiterte Börsenpläne ihres seinerzeitigen Vorstandschefs Middelhoff, der sich nach seiner Medienzeit unter anderem mit Parkhäusern und Kaufhäusern beschäftigen durfte.

Immer wieder sind in den vergangenen Jahren in Deutschland Dynastien abgetreten, oftmals Zeitungsfamilien in der Provinz, die ihre kleinen Blätter abgaben. Noch ist in Deutschland der große Einbruch branchenfremder Geldgeber – mit der großen Ausnahme Montgomery – vermieden worden, noch gehen die Objekte an Verleger, die man gut kennt von Branchentagungen und Verlegerkongressen.

Noch ist die Situation ganz anders als in den Vereinigten Staaten, wo alte Familienbande nichts mehr zählen, sondern Altverleger gegen Höchstgebot an tollkühne Finanziers oder mitunter auch zwielichtige Figuren verkauft haben. Hier ist die Bastion der Dynastie gefallen. Das alte Modell der Verlegerfamilie hat ausgedient, es ist in den USA die Ausnahme. Einzug hielt ein zügelloser Casino-Kapitalismus sowie das Modell des Pressezaren. Die Folgen: Namhafte Journalisten müssen sich eine neue Heimat suchen, und die Bürger, die sich zunehmend vom Medium Zeitung abgewendet haben, finden immer weniger Gründe, Leser zu werden. Auflagen sinken auf breiter Front, gelesen wird im Internet. Die Werbung zieht Gelder ab, die Umsätze rauschen in den Keller. Die Nerven liegen blank. Der erodierende amerikanische Zeitungsmarkt – eine Warnung für Europa, für Deutschland? Wird in den USA – wie so oft – vorgemacht, was wir dann nacherleben müssen?

Wohin man auch blickt, überall das gleiche triste Bild in den Vereinigten Staaten. Strukturen, die jahrzehntelang gehalten haben, veränderten sich innerhalb kurzer Zeit. In Los Angeles sagte sich zunächst im Jahr 2001 die Familie Chandler von der *Los Angeles Times* los, ihrem alten Besitz; das Blatt kam zum Konzern der *Chicago Tribune.* Die Chandlers blieben als Minderheitsgesellschafter noch ein wenig dabei, ehe sie richtig Kasse machen wollten. Damit begann der Ausverkauf der großen Verlage. Heute ist der Immobilienkrösus und begeisterte Harley-Davidson-Fahrer Samuel Zell zum veritablen Verleger aufgestiegen, zum Herrscher über ein großes Zeitungsreich mit *Chicago Tribune* und der *LA Times.* Dieser Großverlag war einst Vorbild für Multimedia-Anwendungen – und ist nun ein Sanierungsfall. Der Einbruch der Anzeigen und die sinkende Leselust haben den Konzern tief getroffen.

Der Mann, der als Konsolidierer den Konzern retten will, sagt ganz offen von sich: »*I am no newspaper guy, I am a business man*« – er sei kein Zeitungsmann, sondern Geschäftsmann. Ihn interessiere, was unter dem Strich herauskomme. Wenn der Gewinn hoch sei, könne man eine gute Zeitung machen. Der Zeitungsgeschäftsmann Zell bringt den rauen Ton der Immobilienbranche in das Gewerbe, aber nicht seine Milliarden. Für den Kauf des Zeitungsimperiums brachte er im Gegenteil lediglich 300 Millionen Euro ein; den Rest steuerten Investoren per Kreditaufnahme und Mitarbeiter auf Basis ihrer Pensionsansprüche bei.

Widerspruch ist der Immobilienhai an der Spitze nicht gewöhnt. Bei einer Konferenz seiner Zeitung *Orlando Sentinel* wandte eine Fotografin ein, wenn man alles mache, was der normale Leser wolle, dann würde die Zeitung bald mehr Storys über süße Hundewelpen bringen als über den Irak-Krieg – woraufhin sie vom hemdsärmeligen Neu-Eigentümer Zell der »klassischen journalistischen Arroganz« beschuldigt wurde. Den Disput beendete der publizierende Milliardär mit einem laut vernehmbaren »*fuck you*«, wie ein Video beweist, das auf dem Portal YouTube eingestellt wurde.

Damit die Rendite stimmt, also möglichst viel übrig bleibt, entschloss sich Zell zu einschneidenden Maßnahmen. Dazu gehört der Verkauf des Pressebüroturms in Chicago, des Baseballteams Chicago Cubs mitsamt Stadion sowie die Entlassung von vielen Redakteuren in Los Angeles. Das wird begründet mit der unterschiedlichen Produktivität: Während ein Journalist beim *Hartford Courant* im Jahr durchschnittlich 300 Seiten produziert, sorgt ein Reporter der *Los Angeles Times* in derselben Periode nur für 51 Seiten – ein Mengenmessverfahren, das im gehobenen Journalismus so wenig verloren hat wie Stechkarten. Im Übrigen wiederholt Samuel Zell immer wieder einen Satz: »Ich glaube an die Zeitung.«

In New York war es die wohlhabende, vielköpfige Bancroft-Familie leid, sich den Kopf über ihr gutes altes *Wall Street Journal* zu zerbrechen, zumal es mit dem internationalen Akquisiteur Rupert Murdoch einen finanzpotenten Bieter gab. Er erhielt den Zuschlag. Bei der börsennotierten Company der *New York Times* schließlich drangen die Minderheitsgesellschafter von der Investmentbank Morgan Stanley monatelang auf einen Sparkurs und forderten eine Umwandlung der Aktienstimmrechte. Dank eines Zweiklassensystems hat sich die alte Eigentümerfamilie Ochs Sulzberger die faktische Macht gesichert, da sie mit 20 Prozent der Kapitalanteile 70 Prozent der Stimmrechte kontrolliert. Die *New York Times* wehrte die Attacke der Banker ab, indem sie das Personal leicht kürte, den Vertriebspreis etwas erhöhte und so die Wirtschaftlichkeit verbesserte. Die angespannte Lage war jedoch nicht befriedet. Die Zeitung, ein Vorbild für Qualität, blieb unter Druck.

Die Wall Street will nicht lassen von der Pressezierde der Metropole New York. Es kamen sogar Verkaufsgerüchte auf, nachdem zwei Hedgefonds – Harbinger Capital und Firebrand – anstelle von Morgan Stanley bei der *New York Times* eingestiegen sind. Die Vertreter einer besonders spekulativen Form von Investmentfonds sorgen für mehr Unruhe als die Banker zuvor. Sie erhöhten ihre

Anteile leicht von 15 Prozent auf 20 Prozent, übten mit ihren Aktienpaketen noch mehr Druck aus und zogen in den Verwaltungsrat ein. Eine neue Schlacht zwischen aggressiven Finanzleuten und dem um redlichen Journalismus bemühten Verleger begann.

Die zwei Hedgefonds sind im Aufsichtsgremium nun mit James Kohlberg vertreten, dem Mitinhaber der auf Firmenkäufe spezialisierten Finanzfirma Kohlberg Kravis Roberts & Co. (KKR), die sich in den achtziger Jahren in den USA einen Ruf als *raider*, als »Firmenjäger«, erworben hatte. Die Praktiken inspirierten den Regisseur Oliver Stone zu seinem Film *Wall Street* mit Michael Douglas als »Gekko« in der Rolle des Ober-Firmenjägers. In Deutschland ist KKR, wie schon erwähnt, maßgeblich bei ProSiebenSat.1 Media AG eingestiegen. Im Namen des Profits fielen bei dem fortgesetzten realen Wirtschaftskrimi in der *New York Times* – über den die Zeitung selbst nüchtern schreibt – weitere Redakteursstellen weg. Auch hier die gleiche Richtung: Die Rentabilität soll unbedingt steigen. Spiegelbildlich ist die journalistische Qualität bedroht. Aufgelöst wurde beispielsweise das Auslandskorrespondentennetz des *Boston Globe*, der großen Tochterzeitung der *New York Times* in Boston.

Die Maßnahme liegt im Trend. Nach einer Studie des Pew Research Center aus dem Jahr 2008 sagen 64 Prozent der befragten 250 Topjournalisten amerikanischer Zeitungen, sie hätten weniger Platz für Auslandsgeschichten zur Verfügung als im Jahr 2005 – ein erkennbarer Mangel angesichts der vielen internationalen Probleme, die auf die angeschlagene US-Wirtschaft zurückschlagen. Dem Kurs der New York Times Company an der Börse haben all diese Aktionen nichts genutzt. Wahrscheinlich würde nicht einmal der – intern offenbar diskutierte – Verkauf des *Boston Globe* dem Aktienkurs aufhelfen. Für einen kräftigen Sprung des Börsenwerts müsste es die Familie Ochs Sulzberger schon der Bancroft-Dynastie nachmachen und das Zeitungsgeschäft ganz aufgeben. Wall Street spekuliert gegen die Ochs Sulzbergers, wie sie einst gegen den thailändischen Baht spekuliert hat. Das ist das Spiel. Plötzlich stieg im September 2008 auch noch der mexikanische Unternehmer Carlos Slim, einer der reichsten Männer der Welt, mit 6,4 Prozent bei der *New York Times* ein. Wenn sich am Ende aber die Finanzexperten durchsetzen würden, wäre es schnell vorbei mit der journalistischen Heiligkeit.

In der von maßlosen Börsenfinanziers getriebenen amerikanischen Wirtschaft genügt eben nicht, was die *New York Times* im Jahr 2007 erwirtschaftet hat: 209 Millionen US-Dollar bei 3,2 Milliarden US-Dollar Umsatz. In anderen Branchen lässt sich mehr verdienen, viel mehr. Das drückt den Börsenwert eines solchen Zeitungsverlags. Solche Niedrigbewertungen wiederum sind interessant für einen kühlen Investor wie Scott Galloway, der hauptberuflich einem Job als Marketingprofessor an der New York University nachgeht und vom Weltwirtschaftsforum in Davos in den Kreis der »Global Leaders of Tomorrow« gekürt wurde. Der Akademiker betreibt nebenberuflich eben jenen Fonds Firebrand, der jetzt die *New York Times* unter Feuer nimmt. Auch Galloway rückte in den Verwaltungsrat auf. Er verfolgt das Muster, das alle Aktienspekulanten weltweit verfolgen, und das auch den Immobilienmann Zell bei der *Los Angeles Times* bewegt: Einsteigen bei einer krass unterbewerteten Firma – und sie dann mit einem entschlossenen Management auf mehr Gewinn trimmen. Anschließend bietet sich der Verkauf zu einem hohen Preis an. Wie das so geht, machte Professor Galloway bei der kalifornischen Computerfirma Gateway vor: Er erwarb mehr als zehn Prozent am Aktienkapital, ging in den Verwaltungsrat und unterstützte den Kauf der Firma durch den Rivalen Acer aus Taiwan – selbstverständlich wurde am Ende ein großer Aufschlag verwirklicht. Professor Galloway erhöhte sein Vermögen. Ein Muster für die liberale *New York Times*?

Dieses System Geld bedeutet für Zeitungen, dass eine Spirale nach unten eingeleitet wird: Weniger Qualität heißt weniger Attraktion für Werbekunden und Leser, bedeutet weniger Einnahmen – und bedingt am Ende neue Sparmaßnahmen. So spart man sich langsam der Bedeutungslosigkeit entgegen. Zwischendurch machen einige Beteiligte Zwischengewinne. Schon gibt es die ersten kleinen Tageszeitungen, die nicht mehr auf Papier erscheinen, sondern nur noch online.

Unter den neuen Vorzeichen des entfesselten Beteiligungstourismus erscheint nichts mehr unmöglich. Große amerikanische Verlage, die früher als *untouchable*, als unberührbar, galten, sind auf einmal Objekte zum Schachern. Sie gleichen Chips, die Reiche mit großer Genugtuung setzen, handelt es sich doch um ehrwürdige Produkte, die auf Geist und Kultur deuten und mit denen man sich gern schmücken darf. Doch wie lange geht das gut mit diesem neuen Sport der Milliardäre?

Die Dominanz des ökonomischen Denkens sei ein bedrohlicher Trend, der die Zukunft des Qualitätsjournalismus bedrohe, schreiben zwei langjährige leitende Redakteure der *Washington Post*, Leonard Downie und Robert G. Kaiser, in ihrem Buch *The News About the News*: Wer vom Kostensparen getrieben sei und guten Journalismus aufgebe, der bringe die journalistische Funktion für das Gemeinwesen in Gefahr. Es gibt die wichtigen Fälle, die die Autoren als Positivbeispiele aufzählen: Ein Reporter der *New York Times* dokumentierte in siebenmonatiger Arbeit, wie es Scientology geschafft hat, in den USA als Religion anerkannt zu werden. Oder wie zahlreiche Mitarbeiter der *Washington Post* über acht Monate hinweg an einer Serie über Polizeieinsätze mit Todesfolge in Washington arbeiteten. Die beiden Buchautoren beschreiben aber auch ausführlich jenes Infotainment, das sich durch die Nachrichtenmoderatoren der großen TV-Netzwerke ausgebreitet hat.

Der Konzern der *Washington Post* ist unter den großen amerikanischen Zeitungen der letzte, in dem eine Familie – die Grahams – unangefochten herrscht. Ein angeschlossener Schulbuchverlag steuert gute Gewinne bei und sichert die Zeitung. Der derzeitige Vorstandsvorsitzende, der dreiundsechzigjährige Donald Graham, will noch einige Jahre an der Spitze bleiben. Derzeit kümmert er sich um seine Nichte Katharine Weymouth, die die *Washington Post* verantwortet und zur Nachfolgerin aufgebaut wird. Ben Bradlee, der legendäre Chefredakteur des Blatts zu Watergate-Zeiten und heute Vice President des Unternehmens, findet es »faszinierend, dass diese Familie weiter in der Verantwortung bleibt«.

Donald Graham wird nicht müde, vor möglichen Veränderungen bei der *New York Times* zu warnen. Er hält die alten Ideale hoch, die Bindungen eines alten Eigentümers an seine Zeitung. Er redet von einer über Generationen gewachsenen und empfundenen Verpflichtung, publizistische Qualität zu bieten, unbestechlich zu sein bei der Kontrolle von Politik sowie Wirtschaft, Kultur und Traditionen zu vermitteln. Ihn motiviert, das Niveau hochzuhalten – und zwar nicht das Gewinnniveau. Profitmaximierung als Priorität, das ist für einen wie den Zeitungsmann Graham undenkbar. Wer eine gute Zeitung herausgebe, der müsse bereit sein, sich und seine Freunde jeden Tag ärgern zu lassen, der müsse Millionen ausgeben für eine Redaktion, ohne zu wissen, wann sich das Geld rentiere, sagt er. Und der müsse auch Dutzende von Auslandskorrespondenten überall auf dem Globus finanzieren, ohne dass es deswegen einen Penny mehr aus dem Zeitungsverkauf und der Werbung gebe.

Einer wie Graham kann das sagen, was bei einem wie David Montgomery so schrecklich falsch klingt: Ich bin ein Verleger.

9

Geld schlägt Geist – eine Zwischenbilanz

Die Freiheit reicher Leute · Watergate ist lange her · Die Verbindung von Print und Online · Das Gebot der Entschleunigung · Alte Werte, neue Stärke

Der bislang größte Aphorismus zur Lage der Medien in Deutschland erschien an einem Platz, wo man dergleichen nicht vermutet: in der Leserbriefspalte des *Spiegel*. Dort war am 5. Mai 1965 das berühmte Bonmot des Publizisten Paul Sethe zu lesen, der es bei der *Welt* und der *Frankfurter Allgemeinen Zeitung* zu Ruhm gebracht hat: »Pressefreiheit ist die Freiheit von zweihundert reichen Leuten, ihre Meinung zu verbreiten.« Heute würde der 1967 gestorbene Sethe vielleicht von hundert, vielleicht von fünfzig reichen Leuten schreiben, die die Pressefreiheit ausmachen, weil sie in seinem Sinn die Hoheit über Druckmaschinen haben.

Die Zusammenhänge, die der bekannte Journalist 1965 rund um seine These aufschrieb, haben in all den Jahren nach seinem *Spiegel*-Leserbrief zu einer weiteren Konzentration im Markt geführt. Die Herstellung von Zeitungen und Zeitschriften erfordert immer mehr Kapital, so sah Sethe es voraus, dadurch werde der Kreis von Personen, die Presseorgane herausgeben, kleiner: »Damit wird unsere Abhängigkeit immer größer und immer gefährlicher«, schrieb er in seinem Leserbrief. Das Internet hat einerseits die Lage verschärft, weil es aus den Printmärkten Nutzer und damit Werbekunden abzieht, und weil es zudem so aktuell ist, wie die Zeitung nie sein kann, allen Versprechungen auf »neueste Nachrichten«

zum Trotz. Im Internet können andererseits auch nicht so reiche Leute ihre Meinung verbreiten und damit die Abhängigkeit von den wenigen an der Druckmaschine mildern – wenn sie gelesen und wahrgenommen werden.

Die »Luft der Freiheit« im Sinne Sethes weht nicht mehr, wie sie wehen sollte. Zu beobachten ist ein gefährliches Zusammentreffen – von fehlender Verlegerkultur, radikalen technischen Umbrüchen, einer politisch gefährlichen Medienkonzentration und einer neuen Form globaler Finanzaggressivität. Das macht die Lage für den Qualitätsjournalismus so bedrohlich. Es fehlen weitgehend Verleger alten Schlags, die den Rahmen schaffen für Recherche und Reflexion. Leute, die stolz sind auf Schlagzeilen und einen gelungenen Kommentar. Publizisten, die im Quantifizierungswahn einer quotenfixierten Gesellschaft Kurs halten und die den Plünderern der Geldindustrie oder den politischen Patriarchen Widerstand bieten, den denkbar schlechtesten Sachverwaltern eines großen Erbes. Im System Online wiederum muss sich der Journalismus völlig wandeln: Er muss eine eigene Qualität und Sprache finden in einem Markt mit immer mehr Verbreitungskanälen und einer erhöhten Taktgeschwindigkeit.

Der gehobene Hamburger Verleger alten Stils – Personen wie Springer oder Augstein – machte wie alle anderen auch gern Gewinne. Sie ergaben sich – und das ist der Unterschied – am Ende des Jahres gewissermaßen als erwünschtes Abfallprodukt des eigenen Tuns. Der Verleger alten Stils hielt durch, wenn eine ihm wichtige Zeitung oder Zeitschrift jahrelang unter dem Strich nichts abwarf, aber gleichzeitig entscheidend war für die Meinungskultur des Landes. Es wäre ihm nicht eingefallen, mit dem Folterwerkzeug der Controller das Letzte aus der Bilanz herauszupressen und großartige Mindestrenditen zwingend vorzuschreiben, wie es unter dem Einfluss der »Heuschrecken« Usus geworden ist. Der Verleger alten Stils hatte Freude am Schreiben, er teilte sich als Autor seiner Publikation mit, oft zum Leidwesen seiner Redakteure. Es gab kreative Reibung.

So gesehen existieren heute in Deutschland und anderen wichtigen Pressemärkten mehr Verlegersimulanten als wirkliche Verleger. Kein Mangel herrscht an gut ausgebildeten Diplom-Betriebswirten, die ins Mediengewerbe stoßen wie in jedes andere Gewerbe auch und Verlage oder Sender führen, als seien es Mantelfabriken oder Batteriehersteller. Die höheren Gewinne, die unter der Herrschaft dieses merkantilen Spezialistentums anfallen, fließen nur zu häufig Aktionärs- oder Gesellschaftergruppen zu, denen verlegerische Verantwortung fremd ist. Es gilt das Diktat, mindestens 20 Prozent Rendite machen zu müssen, am besten aber 30 Prozent. Das sind Werte, die einst Zeitungsverlage in regionalen Monopolen sowie das Privatfernsehen oder große Privatradiosender in ihren goldenen Jahren leicht schafften. Aber warum sind solche Größen Pflicht in einem Behauptungskampf, in dem es um die beste Position in der digitalen Welt geht? Den Strategen der Private-Equity-Gesellschaften ist es gelungen, das 30-Prozent-Ziel zur allgemeinen Richtschnur zu machen, als gebe es eine Religion des Reichmachens.

Reichen zwischendurch nicht vielleicht auch einmal zehn Prozent? Was ist eigentlich mit einer Organisation wie der FAZIT-Stiftung, dem mehrheitlichen Eigentümer der *Frankfurter Allgemeinen Zeitung*, die per se keine Gewinnmaximierung betreiben kann und sich trotzdem im Markt behauptet? Oder dem britischen Scott Trust, der die Tageszeitung *Guardian* besitzt, die einen weithin anerkannten Journalismus bietet? Passen solche Konstruktionen in Wirklichkeit oft nicht viel besser zur Medienbranche als Spezialisten des Kapitalmarkts, die sich ihren Ruf als »Firmenjäger« und »Heuschrecken« redlich verdient haben? Lebt die Gesellschaft nicht auch gut mit einem Genossenschaftsmodell wie bei der Berliner *tageszeitung* (*taz*), die seit dreißig Jahren trotz dauerhafter betriebswirtschaftlicher Herausforderungen einen wesentlichen Beitrag zur Meinungsvielfalt leistet?

Die Gesetze des irregeleiteten Finanz- und Börsenkapitalismus können nicht für Medien gelten, die den öffentlichen Auftrag ernst nehmen. Es wäre viel gewonnen, wenn sich dieser Zusammenhang schneller herumsprechen würde. »Die internationale Diskursfähigkeit eines Landes hängt von seinen Medien ab«, schrieb der verstorbene Wissenschaftler Peter Glotz: »Eine Gesellschaft, die die Kommunikationsinstrumente ihrer Elite zerstörte, dankte ab.«

In einer längeren Serie zur Zukunft des Journalismus hat *sueddeutsche.de* in Zusammenarbeit mit dem Berliner Institut für Medien- und Kommunikationspolitik (IfM) im ersten Halbjahr 2008 eine Reihe von Interviews mit internationalen Experten veröffentlicht. Sie alle beschrieben den jähen Wandel im Markt und die Zerstörung der alten Geschäftsmodelle, das Verschwinden von Papier, die Angst vor der »Todesspirale«, die Notwendigkeit gemeinnütziger Initiativen sowie den Bedarf, dass sich Zeitungen besser im Internet positionieren, um bei der »Nachrichtenzirkulation« an vorderer Stelle dabei zu sein. Alan Rusbridger, Chefredakteur des *Guardian*, sah dabei auch die Gefahr, dass plötzlich russische Oligarchen oder arabische Staatsfonds westliche Zeitungen kaufen, nicht weil sie damit viel verdienen wollten, sondern weil es ihnen um Einfluss geht: »Ich sehe wieder eine Zeit kommen, in der sich immer mehr reiche Leute Zeitungen leisten, um Meinung zu machen. Um zu manipulieren und um eigene Interessen und nicht mehr die Interessen aller zu forcieren.« Paul Sethe lässt grüßen.

Medienkonzentration, die Attacken des Finanzkapitalismus, die radikalen Veränderungen im Markt, materielle Gier und das digitale Zeitalter – viele Faktoren kennzeichnen die Umwälzung der Gesellschaft, die das Leben aller verändert. Eine nüchterne Bestandsaufnahme ergibt, dass an vielen Stellen die Ideale des Aufklärungsjournalismus und der »Vierten Gewalt« ernsthaft durch fremde Mächte aus Finanzwirtschaft und Politik gefährdet sind.

Mythen verblassen. Mythen wie Watergate. Jenes Watergate, das für die bisher größte Leistung des investigativen Journalismus steht. Redakteure der *New York Times* und vor allem der *Washington Post* setzten der amerikanischen Regierung so lange zu, bis der mächtige Präsident Richard Nixon im Jahr 1974 zurücktrat. Eine ganze Generation von Journalisten wählte ihren Beruf, weil ihnen die Watergate-Enthüller Carl Bernstein und Bob Woodward imponiert haben. Die beiden beschrieben im Bestseller *All the President's Men* (*Die Watergate-Affäre*) ihren mühseligen, aufreibenden Kampf gegen ein aus den Fugen geratenes Machtsystem, das mit kriminellen Mitteln den politischen Gegner ausschalten wollte. Millionen haben in dem gleichnamigen Hollywood-Film (in Deutschland: *Die Unbestechlichen*) mit Robert Redford und Dustin Hoffman gesehen, dass ein Newsroom der Ort einer Gegenmacht sein kann. Doch Watergate ist lange her. Die Story ist ein Fall fürs Museum und die Wissenschaft; die Autoren Bernstein und Woodward haben 2002 ihre Aufzeichnungen an die Universität von Texas verkauft. Und 2005 ist herausgekommen, wer »Deep Throat« war, der Informant mit der tiefen Stimme: Mark Felt, die damalige Nummer zwei der Bundespolizei FBI. Heute bekämen in keiner Redaktion der Welt zwei Journalisten so viel Zeit, einer Geschichte nachzusetzen. »Deep Throat« bliebe vermutlich ungehört, die Geschichte wäre versandet. Investigativer Journalismus kostet. Das Resultat der Bemühungen ist unsicher. Kalkulieren kann man den Erfolg nicht, das Genre verschließt sich den branchentypisch gewordenen Business-Case-Berechnungen.

Es fehlt in vielen Redaktionen Zeit und Geld für eine unabhängige Recherche. Und es fehlt oft am Gespräch, am Streit um Argumente. Stattdessen wird produziert, rund um die Uhr und ohne Unterlass. Das sichert Präsenz zu Zeiten, in denen früher die Printprodukte aktuell nicht verfügbar waren; eine Neu-Organisation der Arbeitsabläufe aber muss die optimalen Voraussetzungen hierfür schaffen. Wenn weniger Journalisten von allem mehr machen, dann ist das einerseits eine kreative Chance, andererseits eine riesige Barriere. »Der vertraute Journalismus verliert an Identität«, ermittelte der Hamburger Medienprofessor Siegfried Weischenberg im Jahr 2005 in einer großen Studie (»Journalismus in Deutschland«) unter 1500 Befragten: »Eine stetig sinkende Zahl von Journalisten schreibt immer mehr Texte oder arbeitet an einem umfassenderen Rundfunk- und TV-Programm.«

Geld schlägt Geist – dieses Fazit muss ziehen, wer die bedrohlicher werdenden Verwertungszwänge in Presse, im Buchmarkt und im Rundfunk analysiert. Geist ist kein Geschäft, wenn die abgehobenen Gewinnvorstellungen der Finanzbranche zur allgemeinen Norm werden. Im Wettstreit mit den prosperierenden Computerspielen, mit Lern- und Bildungsprogrammen oder Internet-Suchmaschinenmonopolen sind klassische Medien geradezu rührend altmodisch, ohne Wachstumspotenzial und gefährlich renditeschwach. Es ist kein Zufall, dass im Zuge der angestrebten Neuordnung im Medienkonzern Bertelsmann Gerüchte aufkamen, die eigene Großverlagstochter Gruner + Jahr könne verkauft werden, weil sie sich in »überreifen« Märkten bewege. Es blieb bei der Gedankenskizze. Vorerst.

Die Pressegrößen von gestern werden weiter an Auflage verlieren und die großen Sender an Reichweite. Damit müssen sich alle abfinden. Immer weniger Leute kaufen Zeitungen und Zeitschriften oder sehen fern, und vor allem die Jüngeren sind im Internet zu finden. Mit den begehrten Zielgruppen wandern auch die Werbeaufträge ab und verändern die journalistischen Inhalte. Dabei steht die Gesellschaft erst am Anfang einer gewaltigen Umwälzung. Die digitale Revolution bedeutet: Endzeitstimmung bei den einen, Gründungseuphorie bei den anderen. Ja, es werden etliche Zeitschriften und Zeitungen verschwinden oder fusionieren. Traditionsreiche Verlage werden zu Übernahmekandidaten. Und die gedruckte Presse schrumpft – aber die besten Zeitungen und Zeitschriften werden bleiben. Der Rest ist elektronische Presse. Und, zu einer Vorhersage braucht man wenig Mut: Die nächste Gründerwelle ist im Netz. Es wird online weiter viele Innovationen geben. Die Vorboten zeigen sich schon heute.

Inhalte, nicht Papier ist das Geschäft von Verlagen. Von einem publizistischen Nullsummenspiel ist bei dem anstehenden grundlegenden Wandel dennoch nicht auszugehen. Was bei Zeitungen und Zeitschriften verlorengeht, wird nicht automatisch durch Online-Projekte kompensiert. Wenn ein Verlag sich entschließen würde, die eigene Zeitung nicht mehr zu drucken, sondern nur noch im Internet als Online-Zeitung erscheinen zu lassen, würde er sofort 40 Prozent der Fixkosten verlieren – aber auch 90 Prozent der Erlöse.

Die Zahl erfolgreicher gedruckter Neugründungen ist seit den achtziger Jahren sehr überschaubar gewesen. Das meiste, was versucht wurde, ist wieder eingegangen oder wird mühsam am Leben erhalten. Was noch vor einigen Jahren allgemein in Deutschland für einen Erfolg gehalten wurde – ein modernes Fernsehblatt wie *TV Spielfilm*, ein Lifestyleblatt wie *Fit for Fun*, ein andersartiges Nachrichtenmagazin wie *Focus* –, hat sich längst relativiert. Wirklich geglückte Innovationen waren nur die Zeitschrift *Neon* – im Übrigen aus einer Community und nicht aus einem Großverlag heraus entstanden – sowie die *Frankfurter Allgemeine Sonntagszeitung*. Aber ansonsten? Viel Siechtum und Exitus.

Für die Zivilgesellschaft ist das alles eine riesige Herausforderung. Sollten immer weniger gut recherchierte Artikel entstehen, die aufklären, sollte es zu wenige Kommentatoren geben, deren Kompetenz die Leser trauen können, und sollte sich eine Dampfplauderei breitmachen, droht Protest im Markt – und noch mehr Leser wandern ab. Der Printjournalismus darf nicht da weitermachen, wo das private Fernsehen vielfach mit seinen journalistischen Ansprüchen stecken geblieben ist. Dann böten am Ende auch Zeitungen und Zeitschriften einfach nur *more of the same*, mehr vom Selben.

Schon sieht der peruanische Schriftsteller Mario Vargas Llosa dort, wo der Journalismus zu Hause war, eine »Zivilisation des Spektakels«. Die Unterhaltung habe in den westlichen, offenen Gesellschaften die erste Stelle eingenommen, sie sei der »Motor der Medien« geworden. Er stört sich an Aktbildern weiblicher B-Prominenter, denen er überall begegne, und an der Paparazzo-Kultur. Das breite Publikum erwarte heute vom Journalismus, zu schockieren. Und so fördere die Kultur alles, was unterhält und vergnügt, und deswegen seien auch Wahlkämpfe immer mehr zu Werbe-Events geworden – »Spektakel« eben. Für Deutschland zog der Journalist Tom Schimmeck im Jahr 2007 eine alarmierende Bilanz über die Zustände. »Im heiklen Wechselspiel der Leitmedien und Gleitmedien, der politischen Akteure und der sie umkreisenden Journalisten«, formulierte er in Hamburg auf der Jahrestagung der Journalistenvereinigung »Netzwerk Recherche«, habe vor allem der politische Journalismus gelitten.

Sicher, das Gewerbe selbst hat zu seiner Entzauberung viel beigetragen. In den USA stellte sich heraus, dass ausgerechnet bei der *Washington Post* und der *New York Times* – den journalistischen Helden von Watergate – einige der schönsten Geschichten, die sich so gut lasen und die die begehrten Pulitzer-Preise gewannen, schlicht erfunden waren, die Autoren also den alten Vorbildern Émile Zola und Mark Twain auf dem falschen Gebiet gefolgt waren. Zudem hat sich unter den Wächtern der Pressefreiheit gelegentlich ein oscarreifer Starrummel breitgemacht. Allein in Deutschland gibt es weit mehr als hundert Journalistenpreise, die in der überwiegenden Zahl eher dem Image des spendenden Unternehmens oder der spendenden Organisation zugute kommen dürften als der Förderung der publizistischen Kultur.

Ironischerweise begann die Ego-Vermarktung des journalistischen Ethos mit Watergate. Gerade das Beispiel des Bob Woodward zeigt auch bedenkliche Züge auf: Der Reporter hatte die Rolle des Enthüllers derart verinnerlicht, dass er sich auch als *embedded journalist* im Regierungsteam des Präsidenten George W. Bush so fühlte, als würde er investigativ vorgehen. Bush instrumentalisierte das Image Woodwards, der schließlich in seinem Buch *Bush at War* (*Amerika im Krieg*) die Motive und Strategien der US-Regierung in der Vorbereitung des Irak-Kriegs breit und eher verständnisvoll referierte. Der Regierungschef und seine wichtigsten Mitstreiter hatten ihre Notizbücher zur Verfügung gestellt – oder zumindest, was sie davon für veröffentlichungswürdig hielten; dem

Schreiber standen die Archive des Nationalen Sicherheitsrats zur Verfügung. So beschrieb Woodward wunschgemäß, an vielen Stellen zu unkritisch und ohne Distanz, die erste Phase des Kriegszugs, der zum großen Makel der Bush-Administration geworden ist. Die Arbeit wurde ein Bestseller.

Vieles spricht dafür, dass sich Journalisten und Verleger in der aufziehenden Strukturkrise neu auf ihre Aufgaben besinnen und Fehlentwicklungen korrigieren. Dass das »Newspaper Endgame«, von dem die Unternehmensberatung A.T. Kearney spricht, neue Kräfte freisetzt und zur neuen Stärke führt. Es ist ja richtig, dass »weniger Qualität das Vertrauen in die Zeitung« untergraben würde, wie der amerikanische Medienexperte Philip Meyer in seinem Buch *The Vanishing Newspaper* festgestellt hat – doch das heißt noch lange nicht, dass die Zeitung tot ist. Für die besseren Zeitungen folgt aus der Krise vielmehr das bewusste Herausstellen der eigenen Stärken: mehr Enthüllungsgeschichten, mehr Kommentare, mehr Analysen, mehr Reportagen, große grafische Auftritte und opulente Fotoseiten. Es bedeutet auch: weniger aktuelle Nachrichten aus dem Mainstream der großen Nachrichtenagenturen. Die Neuigkeiten und ihre erste Interpretation ist Sache der Online-Ableger der Zeitungen. Und schließlich heißt es für alle: die lokalen und regionalen Leser besser ansprechen und sie einbeziehen. Nach wie vor gilt: »*All business is local*« – und damit »*all media is local*«. Jedes Geschäft und jedes Medium hat lokale Wurzeln, wenn es erfolgreich sein soll.

Was die Leute schon kennen, ist uninteressant – es sei denn, es werden neue Erklärungen angeboten und Zusammenhänge aufgezeigt. Daran hat es in der Vergangenheit in der Presse gefehlt. Woran es noch fehlt, sind eigene besondere Geschichten, die im großen Rahmen erzählt werden. »Print wird zunehmend zum Premiumprodukt«, schreiben die Berater der Firma Roland Berger in einer Studie aus dem Jahr 2008 mit dem Titel »Totgesagte leben länger«. Sie glauben, dass es Boulevardzeitungen und Regionalzeitungen »in Zukunft schwerer haben« und halten, etwas ernüchtert, fest: »Die Tatsache, dass viele dieser Angebote nach wie vor sehr profitabel sind und Deutschland im internationalen Vergleich immer noch eine recht hohe Zeitungsdichte aufweist, dürfte den Handlungsdruck dieser Angebote verringern.« Was die Berater von Berger meinen: Es geht vielen zu gut, um sich richtig und rechtzeitig zu ändern.

Angststarre ist in der digitalen Revolution die falsche Reaktion. Es reicht nicht, immer wieder fasziniert auf die neuesten Entwicklungen im Netz zu schauen, um gegebenenfalls höchstens schnell zu kopieren. Es reicht nicht, von einer neuen Mobilfunkwelt zu schwärmen, wenn man die eigene alte Welt aufgibt, weil man sie nicht mehr beherrscht. Die Antwort: Der Journalismus muss sich an seine Wurzeln erinnern, an seine klassischen Tugenden. Ohne diese Tugenden hat er keine Zukunft. Es gibt auch in der digitalen Welt – mit all den neuen »Features« und Handy-Inhalten – keinen anderen Journalismus, als einen unabhängigen, kämpferischen, überraschenden, literarischen. Die Stärke ist genuiner Journalismus, und nichts sonst. Zu loben sind wieder jene Eigenschaften, die das Gewerbe in der bürgerlichen Revolution des 19. Jahrhunderts stark gemacht haben. Bei der ganzen Begeisterung über die Distribution, über neue Trägermedien, Verteilzentren und Services, wird eine simple Tatsache vergessen: Dass es am Ende auf wertvolle Inhalte ankommt und dass auf Dauer nur vermarktet werden kann, was neu entsteht.

In einem Kosmos der Falschmelder, Schwätzer und Halbwahrheitenverkünder ist die journalistische Grundleistung eine große Besonderheit. Im Grunde läuft es darauf hinaus, die alten Ideale in die neue Zeit zu bringen, die Freiheitsliebe des Philipp Jakob Siebenpfeiffer wie die Sprachmacht des Heinrich Heine, die Anklage des Émile Zola wie die Leidenschaftsflamme des Werner Friedmann. Wenn sich das Rad der täglichen Nachrichten immer schneller dreht und alles Agenda Setting ist, wenn absolute Beschleunigung das Gebot der Sekunde zu sein scheint, dann wird die Gegenreaktion umso wichtiger: die des Entschleunigens. Gute Zeitungen und Zeitschriften sind Entschleunigungsmedien; sie wollen in Ruhe und Muße gelesen werden. Die aktuellen Nachrichten bereiten die Verlage stattdessen in eigenen Online-Ausgaben auf, die »live« und in Echtzeit berichten.

Die neue Selbstdefinition der Verlage muss zu Qualitätsmarketing führen und am Ort des Konsums ansetzen: Lesen ist Luxus. Es kostet Zeit, aber sie ist gut investiert. Am Ende, nach den Wirren der digitalen Revolution, sind gute Zeitungen und Zeitschriften ein Statussymbol für gebildete und interessierte Bürger, mit denen sie sich gern zeigen. Wer weiß, eines Tages wird es vielleicht wieder »chic«, eine Zeitung unter dem Arm zu haben. Die Branche wird sich auf einem niedrigeren Niveau etablieren. Mit jener Radikalität, mit der Verlage wieder auf klassische Tugenden setzen müssen, sind sie andererseits gezwungen, in der Darbietung ihrer Themen neue Wege zu gehen. Jeder weiß, dass eine Zeitung am Freitag, Samstag und Sonntag viel intensiver gelesen wird – also muss sie konsequent anders gestaltet sein als an den Werktagen, mit noch mehr Reportagen, größeren Analysen und Hintergrundstücken.

Zeitungen sind mehr denn je gute Tageszeitschriften, wenn sie überleben wollen. Ein Schlüssel zum Erfolg ist die Magazintechnik. Was Medien unverzichtbar macht, ist die Fähigkeit, im alltäglichen Chaos die richtigen Geschichten zu identifizieren, zu recherchieren und abschließend mit Sprachlust zu präsentieren. Die besten »Bänkelsänger« von heute müssen in Redaktionen arbeiten. Ein anderer Schlüssel ist, die Welt zu erklären und Zusammenhänge aufzuzeigen, an die noch keiner gedacht hat.

Worauf es ankommt, ist Haltung – die freilich mancherorts zur Neigung geworden ist, ganz viel Geld verdienen zu wollen. Presse muss wieder kämpfen, und sie muss mehr überraschen. Der Kreativität waren im Journalismus nie Grenzen gesetzt, nun aber ist es fürs Überleben notwendig, sie auszutesten. »Die Krise verlangt neue Beweglichkeit, und zwar auf allen Seiten«, formulierte Peter Glotz, der schon Ende der sechziger Jahre zusammen mit dem

Kommunikationswissenschaftler Wolfgang R. Langenbucher in einem Buch (*Der missachtete Leser*) darauf hingewiesen hat, dass Redaktionen am Leser vorbeischreiben. Es hat sich in den vergangenen Jahren viel getan, Zeitungen sind in mancher Hinsicht attraktiver geworden – am Ende ihrer Möglichkeiten sind sie nicht. Das Problem ist nur, dass die kreative Neubesinnung zusammenfällt mit ökonomischen Herausforderungen, und die gewohnten alten Renditen nicht zu halten sind. Verzicht aber passt nicht zu einem System, in dem jeder Unternehmer prozentual mehr verdienen will, als er an Zinsen vom Sparbuch bekommt.

Gerade in einer multimedialen Welt, mit neuen Verbreitungsmedien, müssen sich Journalisten und Verleger auf das besinnen, was sie heraushebt: auf den Inhalt. Er muss unterscheidbar machen. Nur dann behalten sie ihre Geltung und können mit dem Veröffentlichen von Inhalten über Kanäle hinweg Marktanteile sichern. Tatsächlich ringen nicht mehr Zeitungen, Zeitschriften und Sender um die Aufmerksamkeit des Publikums, sondern Plattformen und Medienmarken. Deshalb treibt alle die Fantasie um, in welcher Form Texte, Bilder und Töne in der Tageszeitung, dem Online-Dienst oder dem konzerneigenen Mobilfunk kombiniert werden sollen.

Das Internet ist eine große Verführung. Es lädt dazu ein, alles zu tun – und sich somit zu verzetteln. Internet bedeutet, strategisch auf das ein oder andere zu verzichten, was technisch möglich ist. Den Betreibern von Internetseiten wird man immer ihre Herkunft ansehen, ob sie also aus dem Printgeschäft oder dem Fernsehen stammen, auch wenn sich der Einsatz journalistischer Formen stark annähert. Im Internet-Fernsehen werden Zeitungen und Zeitschriften vermutlich nie über den Status besserer Stümper hinauskommen, weil sie nicht so viel Geld in die Hand nehmen können, wie sie müssten, während umgekehrt Textangebote von Fernsehsendern selten die erklärende Qualität von Gebrauchsanweisungen oder die Faktizität von Agenturmeldungen weit übertreffen.

Immer noch wird nach dem Verhältnis von Print und online gefragt, nach einer möglichen »Kannibalisierung« der Zeitung durch ihr Internet-Angebot. Beide verhalten sich in Wahrheit wie Geschwister zueinander. Das eine Medium fördert das andere. Eine starke Zeitung hat auch eine starke Online-Schwester, und umgekehrt. Beide gewinnen – wenn die Organisation stimmt und netzwerkartige Kooperationen entstehen. Die vielleicht wichtigste Aufgabe vollzieht sich im Inneren der Redaktionen und ist dem Licht der Öffentlichkeit entzogen.

In der neuen digitalen Welt muss sich jedes Medium auf die eigenen Stärken konzentrieren. Es gibt beispielsweise Formate, die sind – wie das lange, ausführliche Interview oder die große, erzählerische Reportage – nur für Zeitungen und Zeitschriften geeignet, nicht aber für das Internet. Umgekehrt gibt es Online-Formate, die ganz dem Medium Internet gehören: aktuelle Textformate wie Live-Ticker, Videos, Videoreportagen, animierte Grafiken, ausführliche Bildersammlungen und automatische, vertonte Bildergalerien (Audio Slideshows). Es sind die neuen Kombinationen aus Text, Bild und Ton, die einen starken Reiz ausmachen und ein ganz neues digitales Geschichtenerzählen (Digital Storytelling) ermöglichen. Noch ist die Sprache dieses neuen Journalismus nicht ausgeprägt, noch sind Innovationen eher selten und sporadisch. Und doch tut sich hier ein neues Feld der Publizistik auf.

Keiner kann heute vorhersagen, ob sich die Hoffnungen auf einen besseren Journalismus erfüllen. Die Branche ist voll mit Scharlatanen, die das Ende prophezeien, wahlweise der Presse oder des Fernsehens. Ob es wirklich so kommt, ist logischerweise nicht nachprüfbar und die Propheten werden voraussichtlich tot sein, wenn sich ihre Vorhersagen erfüllen sollen. Sicherlich werden in der neuen Zeit die Leser und Nutzer ihren Einfluss noch stärker geltend machen. Und vielleicht sind auch ganz andere – gesellschaftliche – Kräfte gefordert, ein Absinken des Journalismus in eine Operettenexistenz zu verhindern, die nur das Spektakel befeuert und nicht die Inspektion der herrschenden Verhältnisse leistet.

10

Gift und Gegengift

Das Prinzip Wiki · Der kurze Arm der Blogs · Was würde Art Buchwald machen? · Alle Welt spricht von Arianna Huffington · Ein Leben nach dem Scheitern

Zu den schönsten Formeln der Internet-Gemeinde gehört die von der »Weisheit der Vielen«. Darum gibt es viel Gesumm. So viel, dass man glauben könnte, die Welt würde neu beginnen. Diese Weisheit verspricht die Aufwertung, ja, sogar die Korrektur der klassischen Medien durch die Meinungen und Meldungen der Hunderttausende, die sich im Netz artikulieren. Man schwärmt von »Schwarmintelligenz«.

Als Musterbeispiel für die quasi demokratische Veredelung der in die Krise geratenen offiziellen Kommunikationskultur der großen Medienunternehmen gilt Wikipedia, das Online-Lexikon für den schnellen Gebrauch. Es wird von anonymen Autoren geschrieben und ergänzt, gelegentlich überprüft und gegebenenfalls verändert von einer kleinen Schar ehrenamtlicher Nutzer, die Administratorenrechte haben. Die Beiträge sind zuweilen veraltet, stellenweise falsch, manchmal sogar manipuliert, und immer wieder spielen sich sogenannte Edit wars (Bearbeitungskriege) ab, wenn beispielsweise der BUND für Umwelt und Naturschutz unter alle Wikipedia-Einträge zu Atomkraftwerken Links zu sich legt, die dann wieder entfernt werden, die dann wieder zu sehen sind, die dann wieder … Hier hat sich, gerade in Deutschland, eine eigene Öffentlichkeit jenseits der herkömmlichen Wissens- und Informationsvermittler ihr eigenes Spielfeld geschaffen. Wikis sind offene Wissensplattformen, von den Lesern selbst zusammengestellt und zum raschen Verzehr angeboten. »Wiki« – wie »schnell« auf Hawaiianisch.

Dieser Schnellimbiss bewirkt bei vielen Deutschen ein Gefühl des (potenziellen) Allwissens. Dieses digitale Lexikon mit mehr als zwei Millionen Einträgen in englischer Sprache und fast 800 000 in Deutsch, macht aus Alltagsmenschen Bildungsbürger; die letzte Weisheit ist nur einen Klick entfernt. Was zählt schon bei diesem Gefühl, dass es unabhängig von der Tatsache entsteht, ob bei Wikipedia wirklich alles den Tatsachen entspricht. Wikipedia ist zum universellen Standard geworden, zur Goldwährung des sozialen Internets, da mag der amerikanische Komiker Stephen Colbert noch so oft über »Wikialität« ulken. Der ein oder andere wird natürlich davon abgehalten, sich selbst mühsam Wissen anzueignen, wo doch schon ein Besuch des Internets genügt. Selbst viele Journalisten halten – unter Zeitdruck – die Online-Suche bei Wikipedia schon für Recherche, wo es sich doch bestenfalls um das Abschöpfen einer Quelle handelt. Am Erfolg der Bewegung Wiki – die im Übrigen bei ihren lexikalischen Hinweisen gern auch auf Presseartikel hinweist – wird das so schnell nichts ändern.

Larry Sanger, einer der Mitgründer der Internet-Enzyklopädie, ist längst öffentlich auf Distanz zu Wikipedia gegangen und geißelt eine prätentiöse Mittelmäßigkeit, getragen »von Leuten, die nicht kooperieren können und – noch schlimmer – nicht einmal kapierten, dass ihnen das Wissen fehlt«. Er fordert, den radikalen Egalitarismus von Wikipedia zu beenden, und sagt, er würde sich im Konfliktfall immer für die Wahrheit und nicht für die Gleichheit entscheiden. Vielleicht aber macht dieser Larry Sanger auf diese Art nur einfach PR für sein eigenes freies Lexikonangebot Citizendium, bei dem Redakteure alter Prägung die Artikel der User annehmen oder ablehnen sollen. Dass Qualität Wächter braucht, spricht sich langsam herum in den euphorisch gestimmten Kreisen des Mitmach-Internets, in den neuen sozialen Netzwerken, die sich überall formiert haben. Der US-Journalist Nicholas Carr, der einen »Kult der Amateure« beobachtet hat, stellt fest: »Das Internet vermindert unsere Wahlmöglichkeiten, anstatt sie zu erweitern. Die Wikipedia mag neben der Encyclopaedia Britannica verblassen, aber weil sie von Amateuren gemacht wird und nicht von Profis, ist sie gratis. Und gratis siegt stets über Qualität.« Das ist eben die Frage: Inwieweit in der Gratiskultur des Internets eine neue journalistische Qualität entstehen kann?

Ein weiterer Dauerbrenner in der Welt des Sozio-Internets ist das Phänomen der Blogs, also der »Tagebücher im Netz« (Weblogs), die von Bürgern jenseits der etablierten Redaktionen geschrieben und vertrieben werden. Jeder kann sich »Journalist« nennen – die Berufsbezeichnung ist nicht geschützt – und sich in der Kunst des Schreibens oder Fotografierens oder Filmens üben. Nicht nur das: Er braucht im Netz keinen Verleger mehr. Man verlegt sich einfach selbst. Die Software hierzu ist allgemein verfügbar. Größer ist schon das Kunststück, Aufmerksamkeit für all die veröffentlichten Gedanken und Geschichten zu finden, vielleicht sogar ein größeres Publikum. Es macht einen Unterschied, eine kleine Gemeinde von treuen Fans zu bedienen, die sich in einem intimen Lese- und Schreibring austauscht, oder die Bürger einer Stadt, eines Bundeslands oder eines Staates, die sich gemeinsam anhand eines Artikels eine Meinung bilden. Und es ist von Gewicht, ob erstens jemand etwas zu sagen hat und zweitens jemand schreiben kann. »So wie nicht jeder Arzt, Lehrer oder Astronaut sein sollte, sollte auch nicht jeder Autor sein«, erklärt der in London geborene Internetkritiker Andrew Keen. Es gibt den Faktor Talent. Blogger, die viel schreiben und nachprüfen, sind am Ende nichts anderes als freie Journalisten ohne Gehalt. Und der regelmäßige »Blog« eines angestellten Journalisten, den nennt alle Welt »Kolumne«.

Die Pressefreiheit wirkt auch im Kleinen – doch bewegen kann sie nur im Großen. Zum Skandal und Diskussionsthema wird, wenn sich viele über etwas aufregen, zum Beispiel über eine gut recherchierte Nachrichtengeschichte in den sogenannten Massenmedien, den gesellschaftlichen Einrichtungen, »die sich zur Verbreitung von Kommunikation technischer Hilfsmittel bedienen«, wie Niklas Luhmann definiert hat. Für ihn war noch klar, dass die Menschen alles, was sie wissen, über Massenmedien wissen. Das war lange vor Wikipedia und den Blogs; heute müsste Luhmann vielleicht von so etwas wie »Masseneinzelmedien« (einer informiert viele) und »Massenmassenmedien« (viele informieren viele) schreiben, also von größeren Medien mit verschiedener Durchschlagskraft. Der Unterschied zwischen Journalismus und Web 2.0 ist, ob am Ende alle über das Gleiche reden oder – wie im zweiten Fall – viele über alles.

Das Schlagwort vom »Web 2.0« macht seit einiger Zeit die Runde, als handele es sich um eine neue Zauberformel zur Errettung der Menschheit vor bösen Medien und nicht um eine plakative Zuspitzung, die ein Mitarbeiter des irischen Internet-Pioniers Tim O'Reilly zufällig fand, als er eilig eine Branchenkonferenz ansprechend betiteln musste. Web 2.0, das weist auf eine neue Bedeutung des Publikums hin, das nicht mehr einfach nur das konsumiert, was Massenmedien auftischen, sondern das im Gegenteil die Medien kontrolliert, selbst gestaltet und verändert. Ein neuer »Bürger-Journalismus« also – eine basisdemokratische Hoffnung, die in der Debatte eine gewisse Rauschwirkung als Gegengift zu den übermächtig gewordenen Mediengiganten entfaltet. Emanzipiert der User Generated Content, wie das so schön in der Anglizismen unterworfenen Branche heißt, den »Massenmenschen«, der nicht mehr wie bei dem spanischen Philosophen Ortega y Gasset fremden Mächten unterworfen ist? Das soziale Web sei das »große Wachstumspotenzial« der Medienindustrie, findet zum Beispiel Jeremy Geelan, der Herausgeber des *Social Computing Magazine* in New York, einer der Wortführer der Szene. Seine These: »Sinkende Kommunikationskosten verändern das Spiel.«

Interessanterweise ist gerade unter aufgeklärten Verlegern, die dem Neuen, dem Modernen zugewandt sind, der Glaube riesengroß, hier im Internet entstehe eine neue wirksame publizistische Kraft. Dass diese Alternative – wenn sie sich denn wirklich durchsetzen würde – gerade den Anspruch der alten Garde entwerten würde, spielt in den hoffnungsvollen Beschreibungen einer neuen Realität nach außen jedenfalls keine Rolle. Vielleicht besteht bei dem ein oder anderen Großverleger auch die Hoffnung, mit all den frei Haus gelieferten Informationen der Nutzer ließe sich der eigene Rechercheaufwand der Redaktion sparen. Auch das hat man schon von dem ein oder anderen Pressemanager gehört.

Zu den Optimisten der Branche gehört der Münchner, in Berlin geborene Zeitungsverleger Dirk Ippen, der früher dem Internet reserviert gegenübergestanden hatte. Er hat mit mehr als 100 Titeln ein dichtes Netz über die Republik gespannt und ist so etwas wie ein König der Regionalpresse. Ausgehend vom ererbten *Westfälischen Anzeiger* in Hamm, akquirierte er über Jahrzehnte hinweg in Deutschland Zeitungstitel, darunter in München den *Münchner Merkur* und die *tz*. Die bayerische Hauptstadt wurde zum zentralen Punkt seines Imperiums, zu dem etwa die *Offenbach-Post*, die *Kreiszeitung Syke* oder die *Hessisch Niedersächsische Allgemeine* in Kassel gehört. Da Ippen (Jahrgang 1940) selbst regelmäßig Kolumnen schreibt und Bücher mit Gedichten herausgegeben hat, gilt er in der deutschen Politik als Vorzeigeverleger, als einer, in dessen Händen man gern Zeitungen weiß. Er ist sozusagen die »Anti-Heuschrecke«, einer noch mit Geist, der früher in Hamm selbst als Chefredakteur um die richtigen Zeilen gerungen hat.

Der Wertkonservative, der leidenschaftlich die freie Marktwirtschaft verteidigt, sieht das Mediengeschäft aufgrund des Internets geradezu radikal verändert. Früher hätten einige schlaue Goliaths für viele publiziert, inzwischen aber gebe es viele schlaue Davids, die als ihr eigener Verleger aktiv seien. Das Monopol auf Verkündung sei gefallen, sagte er im Juli 2008 auf einer Diskussionsveranstaltung der Nachrichtenagentur dpa in München. Die Lehren des US-Bloggers Glenn Reynolds, der im Jahr 2006 sein Buch *An Army of Davids* publizierte, haben sich offenbar weit ausgebreitet.

Ippen bringt zum Beispiel Art Buchwald ins Spiel, den legendären amerikanischen Kolumnisten, der für viele Zeitungen und Zeitschriften geschrieben hat, unter anderem für die *International Herald Tribune*, die *Los Angeles Times*, die *Washington Post* oder *Newsweek*. Heute wäre Art Buchwald vielleicht ein Blogger im Internet und würde hier schreiben, glaubt Ippen – der Münchner Verleger sieht »viel Geist« in dieser neuen Szenerie, ja, geradezu eine neue Meinungsvielfalt. Im Zweifel seien die Davids sogar schlauer als die Goliaths. Der Amerikaner Rupert Murdoch hat es im Frühjahr 2006 noch radikaler formuliert: Danach entgleite die Macht den alten Eliten in der Medienbranche, den Chefredakteuren, Verlagsmanagern und Eigentümern. Und: »Um etwas Vergleichbares zu finden, muss man fünfhundert Jahre zurückgehen, zur Druckerpresse, zur Geburt der Massenmedien, die übrigens die alte Welt der Könige und Aristokraten zerstören wollte. Die heutige Technologie verschiebt die Macht von den Medienmachern und Verlegern, dem Establishment und der Elite zum Volk.« Angesichts des weltweiten Vormarschs von Finanzinvestoren, Politikern und Industriellen könnte so Hoffnung auf eine stärkere demokratische Kontrolle aufkommen, auf eine »Vierte Gewalt« in anderer Gestalt.

Braucht der beschworene »Geist« die Tugenden des herkömmlichen Journalismus nicht mehr? Entwickelt sich im Netz automatisch, wofür früher Redakteure und Verleger viel Zeit und Gedanken aufwandten? Gewinnt der Grundgesetzsatz »Alle Gewalt geht vom Volke aus« nun ganz neue Bedeutung, weil sich das Volk seine Medien selbst macht?

Das Ganze ist schon deshalb möglicherweise ein großer Irrtum, weil die größten Veranstaltungen des Web 2.0 Kennenlerngemeinschaften wie MySpace, Facebook oder YouTube sind, in denen die Nutzer Dinge von sich anbieten und viel von anderen erfahren. Es sind große Marktplätze für Persönliches, aber es sind keine Medien, die ein Bild von der Welt vermitteln. Hier bilden sich Meinungen übereinander, aber nicht über Politik, Gesellschaft und Kultur.

Ein anderer Apologet der freischwärmerischen Internet-Publizistik ist der Münchner Zeitschriftenverleger Hubert Burda, der seine bunte Sammlung von Blättern wie *Bunte*, *Focus*, *Freizeit Revue* und *Lisa* sukzessive um Internet-Firmen und Internet-Beteiligungen erweitert hat und dabei eine ähnliche Leidenschaft zeigt wie der Stuttgarter Verleger Stefan von Holtzbrinck, der mit Portalen wie schülerVZ oder studiVZ junge Zielgruppen und neue Umsätze gewinnen will. Burda, der Erbe eines badischen Druck- und Verlagshauses, hat sich schon frühzeitig in den Neunzigern für Online-Trends in den USA interessiert und dann beispielsweise vergeblich versucht, mit Europe Online ein Pendant zu America Online (AOL) einzuführen. Nach wie vor, so führte Burda 2007 in der *Frankfurter Allgemeinen Zeitung* aus, werde die öffentliche Meinung »von jener kleinen Anzahl von Menschen geprägt, die täglich bestimmen, was publiziert wird« und die eine ungeheure Verantwortung tragen würden, aber auch das ändere sich durch die Blogger und Foren im Internet. »Hier entsteht eine Form der Selbstorganisation, eine meinungsbildende Öffentlichkeit«, sagte der Mann, der doch selbst zu jener kleinen Anzahl von Personen gehört, die über das Publizierte bestimmen. Burda glaubt, dass »die Tausende von oftmals hervorragenden Bloggern völlig neue Sehweisen auf die Themen bringen«, ja, dass diese »neue Netzöffentlichkeit« sogar auf Wahlen Einfluss nähme; er nennt das Beispiel des französischen Bloggers Loïc Le Meur, der Unterstützer für Nicolas Sarkozy mobilisiert habe – der Mann trat in Wirklichkeit offiziell im Präsidentschaftswahlkampf als Internet-Berater für Sarkozy auf und war damit weniger Blogger, sondern Partei. In Deutschland gehe die Bedeutung des Fernsehens für die nächste Bundestagswahl zurück, glaubt Burda zu wissen: »Wo früher die Welt durch die Warhols beeinflusst wurde, passiert dies heute durch globale Videoplattformen wie YouTube.«

Heute würde der in Offenburg aufgewachsene Verleger die Bedeutung der Blogs womöglich etwas herunterspielen. Die Verherrlichung der Blogger ist illusionär. Burda hatte sich in einem Streitgespräch mit Albrecht Müller geäußert, dem früheren Chef des Planungsstabs unter den SPD-Kanzlern Willy Brandt und Helmut Schmidt, der heute selbst einen Blog hat: www.nachdenkseiten.de. Hier kämpft er beständig in langen Texten gegen die neoliberale Tendenz deutscher Medien und für eine linke, »alte« Strukturpolitik. »Die Medienkonzentration erleichtert die bisher schon grassierende Gleichschaltung des Denkens«, findet der alte Sozialdemokrat. Und kritisiert: »Die Kommerzialisierung des Fernsehens hat die Verblödung und Verwahrlosung forciert. Die Folgen für den geistigen Zustand und die Innovationskraft unseres Volkes sind um vieles gravierender als die Achtundsechziger und China zusammen.« Von der Kraft und der Macht der Blogger, dies alles zu ändern, redet der Blogger in diesem Gespräch nicht.

Was ist von dem digitalen Optimismus alter Printgrößen wie Ippen oder Burda zu halten? Koketterie? Oder Kokolores? Können sich die Menschen wirklich irgendwann ihre eigenen Medien schaffen, unkontrolliert und frei? Entsteht im Internet das, was sich Bertolt Brecht in den zwanziger Jahren vom Radio erhofft hat – ein Kommunikationsapparat, der die Nutzer zu Mitspielern macht?

Vieles deutet darauf hin, dass die Sache mit dem Mitmach-Internet derzeit in Deutschland weit überbewertet ist. Immerhin: Es gibt Anzeichen, dass einzelne Beiträge von Bloggern eine Debatte in Gang bringen und auf Fehlentwicklungen hinweisen. Aber viele Formen des Web 2.0 stehen ganz am Anfang – und viele glauben sogar, dass es sich dabei um den Anfang vom Ende handele. Die Welt des Web 2.0 ist voller Nischen, die manche brauchen, viele aber nicht. Es ist eine freie Nischenmedienkultur für die Nischengesellschaft. Communitys für Hundeliebhaber (Dogster.com) oder für Katzenfreunde (Catster.com) erfüllen Bedürfnisse, sinnstiftend für eine neue mediale Demokratie sind sie nicht. Und schließlich sind die Nutzungszahlen nicht so beeindruckend, dass die vielen Zeitungsartikel und Kongresse darüber wirklich zwingend erforderlich wären: Nach der ARD/ZDF-Online-Studie 2008 nutzen lediglich zwölf Prozent der Bevölkerung regelmäßig Angebote des Web 2.0, wobei allerdings die Vierzehn- bis Neunundzwanzigjährigen sehr aktiv sind. »Der Anteil der wirklich Aktiven unter den Onlinern bleibt noch weit hinter den Erwartungen zurück, da sich die überwiegende Mehrheit der Internet-Nutzer weiterhin mit einer eher konsumierend-passiven Haltung im Netz bewegt«, resümieren die Autoren der Studie. »Web 2.0 ist eine Form der Jugendkultur«, meint Norbert Bolz, der die Szenerie beständig mit neuen Wortschöpfungen befeuert, zum Beispiel mit dem »Parajournalismus der Laien«.

Im Jahr 1960 hat der Schriftsteller Hans Magnus Enzensberger festgestellt, eine wirkliche Revolution in den Massenmedien müsse nicht die Manipulateure zum Verschwinden bringen, sondern jeden selbst zum Manipulateur machen. Manipuliert wird im sozialen Web nach Kräften, viele machen mit. Das beginnt bei den Edit wars in der offenen Enzyklopädie Wikipedia und reicht bis zu den persönlichen Kommentaren, die Nutzer unter die Artikel auf journalistischen Websites stellen können. Der Ton ist mitunter so rüpelhaft, als würden die üblichen Verhaltensnormen der Zivilgesellschaft online außer Kraft gesetzt sein. Krawallmacher, »Spammer« und »Trolle« toben sich aus, nicht ohne den Hinweis, bei eingeleiteten Gegenmaßnahmen von Redaktionen handele es sich um »Zensur«. Bei *sueddeutsche.de* hat es die Redaktion immer wieder mit solchen individuellen »Zensur«-Protesten zu tun. Dazu kommt es, wenn Kommentartexte nicht veröffentlicht werden, in denen zum Beispiel der Krebstod der Frau eines bekannten Politikers bejubelt wird, weil sie ja offenbar den öffentlichen Spagat nicht mehr ausgehalten habe. Oder wenn räsoniert wird, wie hoch die Laterne sein muss, an der ein Chefredakteur einer großen deutschen Zeitung hängen müsste. Das sind, zugegebenermaßen, Extremfälle. Aber sie erklären, warum man das Netz nicht bereitwillig Leuten überlassen kann, von denen man sich auf einem Marktplatz oder in der U-Bahn auch nicht beleidigen lassen möchte.

Eine Rüpel-Manie, die Denunziationen und Hetze schlimmster Art einschließt, bedroht die offene sachliche Gesprächskultur im Netz, an der andere – die meisten – Nutzer interessiert sind. Vergessen wird, dass der Grundgesetzartikel 5, der die Meinungs- und Pressefreiheit sichert, ebenfalls einschließt, dass diese Rechte »ihre Schranken in den Vorschriften der allgemeinen Gesetze, den gesetzlichen Bestimmungen zum Schutze der Jugend und in dem Recht der persönlichen Ehre« finden. Die »Ehre« zählt wenig, wenn es um den Effekt geht. Pikanterweise wehren sich inzwischen auch einzelne Blogger auf ihrer Homepage gegen Leute, die ihnen mit unsachlichen Kommentaren nachstellen. Das offene System des Web 2.0 hat unter anderem dazu geführt, dass jeder zu allem etwas sagt, dass sich Geschwätz, Halbwissen und Wichtigtuerei ausbreitet. Von »Mob 2.0« spricht der amerikanische Internet-Pionier und Künstler Jaron Lanier – was ebenfalls übertrieben ist.

Tatsächlich wäre es töricht, die potenzielle Kraft des sozialen Internets zu ignorieren. Wenn es stimmt, dass einzelne Massenmedien unter dem Gewinndruck von »Heuschrecken« noch mehr leiden oder infolge der Medienkonzentration Meinungen einfach verschwinden, dann könnte hier mittelfristig eine neue Öffentlichkeit entstehen, die politische Wirkung entfaltet. Die neue Freiheit bleibt nicht folgenlos: Direkte Kommentare der Online-Nutzer können helfen, dass redaktionelle Minderleistungen der etablierten Medien nicht lange unentdeckt bleiben. Spezielle Blogs setzen in der Funktion von »Watchdogs«, wie zum Beispiel der »Bildblog« des Journalisten Stefan Niggemeier, Redaktionen gehörig unter Druck, nicht fahrlässig Fehler zu produzieren. Und als im Juli 2008 die Rolle des TV-Gesundheitsexperten Hademar Bankhofer in der ARD problematisiert wurde, dokumentierten »hockeystick« und »strappato« auf einem pharmakritischen Blog namens »Stationäre Aufnahme« die gravierenden Indizien für Schleichwerbung in den Fernsehsendungen mit Bankhofer. Es schaltete sich noch der Blog »Indiskretion Ehrensache« der Wirtschaftstageszeitung *Handelsblatt* ein und präsentierte die ausführliche Antwort der Kölner

Firma MCM Klosterfrau, wonach der Mann aus dem Fernsehen bei ihr einen Beratervertrag habe. Kurz darauf feuerte der WDR den telegenen Professor. Unter den Bedingungen der digitalen Revolution ist die Recherche live; die dadurch ausgelösten Ereignisse überholen selbst schnelle Tageszeitungen.

Keine Frage: Wichtige Anmerkungen von Internet-Lesern und Blogs mitteilsamer Experten geben wertvolle Hinweise und induzieren Anschlussartikel. Die größte Chance von Web 2.0 liegt im Dialog zwischen Redakteuren und Nutzern. Das Resultat könnte sein, dass die journalistische Leistung verbessert wird. Ebenso sicher ist, dass sich die sogenannten Profis den sogenannten Amateuren nicht entziehen dürfen. Das Bild des Schreibenden, der sich in sein Kämmerchen einschließt, dort seine elfenbeingleich wertvollen Texte niederschreibt und ansonsten mit der Öffentlichkeit nichts zu tun haben will, gehört einer vergangenen Epoche an. Dieses Bild ist anrührend wie jede Nostalgie, doch es passt nicht in eine Gesellschaft, die von Netzwerken lebt. Leser und Zuschauer, die sich über Presse und Sender wundern, können über das Internet und Blogs selbst ihre Unzufriedenheit artikulieren – und so helfen, Fehlentwicklungen zu korrigieren. Das sichert ihnen noch keine Macht, aber doch eine Geltung als positive Störposten des alltäglichen Geschäfts.

Der amerikanische Autor David Weinberger (*Das Cluetrain Manifest, Das Ende der Schubladen*), für die Branche ein »Guru des Web«, glaubt, dass das Netz natürlich zu viel Stoff und zu viele Stimmen biete, aber das Web andererseits auch permanent erfolgreich mit diesem Problem kämpfe. Insgesamt offeriere das Internet von allem mehr; es sei Überfluss, während die traditionellen Medien auf Knappheit beruhten. Und doch leiste das Netz auch Orientierung, zum Beispiel durch Experten, Suchmaschinen oder Empfehlungen. Weinberger schwärmt vom »Reichtum der Netzwerke« und konzediert, dass es viele Amateure gebe. Es sei aber auch Platz für Profis: »Wir kopieren nicht die Mainstream-Medien, wir bauen etwas ganz Neues.«

Journalismus lebt von und für die Öffentlichkeit – und muss sich der Öffentlichkeit stellen. Journalisten nehmen gesellschaftliche Funktionen wahr, sie sind unterwegs im Auftrag des Artikel 5, und müssen sich sachliche Kritik gefallen lassen, so wie sie andere – Politiker, Künstler, Wirtschaftsführer, Sportler – unentwegt kritisieren. Diese Form des Austauschs, das Ringen um weniger Fehlerhaftigkeit, macht am Ende den Journalismus stärker. Richtig betrachtet, richtig dosiert, verliert der Journalismus in der digitalen Welt nicht an Autorität – er gewinnt dazu, weil die Akzeptanz des Publikums hinzukommt. Und weil online das Ringen um Wahrheit vermittelt wird. Das ist nicht wenig, aber es ist nicht alles.

Das ist aber noch nicht die Welt, die die Propagandisten der schönen neuen digitalen Gesellschaft meinen, einer Zauberlandschaft, in der gewissermaßen jeder vom Baum der Erkenntnis nascht und jeder neue Bäumchen pflanzt. Eine Welt, in der Blogs die Meinungshoheit von den etablierten Medien übernehmen, die unter dem Generalverdacht der Manipulation stehen, die in den Augen mancher Kritiker vom großen Geld, vom *big money*, total geschmiert sind. Dabei ist die Frage nicht beantwortet, wie zu ersetzen ist, was die traditionellen Medien auszeichnet: Das Sammeln von Informationen über einen langen Zeitraum hinweg; die Möglichkeit, eine eigene Dokumentationsabteilung zu nutzen, die auf Wunsch Zeitungsartikel organisiert; die Diskussion und das Erarbeiten von Themen im Team; die gegenseitige Inspiration; das Finanzieren von Recherchereisen; das geordnete Befragen von Betroffenen einer Geschichte; die Beiträge von Korrespondenten, die sich persönlich vor Ort informieren und etwas nachprüfen können; die Konsultation von Rechtsexperten, die das Prozessrisiko mindert. Das, was Leser und Nutzer am Ende sehen, ist das Ergebnis einer Arbeitsteilung, die viele Personen einschließt.

Wäre Art Buchwald heute wirklich ein Blogger? Nun, vermutlich würde es ihm selbst in diesem Fall helfen, wenn ihm die *Washington Post* oder die *Los Angeles Times* – Publikationen, für die er geschrieben hat – ein paar Zeilen widmen würden, besser noch ein

ein paar Schlagzeilen. Ohne Massenmedien wird es auch in Zukunft nicht gehen. Aber ein bisschen mehr Kontrolle, ein bisschen mehr Gegenmacht könnte sich entwickeln. Die vielen Davids werden ja wohl wenigstens einen Goliath haben wollen, mit dem sie kämpfen können. Die Kultur der Blogs und die Medien gehören zusammen. »Professioneller Journalismus und Blogs nähern sich einander an«, finden die Autoren Holm Friebe und Sascha Lobo, die in ihrem Buch *Wir nennen es Arbeit* die »digitale Bohème« beschreiben. Als ein Beweis dient ihnen die Existenz des Studiengangs Online-Journalismus an der Hochschule Darmstadt. Hier wird das journalistische Einmaleins gelehrt sowie die neuen Online-Formen der Kommunikation. »Vermutlich wird man Bloggen bald studieren können«, schlussfolgern sie.

Selbst der bekannte Blogger Matt Drudge (»*Drudge Report*«) erlangte seine Popularität, weil große amerikanische Zeitungen und Zeitschriften über seine Indiskretionen geschrieben haben, die er rund um das Verhältnis des damaligen US-Präsidenten Bill Clinton mit seiner Praktikantin Monica Lewinsky ausbreitete. Drudge musste sich dabei nicht an den Komment halten, der üblicherweise in Redaktionen für solche Privatgeschichten gilt, sondern konnte frei über eine Affäre berichten, die eine Nation monatelang in Atem gehalten hat und die beinahe dem Regierungschef sein Amt gekostet hätte.

Das sicherlich ist Einfluss. Und dass der konservative Drudge dabei den Republikanern gern einen Gefallen getan hat, darf als ausgemacht gelten. Sein »*Drudge Report*« war mit dem Mittel der elektronischen Kolportage zur gefürchteten Publikation geworden, zu einem Meinungsbildungsorgan, das Papier als Vertriebsweg nicht benötigt, aber auch nicht jene Regelhaftigkeit und Ethik, die mit solchen »Papiermedien« normalerweise verbunden sind. Wo bei einer *New York Times* oder einer *Neuen Zürcher Zeitung* im Normalfall eine Recherche Pflicht ist, inklusive der unangenehmen Konfrontation mit dem Betroffenen, genügt in solchen Blogs das dampfende Insinuieren oder die gut begründete Unterstellung. Es muss ja nicht falsch sein. Und wenn es richtig ist, umso besser.

Der »*Drudge Report*« hat mit der Zeit immer mehr Reichweite erzielt; längst hat das publizistische Geschöpf eines amerikanischen Außenseiters, der sich mit Gelegenheitsjobs durchgeschlagen hatte, schöne Werbeeinnahmen zu verzeichnen. Geblieben ist der revolutionäre Habitus, den Matt Drudge als Markenzeichen pflegt. In fast jeder zivilisierten Nation der entwickelten Welt, meint er, würden die Leser nunmehr früher wissen, wie man mit Nachrichten umzugehen habe: »Frei von allen Konzerninteressen, gibt es einfach zu viele, die dankbar sind für diese Site. Dieser neue Versuch in einem alten amerikanischen Experiment ist überaus aufregend. Jene in der Macht verlieren alles durch Einzelne, die sich nach ihren eigenen Regeln richten«, meint Drudge voller Selbstbewusstsein, nachdem er im Jahr 2002 erstmals eine Milliarde Klicks erreicht hatte. Der Mann polarisiert wie kein anderer. Während beispielsweise die feministische US-Autorin Camille Paglia ihn als »frechen, unternehmerischen, freidenkenden, informationsorientierten Außenseiter« lobt, einen, »von denen wir mehr in diesem Land bräuchten«, sieht der *Newsweek*-Journalist Michael Isikoff die Auswirkungen ganz anders. Für ihn ist Drudge eine »Bedrohung für den ehrlichen, verantwortlichen Journalismus. Und in dem Ausmaß, in dem er gelesen wird und die Menschen glauben, was sie lesen, ist er gefährlich.« Isikoffs Geschichte über ein weiteres außereheliches Verhältnis von Bill Clinton war von *Newsweek* abgelehnt worden; Drudge ergatterte sie und stellte sie auf seine Seite.

In den USA hat sich tatsächlich eine Kultur politischer Blogs entwickelt. Dort werden sie von jedem Dritten gelesen, während in Deutschland nur jeder Fünfte hierfür aktives Interesse zeigt. Als »zentraler Bestandteil der politischen Landschaft« begreift sich beispielsweise Ken Layne, der Chef der Online-Site Wonkette. Amerikaner würden es lieben, über sich zu reden: »Je weniger sie wissen, desto mehr wollen sie diskutieren.« Aber ist das schon Politik, einfach nur Kommunikation herzustellen? Eine andere Hauptperson der lebendigen amerikanischen »Blogosphäre«, wie dieses Metier von den Akteuren genannt wird, ist Arianna Huffington, die Mitgründerin und Chefredakteurin der 2005 im Netz gegründeten *The Huffington Post*. Sie findet, der kleine Mann sei der wahre Pitbull des Journalismus; sie ist sozusagen das linksliberale Gegenstück zu Drudge. Wie Huffington wurde schon ihr Rivale Drudge vom Nachrichtenmagazin *Time* zu den hundert einflussreichsten Personen der Welt gezählt. Neben der ehemaligen Frau eines Öl-Millionärs schreiben einige ihrer prominenten Freunde sowie einige ausgesuchte Blogger honorarfrei mit.

»*The Huffington Post* war definitiv ein Gegengift«, erklärte sie in einem Interview mit der *Süddeutschen Zeitung* am 25. Januar 2007 über das Verhältnis zu den Rechten und den Republikanern: »Bestimmt hat die Art, wie wir Nachrichten präsentieren, eine gewisse Attitüde und Schärfe, aber wir sind keine Parteigänger. Für uns ist es sehr wichtig, die Welt nicht in Rechts oder Links einzuteilen.« Arianna Huffington hat es geschafft, mit ihrem Produkt in die Phalanx der beliebtesten amerikanischen Blogs vorzustoßen, in der vor allem Abhandlungen über technische Spielereien (»Gadgets«) zu finden sind und die »Gizmodo« oder »Engadget« heißen oder die über technisch-kulturelle Kuriositäten (»Boing Boing«) berichten. Und sie brachte es sogar zum Objekt eines Leitartikels in der *Zeit*. Herausgeber Josef Joffe klagte darüber, dass sich mit der *Huffington Post* ein Gratismedium auf Kosten der teuren, personalintensiven US-Zeitungen ausbreite: »Ein erfolgreiches Internetangebot aus Amerika bedroht die Zukunft des gedruckten Wortes.«

Natürlich werden Blogs der *HuffPost*, die mehr als vierzig Journalisten beschäftigt, längst auch in Zeitungen gedruckt. Sie ist in Wahrheit eine Online-Zeitung, die nur noch aus statistischen Gründen als »Blog« geführt wird. Als Aufmacher dienen schon einmal Stucke von etablierten Nachrichtenagenturen, beispielsweise über Olympia in Peking oder den Krieg in Georgien; außerdem werden Links zu bestimmten Zeitungen gesetzt. Die Online-Verlegerin Huffington kündigte für Städte wie Chicago eigene Ausgaben an, was den *Zeit*-Herausgeber Josef Joffe zur Bemerkung brachte, bis jetzt lebe Huffingtons »parasitäre Aufmerksamkeits-Ökonomie von den Profis, die von schrumpfenden Zeitungen entlohnt werden«. So rigoros sich das von Softbank Capital und Greycroft Partners finanzierte Projekt *HuffPost* als Anti-Establishment ausgab, so schnell wurde es just von jenem Establishment vereinnahmt. Arianna Huffington und andere Star-Blogger teilen das Schicksal von kritischen Popstars, deren Provokationen und Protest bald Zierde der Musikindustrie sind.

Es ist kein Zufall, dass solche Blogs wie *The Huffington Post* oder »*Drudge Report*« Erfolg in einem Land haben können, das sich durch eine enorme Monopolisierung der Presse auszeichnet und durch ein gespenstisch dominantes Auftreten einiger weniger Giganten, die sich krakengleich ausbreiten. Die Medienkonzerne Time Warner, Disney, Viacom, News Corporation (Rupert Murdoch) und NBC Universal (eine Tochter von General Electric) kontrollieren das Fernsehen, Verlagshäuser wie Tribune Company, Washington Post, Gannett und New York Times geben die wenigen großen Pressepublikationen heraus. Was sich im Kreis der Wenigen als fester Eindruck herausgebildet hat, wird flugs zur öffentlichen Meinung. Ein solches geschlossenes System, das zudem leicht von der Lobby in der Hauptstadt Washington zu beeinflussen ist, fordert geradezu Widerspruch heraus und fördert alternative Medien. Die kartellierte Medienmacht ist, in ihrer Eindimensionalität, ein ständiges Ärgernis der Demokratie. Da die Gestehungskosten im Internet gering sind – ökonomisch: die Markteintrittsschwelle niedrig –, entwickelte sich rasch eine neue kleine Konkurrenz. Hier müssen keine großen Summen für Druckmaschinen und Zustellservice gezahlt werden. Hier reicht die Idee.

Die Amerikaner waren unzufrieden geworden mit dem Einheitsbrei der Mediengiganten. Sie ahnten die Manipulation, spürten die Notwendigkeit der Kontrolle, einer – wie auch immer gearteten – wirkungsvollen *Countervailing Power* im Sinne des amerikanischen Ökonomen John Kenneth Galbraith. Das war die Chance für die Neuen. Insbesondere die Lügen im Irak-Krieg haben die »Blogokratie« gefördert, das Entstehen einer medialen Gegenwelt.

Generell glaube sie an die »Weisheit des Kollektivs«, sagt die Chef-Bloggerin Arianna Huffington, die längst in Wahrheit eine neue Verlegerin, eine Katharine Graham des Netzes ist: »Und ich weiß nicht, was gefährlicher sein könnte als jene Mainstream-Medien, die unfähig waren, die Bush-Administration davon abzuhalten, ihre Lügen über Massenvernichtungswaffen im Irak zu verkaufen. Das waren keine Blogger, die sich als unfähig erwiesen haben, das war die *New York Times* oder Reporter wie Bob Woodward – die ganze Premiumliga des Journalismus.«

Arianna Huffington spielt an auf eine Reihe von Medienskandalen in der *New York Times*. Das Blatt wartete zu Beginn des Irak-Kriegs mit Exklusivgeschichten ihrer Starreporterin Judith Miller auf, die in Wirklichkeit häufig von Helfern der Bush-Regierung in Washington gefingert waren, wie sich herausstellte. Die angesehene Zeitung als verlängerte Presseabteilung des Weißen Hauses, das war in der Tat eine neue Konstellation. Judith Millers Texte sorgten für das erwünschte Meinungsklima, in dem die »Koalition der Willigen« im Irak als wichtiger Schritt zur Rettung der Welt erschien.

In den USA haben Blogs längst gesellschaftspolitische Relevanz erreicht. Auch wird die politische Kommunikation von allen Parteien und ihren Helden mittlerweile stark über die eigenen Websites geführt, die der Information und Mobilisierung der eigenen Anhängerschaft dienen. Das Videoportal YouTube des Internet-Giganten Google diente bei den Vorwahlen 2007 sowohl den Demokraten als auch den Republikanern als Plattform zum Dialog mit dem Volk. CNN zeigte YouTube-Videos, auf denen Bürger den Kandidaten Fragen stellten. Es ist nur eine Frage der Zeit, bis auch deutsche Politiker und Fernsehsender Ähnliches anbieten. Schon die Bundestagswahl 2009 lässt einiges erwarten.

Fragt sich nur, warum die Blogger-Kultur in Deutschland so schwach ausgeprägt ist. Nur wenige unter den schätzungsweise 200 000 aktiven Bloggern treten im Netz als selbstständige Autoren auf, nur selten wird der politische Diskurs angereichert wie bei Albrecht Müllers Nachdenkseiten. Vielfach verhindern schwache Qualität und fehlende Originalität, dass sich damit ein größeres Publikum gewinnen lässt. In keiner größeren Debatte – von der SPD-Krise bis zur Pendlerpauschale – haben deutsche Blogger eine besondere Rolle gespielt. Sie bedienen ein kleines Stammpublikum, doch darüber hinaus finden sie nicht statt. Es fehlt an Angeboten, die sich im Entferntesten mit dem »*Drudge Report*« oder der *Huffington Post* vergleichen lassen. Die sind inzwischen unter deutschen Bloggern verpönt, da sie als Mainstream-Medien mit anderen Mitteln gelten.

Nachdem der *Spiegel* in einer dreiseitigen Geschichte die Mängel und die relative Bedeutungslosigkeit der deutschen »Beta-Blogger« beschrieben hatte, setzte in der Szene eine sehr emotionale Diskussion ein. Typisch war die Reaktion des Blogs »Spiegelfechter«: Er pries den Bürgerjournalismus und konstatierte mit bitterem Unterton: »Mit Geld kann man Reichweite kaufen, Authentizität nicht.« Das Problem an den Mainstream-Medien sei, »dass sie ihre eigenen Fehler nicht sehen und Kritik als ›Freaktum‹ abtun«.

So arbeiten sich beide Seiten weiter mit Hingabe und hoher Intensität aneinander ab, womöglich im Unterbewusstsein getrieben von der Angst, dass politischer Journalismus generell bei der YouTube-Generation wenig gefragt sein könnte. Auffällig ist, dass einige der bekannten deutschen Blogs von ausgewiesenen Journalisten gemacht werden, die fest bei etablierten Medienunternehmen arbeiten oder dort zumindest doch regelmäßig schreiben können. »Bloggen macht unabhängig«, sagt der »Bildblog«-Betreiber Stefan Niggemeier, der regelmäßig als Autor für die *Frankfurter Allgemeine Sonntagszeitung* wirkt und sich als Blogger mit der Konkurrenz der *FAZ* beschäftigt. Unabhängig will selbstverständlich auch der *Handelsblatt*-Redakteur Thomas Knüwer bei seinem Blog »Indiskretion Ehrensache« sein. Eine solche Vermischung – zwischen Journalismus und Bürgerjournalismus – wäre in den USA undenkbar. Hier ist man entweder fest in einer Redaktion oder als Externer voll und ganz unabhängig.

Die deutsche Lösung sieht anders aus, wobei ein regelmäßiges Einkommen nichts an der verschärften Tonlage ändert, mit der die Blogosphäre erobert wird. Allen Handelnden ist die Erfolgsregel Nummer eins des Web 2.0 bewusst: je schriller, desto besser. Wer in einem Blog sachlich differenziert oder vielleicht sogar lobt, hat wenig Chancen auf Gehör und Reaktion. Gefragt ist der begnadete Polemiker, der mit klarem Feindbild zuspitzt – und das liefern viele Autoren der Blogosphäre zuverlässig. So muss es zwangsläufig auch bei bloggenden Journalisten zu einer *Déformation professionelle* kommen.

»Im Web 2.0 werden wir täglich von Blogs und Gelaber überflutet – was wir deshalb brauchen, sind sauber recherchierte, glaubwürdige Informationen. Und dafür brauchen wir redaktionelle Filter«, sagt der amerikanische Publizist David Talbot, der in den USA das bekannte Online-Magazin *salon.com* gegründet hat. Der Autor findet, dass Blogger die Medienwelt mit »neuer demokratischer Energie bereichert« hätten, dass Blogs jedoch »nach professioneller redaktioneller Aufbereitung schreien«.

Das große Gegenkonzept des Web 2.0 muss sich an vielen Stellen erst noch bewähren. Es ist als umfassendes publizistisches Modell eine Utopie. Der sogenannte »Bürgerjournalismus« wird den »Redakteursjournalismus« nicht ersetzen können, er kann ihn höchstens ergänzen. Es geht um Korrektur, nicht um Kompensation – aber das ist in der derzeitigen Umbruchphase eine sehr wichtige Funktion. Über nichts amüsieren sich Menschen so sehr wie über Fehler, über die übliche Mundpropaganda im Netz verbreitet sich die Kunde davon schnell in die »analoge« Welt.

Eine neue Generation von Verlegern formiert sich im Netz. Die »nächste Gesellschaft« wird ihre eigenen Augsteins und Nannens haben. Die Gründungswelle ist die Reaktion auf die Schockwellen in der Medienbranche, mit den Attacken der Medienmoguln und der Finanzinvestoren. Sie führt zu radikalen, notwendigen Aufräumarbeiten. Die Verlierer der Medienkonzentration, die Opfer des Angriffs des Geldes, werden sich einfach online neu organisieren. Aus dem Scheitern erwächst das nächste Projekt.

In New York beispielsweise war sich Paul E. Steiger im Klaren, dass er als Chefredakteur des *Wall Street Journal* keine Zukunft mehr hat, auch wenn das Blatt in seiner Amtszeit sechzehn Pulitzer-Preise gewonnen hatte. Als Befehlsempfänger im Weltimperium des neuen Besitzers Rupert Murdoch sah er sich nicht. Was würde aus den Recherchemöglichkeiten des *Journal* werden? Und so plante Steiger noch in seinem Zeitungsbüro ein neues Projekt, das den amerikanischen Journalismus auf ganz eigene Art bereichern soll, als unabhängiges Reporterbüro für investigativen Journalismus. Träger ist die gemeinnützige Organisation Pro Publica, die Oktober 2007 gegründet wurde, eine Organisation mit einem jährlichen Budget von mehr als zehn Millionen Dollar. Dieses Geld soll ein großes Team von Reportern und Redakteuren ausgeben im Dienste der Pressefreiheit, und die vielen Millionen ermöglichen auch das Aufspüren und Recherchieren von großen Themen. Die so entstandenen Beiträge sollen dann von großen Blättern und Sendern veröffentlicht werden. Steiger selbst wiederum will täglich eigene Blogs im Internet publizieren.

Die Finanziers der ehrgeizigen Veranstaltung sind – für mindestens drei Jahre – der kalifornische Unternehmer Herbert M. Sandler und seine Frau Marion, die ihre Firma für Immobilienkredite rechtzeitig für 2,4 Milliarden US-Dollar verkauft haben und nun gemeinnützige Projekte fördern; Projekte wie die gehobene Journalistenwerkstatt des einstigen Chefredakteurs des *Wall Street Journal*.

Die große Stärke der unabhängigen Presse war immer Glaubwürdigkeit. Das machte sie für die Bürger unersetzlich. In der Krise ist diese Glaubwürdigkeit zum Teil verloren gegangen. Projekte wie das von Paul Steiger setzen auf die Wiederentdeckung der alten

Stärke. Seine Organisation Pro Publica folgt dem Vorbild des amerikanischen Center for Investigative Reporting (CIR), dessen Geschäftsführer Robert Rosenthal lange Zeit in führender Position beim *Philadelphia Inquirer* gearbeitet hat. Er habe miterlebt, wie Nachrichtenredaktionen demontiert wurden und wolle nun seinen Beitrag dazu leisten, neue Modelle für multimediale Nachrichtenorganisationen des 21. Jahrhunderts aufzubauen, sagt Rosenthal. Die Wut über die Abbruchkommandos in den Verlagen ist hier und in anderen Fällen die Energiequelle für neue Aktivitäten. Den Auftrag des CIR sieht der gestandene Journalist Rosenthal darin, »mächtige und einflussreiche Institutionen und Personen zur Rechenschaft zu ziehen«. Und er sagt auch: »Wir müssen uns damit abfinden, dass Zeitungen schrumpfen oder sogar sterben werden.«

Im neuen Frankreich des allgegenwärtigen Präsidenten Sarkozy und seines einflussreichen Verlegernetzwerks entstanden gleich mehrere Online-Tageszeitungen, die von ehemaligen Zeitungsjournalisten gemacht werden. Sie haben frustriert die gedruckte Presse verlassen und sind nun Online-Gründer geworden. Das bekannteste entstandene Portal ist *Mediapart*, das von Edwy Plenel mitgegründet wurde, einem langjährigen Rechercheur von *Le Monde*. Er hatte dort Staatsaffären aufgedeckt und war zuletzt geschäftsführender Redakteur. Die Online-Presse sei »das deutlichste Zeichen für die tiefe Krise, in der die französische Presse steckt«, erklärt Plenel. Es handele sich nicht nur um eine ökonomische, sondern auch eine professionelle Krise: »Die Journalisten wissen heute nicht mehr, was ihre Aufgabe ist. Und deshalb ist das Entstehen der Online-Zeitungen das deutlichste Zeichen für die Krise der Demokratie in Frankreich.« Über sich selbst sagt er, bei *Mediapart* seine Freiheit wiedererlangt zu haben: »In die Welt des Journalismus greifen derzeit Kräfte ein, die dort nichts zu suchen haben.« Beim Start verzichtete *Mediapart* ganz auf Werbung, man wollte unabhängig bleiben. Die Online-Publikation kämpfte um zahlende Leser, ganz so wie die gedruckte Presse. Doch von der benötigten Zahl von 55 000 Zahlern waren die Macher Mitte 2008 noch weit entfernt: Erst 8000 waren gewonnen worden. Ähnlich wie bei der südkoreanischen Online-Publikation *OhmyNews* sollen hier Nutzer zu Bürgerreportern werden: Ihre Manuskripte werden von der Redaktion nachrecherchiert und bei Bedarf veröffentlicht. Neben *Mediapart*, das exklusiv über den Insiderskandal beim Rüstungs- und Flugzeugbauer EADS berichtet hat, tritt in Frankreich beispielsweise auch *Rue89* als neue Zeitung im Netz auf – hier arbeiten viele ehemalige Redakteure von *Libération*.

Es gibt ein Leben nach der Krise, es gibt andere Wege, der *res publica* zu dienen, der öffentlichen Sache.

John Carroll beispielsweise war ein journalistisch erfolgreicher Chefredakteur der *Los Angeles Times*, in seiner Amtszeit von 2000 bis 2005 gewann das Blatt so viele Pulitzer-Preise wie nie zuvor und war im amerikanischen Markt sehr angesehen. Doch mit den Eigentümern in der Holding der *Chicago Tribune* stritt er unentwegt über Sparpläne und Kostenreduzierungen. Die Idee, einfach auch Artikel aus anderen Objekten des Verbunds zu übernehmen, lehnte Carroll rundweg ab: Jede gute Zeitung schreibe sich ihre Storys selbst, sagte er über die in Verlegerkreisen beliebte Idee – und musste am Ende weichen. Carroll ging danach als Dozent in Harvard an die John F. Kennedy School of Government. Der Rat des Chefredakteurs an seine Kollegen bei seinem Ausstieg im Jahr 2005: »Journalist sein und kein Geschäftsmann. Führer sein und kein Verwalter … Und vergesst nicht, Spaß zu haben.«

11

Hilfe – und was macht die Politik?

Acht Thesen

Der Kapitalismus siegte und der osteuropäische Kommunismus verschwand, weil es in dem einen System privates Eigentum gab und in dem anderen nicht. So einfach war das. Der Kollaps des Kommunismus gehört zu den historischen Erfolgen des Systems Geld, auch wenn sich die Theorie, damit sei das »Ende der Geschichte« (Francis Fukuyama) erreicht, mittlerweile als voreilig erwiesen hat. Das Recht am Eigentum gehört zu den Kernsätzen der bürgerlichen Freiheit. Und doch kann individuelles Eigentum zur bedrohlichen Sache für alle werden, die es nicht haben, zum Beispiel, wenn ein wohlhabender Immobilien- und Bierunternehmer mit einem überdimensionalen Luxushotelkomplex das Tegernseer Tal verschandeln will. »Eigentum verpflichtet«, haben die Väter der Bundesrepublik in das Grundgesetz hineingeschrieben, »sein Gebrauch soll zugleich dem Wohle der Allgemeinheit dienen«.

»Eigentum verpflichtet« – dieser Satz hat bei den sensiblen Medien eine besondere Bedeutung. Wer Zeitungen herausgibt, Zeitschriften verlegt, Fernseh- und Radioprogramme in die Haushalte schickt oder ein Internet-Portal verantwortet, beeinflusst damit – direkt oder indirekt – einen großen Teil der Gesellschaft. Aus dem Grundgesetzgebot folgt im Medienmarkt eine extreme Sozialbindung; sie schließt »Heuschrecken« als Gestalter aus. Die Allgemeinheit ist der Adressat, nicht einfach nur irgendeine Käufergemeinschaft, die sich aus vielen Teilzielgruppen zusammensetzt. Da genügt es nicht, zu argumentieren, Eigentum verpflichte gewissermaßen zu einer ordentlichen Rendite, weil somit viel Steuern gezahlt und viele Arbeitsplätze geschaffen werden, also die Allgemeinheit auf diesem Weg davon profitiert.

Für altehrwürdige Zeitungen oder wichtige Zeitschriften gibt es keine staatliche Denkmalspflege oder einen staatlichen Naturschutz, die zur Geltung kommen, wenn ein Luxushotel an der falschen Stelle entsteht. Die vom Grundgesetz gewollte Staatsferne der Medien bedeutet, dass Eigentümer von Medienunternehmen frei handeln können, bei aller moralischen Verpflichtung zum sozialen Gebrauch. Jeder Verleger kann mit seinem Verlag machen, was er will, jeder Sendereigentümer kann frei in seinem Betrieb schalten – auch wenn die Folgen alle zu tragen haben. Im Fall eines Problems können sie Firmen verkaufen oder betriebswirtschaftlich so sanieren, dass von der publizistischen Kernmasse wenig übrig bleibt. Auch ein Medienunternehmer kann die Zitrone quetschen, bis sie keinen Tropfen mehr gibt. Alles sein gutes Recht. Das Recht auf Eigentum schließt auch das Recht auf Dummheit ein.

Wenn ein britischer Investor und Möchtegernverleger wie David Montgomery seine *Berliner Zeitung* in aller Öffentlichkeit ruiniert, so ist das bedauernswert und sozial schädlich – doch von der wirtschaftlichen Grundordnung her ist die eigentümliche Sanierung gedeckt, solange er sich das eben leisten kann. Das Korrektiv ist der Verlust in Euro und Cent. Deshalb müsste in der digitalen Revolution für gefährdete Qualitätsmedien und ihren Journalismus eine Lösung gefunden werden, die ihren Gewinn für die Gesellschaft in Euro und Cent ausdrückt. Die also den positiven »externen Effekt«, wie Wirtschaftswissenschaftler das nennen, umrechnet in die Größe Geld.

Im Folgenden sollen acht Thesen mögliche Wege beschreiben, um mit den in diesem Buch skizzierten Problemen fertig zu werden. Sie können nur zu einer Diskussion beitragen über eine der wichtigsten gesellschaftlichen Aufgaben in der digitalen Revolution, den Erhalt des Qualitätsjournalismus alter Prägung:

1. Die Gesellschaft finanziert über die Rundfunkgebühr bereits seit Jahrzehnten wertvolle elektronische Medien – warum nicht auch die ihr wichtigen gedruckten Medien?

In einem Essay in der *Süddeutschen Zeitung* hat der Philosoph Jürgen Habermas im Mai 2007 den gesellschaftlichen Mehrwert der Qualitätspresse beschrieben. Er publizierte diesen sehr grundsätzlichen Artikel just zu dem Zeitpunkt, als die *SZ* in einer Auktion Interessenten aller Art angeboten wurde, darunter vielen Finanzinvestoren. Unter der Überschrift »Kommt die Vierte Gewalt unter den Hammer?« beschrieb die *Zeit* diese Vorgänge. Habermas betonte in der – latent durch den Verkaufsprozess gefährdeten – Tageszeitung den »besonderen Charakter der Waren Bildung und Information« sowie den Lernprozess mit unbestimmtem Ausgang, dem sich ein Zeitungsleser bei der Lektüre unterwerfe. Hier entfalte sich eine »für die Meinungs- und Willensbildung der Bürger stimulierende und zugleich orientierende Kraft«. Die rhetorische Frage des Denkers: Sollte der Staat – der bei Gas, Strom und Wasser die Energieversorgung der Bevölkerung sicherstellt – nicht ebenso verpflichtet sein, sich um die politische »Energie« wichtiger Medien zu kümmern? Es sei »kein Systemfehler, wenn der Staat versucht, das öffentliche Gut im Einzelfall zu schützen«. Das Fazit von Habermas in der *Süddeutschen*: »Keine Demokratie kann sich ein Marktversagen auf diesem Sektor leisten.«

Misst man mit der Elle des Philosophen, sieht es heute schon in wichtigen Staaten trübe aus. Demokratien wie Italien, Frankreich und die Vereinigten Staaten von Amerika leisten sich bei ihren Medien ziemlich viel Marktversagen. Und ein Staat wie Russland, bestenfalls eine »Demokratur«, leistet sich erst überhaupt keinen Medienmarkt, der versagen kann – sondern nur eine Oligopolwirtschaft, die funktioniert. Nach wie vor herrscht in immer mehr Ländern dem Anschein nach das Volk, weil es Parlamente wählt, gleichzeitig aber wird es über Medien von Politikern oder mit Politikern nahestehenden Magnaten beherrscht. Oder von Finanzinvestoren mit entkernten, banal werdenden Zeitungen und Fernsehprogrammen versorgt.

Dass sich der Staat kümmern soll, wenn das öffentliche Gut »Information« leidet, ist heikel, soll doch eigentlich eine starke freie Presse gerade vor dem Staat geschützt werden. Jede politische Handlung auf dem Feld der Medien ist deshalb zu Recht kritisch gesehen worden, da immer die Gefahr existiert, hier werde ein Medium gegenüber dem anderen bevorzugt oder diskriminiert. Deshalb hatte beispielsweise im Frühjahr 2003 eine Bürgschaft der hessischen CDU-Landesregierung für die in Not geratene linksliberale *Frankfurter Rundschau* für heftige Diskussionen gesorgt – einige Monate bevor ein neuer Gesellschafter einstieg, der dem politischen Raum auch nicht ganz fern ist, die Medienholding DDVG der SPD.

Die Debatte um die Politik in der Presse aber verkennt, dass der Staat auf einem Gebiet bereits sehr stark in den Medienmarkt eingreift, dass er sich hier wie bei Gas, Strom und Wasser um Leitungen und ihre Inhalte kümmert – und das ist das Anstaltswesen des öffentlich-rechtlichen Rundfunks. Die neun Landesrundfunkanstalten der ARD sowie das ZDF in Mainz mit seinen Landesstudios werden zum überwiegenden Teil aus der allgemeinen Rundfunkgebühr der Bürger finanziert. Wer immer fernsieht – auch wenn er lediglich Privat-TV sehen will –, muss einen Pflichtbetrag an die Gebühreneinzugszentrale (GEZ) in Köln abführen. Für diese Inkassostelle wacht wiederum in den ARD-Sendern einer Schar freiwilliger Helfer über die Zahlungsmoral. Auch das nennt sich Rundfunkfreiheit.

In zahlreichen Urteilen hat das Bundesverfassungsgericht den Beitrag von ARD und ZDF für die Meinungsvielfalt hervorgehoben und damit zum Ausdruck gebracht, dass Fernsehen und Radio nicht einfach kommerziellen Anbietern überlassen sein dürfen. Der Programmauftrag der Öffentlich-Rechtlichen beinhaltet zwar auch Unterhaltung, vor allem aber gesellschaftlich Wertvolles wie seriöse Nachrichten, hintergründige Informationsprogramme, bildende Dokumentationen oder zum Beispiel die Übertragung klassischer Konzerte. Alles Angebote, die es auf dem freien, werbefinanzierten Markt in dieser Fülle nicht gibt.

Die monatliche Rundfunkgebühr, die per 1. Januar 2009 von 17,03 Euro auf 17,98 Euro steigt, spült weit mehr als sieben Milliarden Euro in die Kassen von ARD und ZDF. Das ist Geld, das den Bürgern naturgemäß für andere Medienausgaben fehlt. Es handelt sich um eine staatlich festgelegte Qualitätsversicherungsprämie. Da aber bei den Öffentlich-Rechtlichen manches so ist wie bei den privatwirtschaftlichen Konkurrenzkommerzsendern, und bei privatwirtschaftlichen Presseunternehmen wiederum manches so wie bei ARD und ZDF, stellt sich die Frage nach der Verwendung der abgeschöpften Gebühr. Für Qualität und die »Grundversorgung« mit Nachrichten und Information sind nicht allein ARD und ZDF zuständig. Gäbe es beispielsweise eine allgemein verpflichtende Pressequalitätsgebühr analog dem GEZ-Wesen, dann ließe sich gegen ein für jeden geringes Entgelt sehr viel Qualität in Zeitungen und Zeitschriften sichern.

Natürlich wird es eine solche spezielle Qualitätsgebühr für die Presse nicht geben. Es gibt zu viele Gebühren in Deutschland, und es gibt eben die Rundfunkgebühr, die seit Langem anderes mitfinanziert: die Landesmedienanstalten zum Beispiel, die den privaten Rundfunk beaufsichtigen sollen, oder die Filmförderung. Intendanten klagen deshalb schon einmal über »Zweckentfremdung« von Mitteln. Warum also sollte das von den Bürgern erhobene Geld nicht auch jener Qualitätspresse zugutekommen, die für die Demokratie genauso unerlässlich ist wie *Weltspiegel*-Sendungen oder *heute*-Ausgaben? Das alte Argument, der Rundfunk sei besonders gefährlich, weil er so massenattraktiv sei und die Bevölkerung leicht verführen könne, hat seine Schlagkraft eingebüßt.

Es gibt heute viele Sender, zwischen denen die Deutschen auswählen können – und keinen Mangel an Übertragungskapazitäten wie zwischen 1948 und 1984.

Hat man das Prinzip erst einmal verstanden, ist der Rest Technik. Natürlich müsste der Teil der monatlichen Medienqualitätsgebühr, der für Belange der Presse fließen soll, klar geregelt sein; es dürfen keine Verlage ausgegrenzt und womöglich politische Präferenzen sichtbar werden. Der Teufel steckt im Detail. Klugerweise müsste deshalb überlegt werden, inwieweit nicht spezielle, eindeutig definierte Tätigkeiten in großem Ausmaß finanziert werden, zum Beispiel Aus- und Weiterbildungsstätten für Pressejournalisten, die an einer Akademie unentgeltlich geschult werden, etwa in der Produktion von Podcasts und Videos. Es böte sich auch an, eine unabhängige Redaktion für investigativen Journalismus zu gründen, ein qualifiziertes freies großes Journalistenbüro, wie das in Amerika von dem Milliardär Herbert M. Sandler finanzierte Pro Publica. Die Mitarbeiter sollten schwierige Stoffe recherchieren und ihre Beiträge den Zeitungen und Zeitschriften zum Abdruck anbieten – eine Art offenes Fenster wie im privaten Fernsehen, wo »unabhängige Dritte« wie der Münchner Filmemacher Alexander Kluge ihre Sendungen in den Programmen großer Sender platzieren – Kluges Programme müssen ausgestrahlt werden, meist laufen sie am späten Abend. Für Zeitungen und Zeitschriften gäbe es keinen Zwang, die entstandenen Artikel zu drucken: Sie würden die Texte als Qualität schätzen, die sie gern im Blatt hätten.

Noch erscheint es als systemfremd und utopisch, einen Teil der Rundfunkgebühr sachbezogen für die Printmedien einzusetzen. Die Konstruktion könnte Kritikern als »Subvention« gelten. Dabei geht es doch in Wahrheit um Qualitätssicherungshilfen, um die Versorgung der Bevölkerung mit geistigen Lebensmitteln, deren Wichtigkeit sie möglicherweise nicht erkennt. Es geht um wirklichen Wettbewerb, die Erhaltung der geistigen Infrastruktur des Landes und den politischen Diskurs – und um einen Schutzwall gegen aggressive Finanzinvestoren.

2. Die Gesellschaft braucht neue Institutionen, die sich mit den Auswirkungen der digitalen Medienrevolution beschäftigen.

Offenbar sind solche wichtigen Dinge wie die Organisation Pro Publica in den USA nur mit Mäzenen zu finanzieren – oder mit einem allgemeinen Bürgergeld. Die Überwachung und Begleitung der neuen, vom Gebührenzahler teilweise finanzierten Presseaktivitäten könnten zu den Aufgaben einer unabhängigen Stiftung Medien gehören, die im Zuge einer Neuordnung des unzureichenden deutschen Medienaufsichtssystems errichtet werden müsste. Schon in der Vergangenheit ist eine solche Stiftung einmal angedacht worden, und zwar in einer Kommission, die der seinerzeitige Bundespräsident Richard von Weizsäcker angeregt hatte. Diese Kommission legte 1995 einen »Bericht zur Lage des Fernsehens« vor, der unter anderem einen neuen Medienrat empfahl. Er sollte den Wandel des Fernsehens beobachten und wissenschaftlich analysieren, Richtlinien ausarbeiten und Ratschläge zur Selbstkontrolle der Sender geben. Diesem Rat sollte eine »Stiftung Medientest« zugeordnet werden, die sich nach dem Vorbild der »Stiftung Warentest« mit Medieninhalten beschäftigt und eine Art Qualitätsprogrammführer durch die TV-Sendungen erstellt. Die Vorschläge haben in der Realität zu nichts geführt, obwohl die Bedeutung von Medien seit dem Jahr 1995 enorm gestiegen und die kulturelle Abnormität im Privatfernsehen größer geworden ist. Es gibt wenig, wovor die Kommerzsender noch zurückschrecken.

Die Gefahr ist, dass ein solcher Medienrat oder eine neue Stiftung schnell zur Beute der Parteien werden, so wie sich Politiker in einzelnen Gremien der öffentlich-rechtlichen Sender breitgemacht haben. Vielmehr müssten Fachleute, Wissenschaftler und die Nutzer selbst Einzug halten. Auch könnte die neue Institution gut mit einer föderal organisierten Bundesmedienanstalt kooperieren, die seit Jahren in der Diskussion gefordert wird. Andere Staaten haben längst solche Strukturen, selbst die Schweiz mit ihren vielen Kantonen.

3. Gefragt ist eine radikal neue Grundordnung der Medien – die Politik muss aufhören, weiter an Symptomen herumzudoktern.

Die digitale Revolution ist so umfassend, dass Einzelantworten und punktuelle Lösungen auf Dauer nicht tragen. Man wird sich damit über einige Jährchen hinwegretten können und dann feststellen, dass sich alles geändert hat – und dass ein wirkliches politisches Gesamtkonzept nottut. Zum Beispiel gibt es keine Institution, die sich mit der Supermacht Google beschäftigt. Die derzeitige Zögerlichkeit im Umgang mit dem Internet und den dadurch ausgelösten Entwicklungen erinnert an die Jahre der hilflosen Erörterungen vor Einführung des privaten Fernsehens in Deutschland. Abzuwenden war das kommerzielle TV-System nicht mehr.

Viele Jahre nach Einführung des World Wide Web wäre eine neue Mediengrundordnung gefragt, die die Gewichte von privaten und öffentlich-rechtlichen Anbietern im Rundfunk genauso austariert wie das Verhältnis der Qualitätspresse zu den elektronischen Medien. Wer von außen vorurteilsfrei auf Medien-Deutschland schaut, wird schnell Fragen stellen, die triftige Antworten erfordern. Warum beispielsweise brauchen ARD und ZDF noch Werbeeinnahmen? Deren Umsatzbeitrag ist ohnehin im Laufe der Jahre extrem gesunken. Die Akquisition von Werbespots führt nur dazu, dass in deren Umfeld allerlei seichte Sendungen laufen, die eine möglichst hohe Einschaltquote erreichen sollen. Folge der kommerziellen Orientierung ist zudem, dass sich getarnte Spots zur besten Sendezeit nach 20 Uhr ins Programm schleichen, wenn ARD und ZDF eigentlich überhaupt keine Werbung ausstrahlen dürfen – solche Tarnkappenwerbung sind Sponsorhinweise und ausführliche Verweise auf Firmen, die Gewinne für Gewinnspiele stiften.

Der Vorschlag des Springer-Verlagschefs Mathias Döpfner hat viel für sich, den Öffentlich-Rechtlichen eine freie Betätigung im Netz zu erlauben, wenn sie andererseits generell auf Werbung verzichten. Auffällig ist, dass es in den europäischen Ländern jeweils nur ein großes öffentlich-rechtliches System gibt, zum Beispiel die BBC in Großbritannien oder die RAI in Italien. In Deutschland aber sind zwei Großsender nötig, die sich zum Teil mit identischen Programmen die Zuschauer abspenstig machen und die zum Beispiel jeweils eigene große Abordnungen zu Großereignissen wie den Olympischen Spielen in Peking schicken. Die Antwort auf die Frage, ob das alles zum Programmauftrag gehört, wird in einigen Jahren anders ausfallen als heute.

Auch müsste bei einer medienpolitischen Generalinventur endlich Schluss gemacht werden mit einem absurden System, das allen Ernstes die Fernsehzahlpflicht für alle vorsieht, wenn ein Gerät existiert, mit dem Fernseh- und Radioprogramme zu empfangen sind – egal, ob es sich um einen TV-Apparat, ein Autoradio oder um einen Personal Computer (PC) handelt. Stattdessen liegt es nahe, eine Medienabgabe pro Haushalt einzuführen, als neue Solidarleistung für die besonderen Güter Information und Bildung; eine Medienabgabe, die eben auch teilweise der Presse zufließen könnte. Die vielen freiberuflichen Fahnder, die sich im Auftrag der öffentlich-rechtlichen Sender für das höhere Inkassowesen GEZ wie in den fünfziger Jahren durch die Republik schnüffeln und möglichst viele Schwarzseher erwischen wollen, wären verzichtbar. Hier ist schnell eine gesellschaftlich akzeptierte Form gefunden, Kosten einzusparen.

4. Medienkonzentration ist eines der größten Übel des politischen Systems – und muss mit neuen Regeln und Gesetzen bekämpft werden.

Unentbehrlich ist eine regelmäßige Betrachtung der Medienkonzentration, die sich wie ein Krebsgeschwur ausbreitet. Laufend entstehen durch fortgesetzte Zukäufe einer kleinen Schar von Unternehmern, von Leuten wie Berlusconi oder Murdoch, aber auch von

Firmen wie Google, neue journalistische Risiken. Medien machen Medienmacht. Ein Konzept zur »Media Governance« müsste vorsehen, dass die großen Medienkonzerne ihre ethischen Prinzipien erklären, dass sie sich in öffentlichen Hearings rechtfertigen und Ombudsmänner finanzieren, also unabhängige Schiedsmänner, die sich der Beschwerden des Publikums annehmen. Einem jährlichen Bericht wäre zu entnehmen, wie es die Riesen der Kommunikation mit der Pressefreiheit halten, wie sie in den Journalismus investieren und welche Probleme es beispielsweise mit dem Presserat gab. Das wären effektive Maßnahmen der Selbstkontrolle, die öffentlich nachprüfbar sein müssten.

Das größte Risiko dieser Zeitenwende ist die Geringschätzung dessen, was in Wirklichkeit der Motor der Medien ist: des Journalismus. Er macht eben den Unterschied aus: Wer wie schreiben und erzählen kann, wer nach langer Recherche etwas herausfindet, wer eine Geschichte richtig aufbereiten kann, das macht den besonderen Charakter dieses Gewerbes aus. Es ist eine Frage des guten Handwerks, die tägliche Literatur in Eile mit guten Schlagzeilen und Vorspännen in eine Form zu überführen, die Lust am Lesen weckt. Dieses Handwerk darf nicht Teil einer ökonomischen Riesenblase werden. Es ist nicht als Objekt geeignet, dem sich marodierende Gruppen entfesselter Finanzleute annehmen, die heute in München einen großen Fernsehkonzern zerlegen und morgen in Berlin eine Zeitung kaputt machen.

Es ist auch Aufgabe der Politik, mit klaren Regeln und Gesetzen einen Flurschaden zu vermeiden und zu verhindern, dass anonymes Kapital aus Los Angeles, New York und London zur Steuerungsgewalt der wichtigen Informationsbranche wird. »Wer kauft, darf im Medienmarkt nicht anonym bleiben. Wir müssen vorherrschende Meinungsmacht in der Demokratie verhindern. Deshalb brauchen wir Spielregeln«, sagt Marc Jan Eumann, der Vorsitzende der SPD-Medienkommission. Wann werden endlich die Konsequenzen gezogen?

Der jahrelange Konsens, dass Medien verantwortliche Besitzer brauchen, die man kennt und zur Rechenschaft ziehen kann, ist unter der Dynamik des kriselnden Finanzkapitalismus aufgebrochen. In einer Investmentfirma wie KKR, die in New York sitzt und Tochterfirmen steuersparend auf der Kanalinsel Guernsey oder auf den Cayman Islands in der Karibik platziert hat, erübrigen sich solche Fragen. Deshalb kommen solche »Heuschrecken« immer nur höchstens als Kofinanzier von Medien in Frage, nie als Besitzer. In klassischen Medien sollte der Anteil von Private-Equity-Gesellschaften generell, je nach Rechtsform, auf maximal zehn oder 24,9 Prozent beschränkt werden.

5. Medienpolitik darf nicht länger als Hobby betrieben werden, sondern muss in das Zentrum öffentlicher Kommunikation rücken.

Für die nötigen grundlegenden Umbauarbeiten bräuchte es eine Medienpolitik, die diesen Namen verdient. Eine, die den Mut hat, sich mit Utopien zu beschäftigen, um die Gegenwart zu verändern. Es fehlt aber jemand, der wie einst der Kommunikationswissenschaftler und SPD-Politiker Glotz die Diskussion anregt und mögliche Linien aufzeigt. In den Parteien ist die Medienpolitik ein Nebenbei-Genre geworden, in dem sich die führenden Vertreter zumeist mit tagesaktuellen Reaktionen und Ad-hoc-Forderungen begnügen, gern im Umfeld anstehender Gesetze oder Kongresse. Die Schwäche der gegenwärtigen Politik beginnt bei der Medienpolitik, so wie die Schwäche des Journalismus beginnt, wenn er wie bei der *Welt* oder der *Berliner Zeitung* eigene Medienseiten abschafft und sich mit der Sonderzone der Kommunikation nicht mehr konsequent beschäftigt. Der Grund für die Abneigung gegen Medienpolitisches ist einfach: Damit gewinnt man keine Wahlen – glauben die Parteien. Das gelänge nur mit sinkenden Steuern oder gezielten Wohltaten, nicht aber mit Vorschlägen für eine komplizierte Sache wie Medien.

Meist geht es den heute handelnden Akteuren um Fragen des öffentlich-rechtlichen Rundfunks, manchmal auch – wenn die Auswüchse wieder einmal zu groß geworden sind – um die private Fernsehkonkurrenz. Dann redet ein Medienpolitiker wie der baden-württembergische Ministerpräsident Günther Oettinger eruptiv vom »Scheiß-Privatfernsehen«. Der rheinland-pfälzische Ministerpräsident Kurt Beck (SPD) bevorzugt in solchen Fragen das Mikromanagement, das Klein-Klein des Alltags, während es auf der Unionsseite erst überhaupt keinen gibt, der sich dieses Themas dauerhaft mit Nachdruck annimmt. Offenbar betrachten die handelnden Kreise Medienpolitik als gelungen, wenn Politik in den Medien vorkommt, wenn also auch Landespolitiker von geografisch begrenzter Bedeutung öfters auf dem Bildschirm erscheinen dürfen. Von Gestaltungskraft, von einem stimmigen Zukunftsbild, ist dabei so wenig zu sehen wie auf anderen politischen Gebieten auch.

Es ist fatal, dass einerseits die Medien immer wichtiger werden für die Politik, dass Wahlen heute vorentschieden werden durch die Präsenz im Fernsehen und in großen Zeitungen, sich andererseits aber immer weniger damit beschäftigen wollen, wie Medien arbeiten und in welchem Verhältnis sie zur Politik stehen. Die Politik will Kampagnenfähigkeit, Medien wollen Kampagnenfähigkeit – wer aber rettet die Bürger vor all den Kampagnen, wenn sie sich doch nur eine Meinung bilden sollen?

Während die digitale Revolution unerbittlich mit alten Gewohnheiten aufräumt und stetig Veränderung verlangt, tun viele so, als ließen sich die in den Jahren der alten Bundesrepublik Deutschland (West) gewachsenen Strukturen konservieren. Dabei sollte es um die wichtigen Fragen gehen: Wie lassen sich die Ideale der publizistischen Aufklärung erhalten? Wo bleibt der Geist, wenn das Geld dominiert? Wann reden wir einmal darüber, was das Mediensystem aus der Gesellschaft und was die Gesellschaft aus den Medien macht? Wer sorgt dafür, dass Pressefreiheit von Journalisten alltäglich gelebt wird und sie nicht zum Textbaustein für Sonntagsreden wird?

6. Gefragt ist ein neues Bündnis für publizistische Qualität, das die Grenzen der Medien überschreitet so wie die Medien selbst.

Angesichts der »Konvergenz«, dem Zusammenwachsen bisher unterschiedlicher Medien, sind ganz neue Bündnisse für Qualität nötig. Das Internet erfordert ein Überwinden des Schubladendenkens. Es ist das Feld, manche sagen »Schlachtfeld«, auf dem sich alle treffen: die alten Verleger und Senderchefs, die neuen Kreativen und die Nutzer, die sich beteiligen wollen. Das Internet sorgt für höchste Transparenz, weil alle Informationen verfügbar sind, und es ist ein Zeitfresser, weil diese Informationen erst einmal gefunden werden müssen. Das Internet ist Hochkultur, weil es anspruchsvollste Texte für wenige Spezialisten bietet, und es ist Trash, weil es Bilder des Obszönen sammelt. Es bleibt nichts ungezeigt, auch wenn manches besser unentdeckt bliebe. Das Internet ist nicht besser und nicht schlechter als die Welt. Um sich darin zu bewähren, müssen Gleichgesinnte eine Streitmacht für Qualitätsjournalismus bilden. All jene, die Politik, Kultur, Wirtschaft und Wissenschaft noch ausgiebig analysieren und kommentieren, die großen Redaktionen aus Presse und Fernsehen, müssen ein gemeinsames Interesse haben, den Diskurs zu erhalten. Nichts ist daher logischer, als Kooperationen zwischen öffentlich-rechtlichen Sendern und anspruchsvollen Printredaktionen. Sie haben eines gemeinsam im Sinn: die öffentliche Sache, die *res publica.*

Zur Logik des deutschen Verbändestaats aber gehört, dass Lobbyisten aufmarschieren und sich ihr Geld verdienen dürfen, wenn Gesetzesänderungen anstehen, und sei es an einem Paragrafenwerk mit dem monströsen Titel »Rundfunkänderungsstaatsvertrag«. So lieferten sich 2007/2008 die Kämpfer der öffentlich-rechtlichen und privatwirtschaftlichen Lager eine formaljuristisch eskalierende Auseinandersetzung um Kleinstregeln für die künftigen Internet-Aktivitäten von ARD und ZDF, deren Überwachung alle Überwacher überfordern würde. Selbst der Verlagskonzern Springer fand die Idee, Rundfunksender im Netz beschneiden zu wollen, sei

»lebensfremd« – zumal die Rundfunkgebühr seit Anfang 2007 den Empfang der öffentlich-rechtlichen Programme über PC einschließt und die zahlenden Bürger erwarten können, dass die mit ihren Gebühren finanzierten Programme im Netz auffindbar sind.

In der Wirklichkeit wird zwischen Verlegern einerseits sowie ARD und ZDF andererseits an vielen Stellen kooperiert. Man denke nur an die privatwirtschaftliche Gesellschaft radio NRW, die viele private Lokalradios mit Programm versorgt und an der der Westdeutsche Rundfunk (WDR) seit vielen Jahren beteiligt ist. Im Internet ist es zu einem Bündnis zwischen dem Essener WAZ-Konzern und dem WDR gekommen, über das sich Lobbyisten aufregen, nicht aber die Betroffenen selbst. Der Verleger Ippen bietet auf seiner Zeitungs-Website die *Bayern-Rundschau* des Bayerischen Rundfunks an, ohne groß darüber zu reden. Und der Stuttgarter Verleger Stefan von Holtzbrinck lässt seine *Zeit* mit dem ZDF zusammenarbeiten; die Website der Hamburger Wochenzeitung zeigt *ZDF 100 Sekunden*, eine laufend aktualisierte Kurzausgabe der Nachrichtensendung *heute*, die das ZDF für sein eigenes Internet-Angebot fertigt. Es sei vielleicht klüger, die Nutzer mit solchen Angeboten auf der eigenen Website zu halten, als sie zur Konkurrenz ziehen zu lassen, findet Holtzbrinck. Durch das ZDF-Angebot sind die Videozugriffe bei *Zeit.de* innerhalb kürzester Zeit sprunghaft gestiegen.

Im Internet kann man alles machen, doch wer alles macht, wird nichts richtig machen. Erfolg im Netz hat, wer strategisch an der richtigen Stelle etwas unterlässt und sich auf das konzentriert, was er wirklich kann. Warum sollen Verleger und Journalisten, die die Welt des Worts beherrschen, auf einmal Meister in der Welt der Bilder sein?

Mit dem Fernsehen haben sich Verleger schon immer ungeschickt angestellt. Was hatte zum Beispiel Axel Springer in den sechziger und siebziger Jahren nicht alles getan, um sein Pressehaus in den TV-Markt zu bringen! Er warnte davor, seinesgleichen würde quasi ins Postkutschenzeitalter zurückgeworfen, wenn nicht der ARD und dem ZDF ein privates Gegenmodell mit Verlagsbeteiligung gegenübergestellt würde.

Dort, wo Springer »Fernsehen« sagte, muss man heute nur das Wort »Internet« einsetzen – und hat die derzeitige Argumentation von Verlegern vor sich. Als das Privat-TV schließlich 1984 nach langen Diskussionen eingeführt wurde, war nach etwas mehr als einer Dekade schon Schluss mit dem Plan, den mit viel Feuerwerkmusik eingeführten Sender Sat.1 zum großen »Verlegerfernsehen« aufzubauen. Die Hamburger Nachrichtengesellschaft AKTUELL Presse-Fernsehen (APF), die weit mehr als hundert Zeitungsverlegern gehörte, machte auf einmal keine Nachrichten mehr – und Springer nahm Abstand von der journalistischen Hoheit über Sat.1. Heute wäre die APF womöglich ein geeigneter Lieferant von TV-Kurznachrichten für die Websites der deutschen Zeitungen, wenn es sie denn gäbe.

Es ist davon auszugehen, dass Zeitungen und Zeitschriften im Internet mit eigenen Bewegtbild-Angeboten nicht viel mehr Erfolg haben, als ihnen im analogen Fernsehen beschieden waren. Mit den Filmen der professionellen Konkurrenten von ARD, ZDF, RTL, Sat.1 und ProSieben können sie kaum mithalten; schon der Versuch ist Kräfte- und Zeitverschwendung. Was bleibt in dieser umgepflügten neuen Welt, ist Finden und Erfinden: neue Formate und Formen des Journalismus. Da bietet sich jenseits von Kurzfilmen viel an, was viel besser zum Metier der Presse passt: Zum Beispiel aufwendig gestaltete interaktive Grafiken, bei denen die Nutzer Begriffe und Fotos anklicken können und so mehr zu einem Thema erfahren. Solche Darstellungen machen Phänomene und Probleme, Konflikte und Konstellationen sinnlich erfahrbar. Das gilt noch mehr für automatische Bildergalerien, die vom Reporter selbst kommentiert werden. Natürlich spricht nichts dagegen, auch Kurzfilme von professionellen Videojournalisten (VJ) produzieren zu lassen, die als Beiprogramm auf eine Website kommen. Nur: Allzu viel versprechen darf man sich davon nicht.

Anstatt laufend darüber zu reden, wann Online Print verdrängt, anstatt immerfort das Bild des Jammerns zu zeigen, ist Kraft für eine neue elektronische Verlegerei gefragt. Noch wird in elitären Zirkeln über Online-Journalismus geschimpft, als sei er mit seinen Bildergalerien, Erzählthemen und Quizformaten schuld an der Verflachung der Menschheit, dabei können hier ureigene journalistische Formen eindrucksvoll genutzt werden. Auch der Agenturjournalismus und mancher aktuelle Zeitungstext entsteht in Eile: Qualität im Online-Journalismus bedeutet, in der Schnelle auch akkurat und originell zu sein – bei Wahrung der Standards wie Trennung von Redaktion und Werbung sowie Prüfung auf Richtigkeit.

7. Die Jugend darf nicht verloren gehen – deshalb sollte ein neues Schulfach »Medienkunde« auch den klassischen Journalismus thematisieren.

Seit Jahren gibt es das Projekt »Zeitung in der Schule«, das dem Nachwuchs fallweise die Arbeit einer Redaktion und eines Verlags nahebringt. Es gibt auch Verlagsaktionen wie ein »Tag der offenen Tür«, die helfen, Jugendliche für die Belange der »Vierten Gewalt« zu faszinieren. Es ist allerdings zu fürchten, dass all diese wichtigen Initiativen nicht ausreichen, um mit der neuen Problemlage fertig zu werden. Zu den geänderten Verhältnissen gehört, dass sich eine Generation erstmals ihre eigenen Medien schafft und über das Internet kommuniziert und informiert, wenn auch eher über Dieter Bohlen und Heidi Klum als über Kurt Beck und Angela Merkel.

Für all die Fragen rund um Kommunikation müsste es ein neues Schulfach »Medienkunde« geben, das so selbstverständlich ist wie Deutsch. So kann die Gesellschaft rechtzeitig Fehler und Fehlentwicklungen der neuen digitalen Gesellschaft zur Sprache bringen und Orientierung für richtiges Verhalten geben. Themen des Unterrichts wären beispielsweise die Macht von Suchmaschinen, Suchtgefahren im Internet, der Einfluss der Werbung, das

Unterhaltungsphänomen sowie der Auftrag und die Arbeit der Presse. Es ginge beispielsweise darum, wie Medien zu nutzen sind, wie es zu Aufmachern kommt und was von ihnen zu halten ist, wer welche Kampagnen macht und wie man sich selbst aufklärt. Zu jeder Veröffentlichung gehört eine Interessenslage. In diesem Gewirr aus Halbwahrheiten, Tatsachen und Zwecklügen, das sich »Medien« nennt, wollen Bürger journalistisch vertrauen können. Sie brauchen »Leuchttürme« in einem Meer von Informationen. Besser, sie werden in jungen Jahren damit vertraut gemacht.

Etablierte Medienhäuser müssen mithilfe des Staates und der Schule einer Entwicklung entgegenwirken, die insbesondere für das öffentlich-rechtliche Fernsehen wie eine Todesdrohung wirkt: der »Generationenabriss«, der Verlust der jungen Zielgruppen. Wenn das Durchschnittsalter der Klientel des ZDF und des Ersten Programms bei rund sechzig Jahren liegt, dann stellt sich irgendwann die Existenzfrage. Jobst Plog, der langjährige Intendant des Norddeutschen Rundfunks, befand: »Für die junge Generation ist unser System, das nach dem Krieg entstand, nicht einfach selbstverständlich. Auch bei manchen jungen Fernsehkritikern fällt mir auf, wie sehr sie sich bei der RTL-Dschungelshow amüsieren können – und uns schauen sie an, als seien wir Okapis.« Das Okapi-Problem wird verschärft durch Mutlosigkeit und politische Angepasstheit mancher Journalisten.

8. Die Einnahmen aus journalistischen Online-Verlagsangeboten, die von Google und anderen Verteilzentren genutzt werden, müssen teilweise den Journalisten zufließen.

Die Gratiskultur im Internet hat andere als die Redaktionen groß gemacht, die für die Inhalte gesorgt haben. Wie selbstverständlich setzen viele neue Online-Größen wie Google Links zu Zeitungs- und Zeitschriftentexten und verdienen an gezielter Werbung. Ein Teil der Einnahmen sollte wenigstens denen zugutekommen, den

Redaktionen und Journalisten, die für Attraktivität im Netz sorgen. Ähnlich wie bei der Urheberrechtsabgabe für Geräteheresteller sollte in solchen Fällen ein bestimmter Pauschalbetrag als Lizenzgebühr an die Journalisten in Verlagen und Sendern gezahlt werden. Den Rahmen hierfür gibt das Urheberrecht vor, das vom Parlament verabschiedet wird. Solche Abgaben in voller Höhe müssen beispielsweise nach einer höchstrichterlichen Entscheidung auch die Produzenten von Multifunktionsgeräten zahlen, mit denen Artikel kopiert werden können. Eine Einigung ist mit den Verwertungsgesellschaften, zum Beispiel der Autoren (»VG Wort«), herzustellen.

In den USA wird darüber nachgedacht, eine solche Abgabe beispielsweise von Internet-Providern abzuführen. Die Provider könnten dies bei der Berechnung der Internet-Zugangsgebühr für die Nutzer einbeziehen. Vorbild ist das amerikanische Kabelfernsehen. Dort überweisen die Kabelnetzbetreiber einen Teil der Kabelgebühren an die TV-Sender, die Inhalte liefern.

So weit also acht Thesen. Sie zeigen: Der Staat und die Gesellschaft können sehr wohl dabei helfen, eine intakte Medienlandschaft zu erhalten, in der weiter unabhängig Informationen recherchiert und verbreitet werden, in der sich nicht Hasardeure des Finanzkapitalismus oder politische Patrone breitmachen, und in der eine starke Presse Gewicht behält. Gleichzeitig gibt das Internet dem Publikum selbst die Möglichkeit, Berichte zu vergleichen und sich über Themen auszutauschen, was wiederum Rückwirkungen auf das Angebot der klassischen Medien hat. Der Gewinner der digitalen Revolution ist der Nutzer, den das amerikanische Nachrichtenmagazin *Time* im Jahr 2006 zur »Persönlichkeit des Jahres« kürte. Er kann sich überall in Communitys einbringen, TV-Kanäle ansteuern, Blogs schreiben oder sich weltweit über alle Websites informieren. Wo die Storys großer Publikationen und Sendungen unklar, vage oder tendenziös bleiben, können sich Nutzer selbst Klarheit verschaffen. Sie ziehen daraus aber nur Gewinn, solange es noch genügend leistungsstarke Angebote gibt, die sie bewerten und vergleichen können. Der digitale Utopismus, dass jeder zum Autor wird und dafür Leser findet, sich seine Medienwelt also neu erschafft, führt am Ende in die Leere.

Das Ergebnis der digitalen Revolution wird sein, dass einige der bekannten Medienhäuser sich der Auseinandersetzung gestellt haben und ihre journalistische Qualität in neuer Form darbieten oder dass sie als selbstständige Einheit vom Markt verschwunden sind. Das ist die Frage nach dem Sein im Computerzeitalter, das dem Buchdruckzeitalter folgt. Die Medienunternehmen selbst, die Verleger und Journalisten, müssen diesen Kampf mit Entschlossenheit und Kreativität führen, die Politik kann mit den richtigen Gesetzen und Signalen helfen. Am Ende dürfen Finanzinvestoren und Spekulanten nicht über Redaktionen bestimmen, es darf nicht überall Montgomerys und »Heuschrecken« geben, die sich dieser traditionsreichen Branche bemächtigen. Mit allen Mitteln ist zu verhindern, dass ein medienindustrieller Komplex entsteht, der den Bürger manipuliert oder mit Informationen unterversorgt.

Es ist nicht ausgemacht, wer von den klassischen Medienunternehmen das digitale Endspiel überlebt. Anders als die meisten Technikfreunde glauben, wird das Genre der gedruckten Zeitung aber auch über das Jahr 2040 hinaus existieren – jenem Jahr, in dem nach einer vielzitierten amerikanischen Studie das letzte Exemplar von der Druckwalze laufen soll. Auch der amerikanische Zeitungswissenschaftler Philip Meyer, der die letzte gedruckte Zeitung im Jahr 2043 erscheinen sieht, wird vermutlich nicht recht behalten. Er glaubt, dass die Leser ihre aktuellen Zeitungen dann über elektronische Empfangsgeräte konsumieren. Die gedruckte Zeitung wird es das gesamte 21. Jahrhundert hindurch geben, mindestens für jenen aufgeklärten Teil der Gesellschaft, der sich zeitsouveran informieren will und journalistische Momentaufnahmen schätzt. Sicher, die Zeitungen der Zukunft werden anders aussehen, sie werden mehr erzählen und erklären, und vermutlich wird es auch elektronische Darstellungsgeräte geben, so etwas wie iPods des Zeitungsgewerbes.

Letztlich aber ist die Frage des Vertriebs – Papier oder Elektronik – zweitrangig. Wichtig ist, dass genügend unabhängige Redaktionen bestehen bleiben. Die richtige Antwort auf die digitale Frage ist eine bessere Zeitung.

Geist oder Geld? Ja, es sieht ganz so aus, als ginge die erste Runde an jene, die mit viel Kapital die Gunst der Stunde nutzen – die Chancen, die die digitale Revolution eröffnet. Ja, der Journalismus ist in Gefahr. Aber ihm kann geholfen werden, wenn er sich selbst hilft. Der Angriff der Ausschlachter und Räuber aus der Finanzindustrie sowie der Griff der Politik nach den Medien ist nur eine Bedrohung, nicht das Ende der Zivilgesellschaft. Nur die Öffentlichkeit kann verhindern, dass die öffentliche Aufgabe zur privaten Eingabe wird. Und deshalb kann über Heuschrecken, Berlusconi, Murdoch, politischen Journalismus und Artikel 5 des Grundgesetzes einfach nicht oft genug geredet werden.

Literatur

Anderson, Chris: *The Long Tail – Der lange Schwanz.* München 2007

Baecker, Dirk: *Studien zur nächsten Gesellschaft.* Frankfurt am Main 2007

Beck, Ulrich: *Was ist Globalisierung?* Frankfurt am Main 2007

Bergmann, Jens, und Bernhard Pörksen: *Medienmenschen.* Münster/Westfalen 2007

Bruns, Tissy: *Republik der Wichtigtuer.* Freiburg 2007

Bucerius, Gerd: *Der angeklagte Verleger.* München 1974

Dörner, Andreas: *Politainment.* Frankfurt am Main 2001

Drucker, Peter F.: *Management im 21. Jahrhundert.* München 1999

Franck, Georg: *Ökonomie der Aufmerksamkeit.* München 1998

Freisinger, Gisela M.: *Hubert Burda. Der Medienfürst.* Frankfurt am Main 2005

Friebe, Holm, und Sascha Lobo: *Wir nennen es Arbeit.* München 2006

Gillmor, Dan: *We the Media.* Sebastopol 2006

Glotz, Peter, und Wolfgang R. Langenbucher: *Der missachtete Leser.* Köln 1969

Hachmeister, Lutz: *Nervöse Zone.* München 2007

Jakobs, Hans-Jürgen, und Uwe Müller: *Augstein, Springer & Co.* Zürich 1990

Jakobs, Hans-Jürgen, und Wolfgang R. Langenbucher: *Das Gewissen ihrer Zeit.* Wien 2004

Jost, François/Muzet, Denis: *Le Téléprésident.* Paris 2008

Kloepfer, Inge: *Friede Springer. Die Biographie.* Hamburg 2005

Luhmann, Niklas: *Die Realität der Massenmedien.* Opladen 1996

Meyer, Philip: *The Vanishing Newspaper.* New York 2004

Mohn, Liz: *Liebe öffnet Herzen.* München 2001

Negroponte, Nicholas: *Total Digital.* München 1995

Postman, Neil: *Wir amüsieren uns zu Tode.* Frankfurt am Main 1988

Schawinski, Roger: *Die TV-Falle.* Zürich 2007

Schuler, Thomas: *Die Mohns.* Frankfurt am Main 2004

Shepard, Alicia R.: *Woodward & Bernstein.* Weinheim 2008

Tüshaus, Benedikt: *Quoten-Diktat im Online-Journalismus?* Darmstadt 2005 (unveröffentlichte Diplom-Arbeit)

Vise, David A.: *Die Google-Story.* Hamburg 2006

Weinberger, David: *Everything is Miscellaneous.* New York 2007

Anmerkungen

S. 12 *Der Siegeszug ... bezeichnet hat*: Peter F. Drucker: *Management im 21. Jahrhundert*, München 1999, S. 233–299

S. 16 *Wenn einer ... wert sind*: Siehe *sueddeutsche.de*, 2. August 2008

S. 16 *Schon erahnt ... Computer auftreten«*: Dirk Baecker: *Studien zur nächsten Gesellschaft*. Frankfurt am Main 2007, S. 11 f.

S. 16f. *»Zum ersten Mal ... schrieb Postman*: Neil Postman: *Wir amüsieren uns zu Tode.* Frankfurt am Main 1988

S. 18 *»Rechner und ... der Sozialdemokrat*: Gerhard Schröder: »Die zivile Bürgergesellschaft«. In: *Die Neue Gesellschaft. Frankfurter Hefte* 4/2000, sowie *Süddeutsche Zeitung* vom 24. März 2000

S. 21 *In den letzten ... Charakters ist*: Siehe *SZ-Magazin*, Heft 11/2008

S. 23 *Rund drei ... investiert hatten*: Siehe *Neue Zürcher Zeitung, Financial Times Deutschland*, 15. Dezember 2006

S. 23 *Guillaume de Posch ... die Rede*: Siehe *Süddeutsche Zeitung*: »Haim Saban sagt Danke«, 31. Januar 2007

S. 24 *Der Wahnsinn ... Milliarden Euro*: Siehe *Frankfurter Allgemeine Zeitung*: »Im Schuldengrab«, 16. Juli 2007

S. 24 *Von einem ... Hauptversammlung 2007*: Siehe *Süddeutsche Zeitung*, 15. Juli 2007

S. 24f. *Zur Konstruktion ... entscheidend einengt*: *Frankfurter Allgemeine Zeitung*: »Im Schuldengrab«, Ebenda

S. 25 *Immerhin sind ... Zinsen begleichen*: Siehe *Wirtschaftswoche*: »Hohe Kante«, 28. April 2008

S. 25 *Vorstandschef de Posch ... Prozent angekündigt*: Siehe *Frankfurter Allgemeine Zeitung*: »Starker Personalabbau«, 16. Juli 2007

S. 25 *Es konnte ... der Firma*: *Welt Online*: »*ProSieben*-Aktionäre fühlen sich ausgeplündert«, 10. Juni 2008

S. 26 *Der TV-Journalist ... die Hose«*: Zit. nach *Berliner Zeitung*, 25. Juli 2007

S. 26 *»Dieses Spiel ... Welt sind«*: Zit. nach Roger Schawinski: *Die TV-Falle*, Zürich 2007, S. 181

S. 28 *Sie waren ... platziert worden wären*: Siehe *Tagesspiegel*: »*Bertelsmann* will *RTL* komplett übernehmen«

S. 28 *Exakt hatten ... Weisheit erschien*: Siehe *Frankfurter Allgemeine Zeitung*: »Im Schuldengrab«, Ebenda

S. 29 *Er strich … eingespart werden*: Siehe *Süddeutsche Zeitung*: »Im Teufelskreis«, 28. April 2008

S. 29 *Dem im Sinne … abgestraft wurde*: Siehe *Süddeutsche Zeitung*: »Im Teufelskreis«, Ebenda

S. 31 *Die Investoren … Euro durch*: Siehe *Spiegel Online*: »Sonderdividende weckt Argwohn der Experten«, 12. März 2008

S. 31 *Bruno Sälzer … Modefirma Escada*: Siehe *Der Spiegel*: »Viele verrückte Sachen«, 23. Juli 2007

S. 31f. *Die Bilanz … eingesetzt hatten*: Siehe *Welt-Online*: »*Hugo Boss* weckt die Gier«, 27. März 2008

S. 32 *Die ProSieben-Aktie … wert gewesen*: Siehe *Süddeutsche Zeitung*: »Heftiger Sturm«, 14. Juli 2008

S. 34 *»Dass es bei … Journalistenverbands (DJV)*: Zit. nach *Deutscher Journalisten-Verband*, Pressemitteilung, 22. August 2007

S. 38 *»Deutsch, deutsch … Wirtschaftsmagazin Capital*: *Capital*, Ausgabe 11/2008

S. 41 *Der Deutsche-Bank-Chef … relativieren ließ*: Siehe *Tagesspiegel*: »Wie viel Victory stekt in Ackermann«, 30. März 2008

S. 42 *»Wir bestimmen den Spielplan.«*: *Süddeutsche Zeitung*: »Wir bestimmen den Spielplan«, 31. Oktober 2003

S. 42 *Mathias Döpfner … sie öffentlich.«*: Zit. nach *Süddeutsche Zeitung*: »Wir sind nicht der Reparaturbetrieb der Politik«, 13. März 2004

S. 45 *Wie sehr … seine Worte*: *Süddeutsche Zeitung*: »Das goldene Lenkrad«, 6. September 2006

S. 46 *Zwar sprach … Zug kommen*: Siehe *Spiegel Online*: »*ARD*-Programmdirektor übernimmt Verantwortung«, 7. September 2006

S. 50 *»Mit den … Online-Journalismus*: Zit. nach Benedikt Tüshaus: *Quoten-Diktat im Online-Journalismus*, Darmstadt 2005, S. 65 (unveröffentlichte Diplom-Arbeit)

S. 50 *Entweder werde … der Experte*: Ebenda, S. 62

S. 52 *Noelle-Neumann … der Politik*: Elisabeth Noelle-Neumann und Thomas Petersen: »Zeitenwende. Der Wertewandel 30 Jahre später«. In: *Aus Politik und Zeitgeschehen*, B 29/2001

S. 54 *Der Zeitungsschreiber … meinte er*: Siehe *Die Zeit*: »Wie man Leser glücklich macht«, 16. Juni 2005

S. 55 *Dann höre … Literatur zu sein«*: Zit. nach Lutz Hachmeister: »Arbeit, Familie, Gott und Vaterland«. In: *Neue Zürcher Zeitung*, 3. August 2007

S. 56 *»Das Zeitungslesen … Nr. 32*: Zit. nach Bernard-Henri Lévy: »Journalismus ist Philosophie«. In: *Frankfurter Allgemeine Sonntagszeitung*, 18. Juli 2004

S. 56 *Journalisten waren … werden sollten*: Zit. nach Jochen Bölsche: »Schreiben für das Wir-Gefühl«. In: *Spiegel Special*, 20. Februar 2007

S. 56f. *Die Presse … »Kaiser Weißbart«*: Ebenda

S. 57 *»Im Dienste … ein anderer*: Zit. nach Gustav Seibt. In: Hans-Jürgen Jakobs und Wolfgang R. Langenbucher: *Das Gewissen ihrer Zeit. Fünfzig Vorbilder des Journalismus*, Wien 2004, S. 56

S. 57f. *Der Kommunikationsprofessor … Tätigkeit sein«*: Zit. nach Herbert Riehl-Heyse. In: Hans-Jürgen Jakobs und Wolfgang R. Langenbuche: Ebenda, S. 16 f.

S. 58 *Twain benannte … amerikanische Krankheit*: Thomas Ayck: *Mark Twain in Selbstzeugnissen und Bilddokumenten*, Reinbek 1974

S. 60 *»Qualität hat … Walter Hömberg*: Zit. nach Walter Hömberg: »Lust und Nutz«. In: *Süddeutsche Zeitung*, 8. Januar 2005

S. 60 *»Entscheidend ist … Zeitungsmannes nahe.«*: Zit. nach Dieter Schröder: »Ein Journalist aus Leidenschaft«. In: *Süddeutsche Zeitung*, 11. Mai 1994

S. 61 *»Es ist … Neues hören wollen.«*: Zit. nach Hans Leyendecker. In: Hans-Jürgen Jakobs und Wolfgang R. Langenbucher, a. a. O., S. 119

S. 64 *In zehn Jahren … das Internet*: Siehe *Washington Post*: »Microsoft's Balmer on Yahoo and the Future«, 5. Juni 2008

S. 66f. *»Das Problem … vierundzwanzig Stunden.«*: *Süddeutsche Zeitung*: »Non je ne regrette rien«, 30. Juli 2007

S. 68 *»Der Umgang … Total Digital*: Zit. nach Nicholas Negroponte. In: *Total Digital*, München 1995, S. 13

S. 68 *Er sah aber … erspart blieb*: Ebenda

S. 70 *In Deutschland … 90 Prozent*: Siehe *Heise online*: »Google in Deutschland über 90 Prozent«, 18. September 2006

S. 71f. *»Google hat … Die Google-Story*: Zit. nach Julia Salden: »Google, die Macht einer Suchmaschine«, Sondertext von *Zapp Spezial* im *NDR*, 7. Juni 2006

S. 73 *Vor einem … Google-Werbung*: Siehe *taz.de*: »Ich track dich!«, 12. August 2008

S. 77 *Die Vierzehn- bis … Online-Medien*: Siehe *Frankfurter Allgemeine Zeitung*: »Das Ende der Sofakartoffel«, 27. August 2007

S. 80 *Die Publikumszeitschriften … 0,6 Prozent*: *VDZ-Jahrbuch* 08, *Verband Deutscher Zeitschriftenverleger*, Berlin 2008

S. 81 *Am Firmenstandort … gebürtige Wiener*: Siehe *Der Spiegel*: »Die verkaufte Braut«, 18. Juli 2005

S. 83f. *»Selten war … Weltenbeobachter später*: Zit. nach Hans-Jürgen Jakobs und Uwe Müller: *Augstein, Springer & Co.* Zürich 1990, S. 17

S. 84 *Ein anderer … der Bundesrepublik«*: Ebenda, S. 13

S. 86 *»Kampfpresse«, ein … des Landes«*: Ebenda, S. 90

S. 86 *»Presse muss … formulierte er*: Zit. nach Gerd Bucerius: *Der angeklagte Verleger*. München 1974, S. 41

S. 87 *Und so … »Brandenburger Tor« verulkte*: Zit. nach Hans-Jürgen Jakobs und Uwe Müller, a. a. O., S. 331

S. 88 *»Viele Verleger … ersetzt wurden.«*: *Süddeutsche Zeitung*: »Attackiert! Seid streng«, 29. Juli 2006

S. 88 *Viele Führungspersonen … so gefragt«*: *Süddeutsche Zeitung*: »Das empfinde ich als Vertrauensbruch«, 6. April 2005

S. 93 *»Ich bin … nur Gast.«*: *Welt am Sonntag*: »Stolz gehört nicht in mein Vokabular«, 20. Dezember 1998

S. 93 *Es sei ein … Akademie redete*: Siehe Jep Blog, *Axel Springer Akademie*, 14. November 2007

S. 94 *Döpfner, der … Springer-Aktienkurs*: Siehe *Süddeutsche Zeitung*: »Enorme Fehler«, 9. Juli 2008

S. 95f. *»Ich glaube … Zuhören! Zuhören!«*: *Welt am Sonntag*: »Eine unverschämte Frage«, *Welt Online*, 12. Dezember 2004

S. 96 *»Ich bin gern … immer begleitet«*: Ebenda

S. 99 *Diese Erkenntnis … Zeitung ausgebreitet*: Zit. nach Uwe-Karsten Heye. In: *Süddeutsche Zeitung*: »Alle pfeifen mit“, 28. Januar 2003

S. 102 *Das sei … sondern dreifache.«*: Zit. nach Jakob Augstein, »Ein Mann ohne Komplex«. In: *Die Zeit*, 2. März 2006

S. 105 *»Die geschickte … Wenden des Pfannkuchens.«*: *Welt Online*: »Schon Konrad Adenauer war ein Medienkanzler, 14. August 2008

S. 105f. *Zeitweise seien … Festschrift analysierte*: Magnus Brechtken: »Medienorientierung und Imagebildung Konrad Adenauers«, München 2008

S. 107 *»Meiden sie … steuerbar sind.«*: Zit. nach Andreas Dörner: *Politainment.* Frankfurt am Main 2001, S. 14

S. 109 *Man muss … sondern gefühlt«*: Zit. nach Norbert Bolz: »Postjournalismus«. In: *Merkur* 9/10, 1. September 2006, S. 929

S. 110 *Es gebe … platzen können*: Siehe *Neue Zürcher Zeitung*: »Vogelgrippe und Heuschreckenalarm als Medienspektakel«, 3. Dezember 2005, S. 83

S. 110 *»Die großen … formen würden*: Zit. nach Bernard-Henri Lévy: »Journalismus ist Philosophie«. In: *Frankfurter Allgemeine Sonntagszeitung*, 18. Juli 2004, S. 20

S. 111 *Personen würden … verkündet er*: Jens Bergmann und Bernhard Pörksen. In: *Medienmenschen.* Münster/Westfalen 2007, S. 42–51

S. 111 *»Es musste … Job zu leicht.«*: Ebenda

S. 112 *Es ist … Hachmeister beschrieb*: Tissy Bruns. In: *Republik der Wichtigtuer. Ein Bericht aus Berlin.* Freiburg 2007

S. 112 *»Klatsch und … Wolfgang Thierse*: *Das Parlament*, 3. März 2003

S. 119 *»Ich bin … der Politik«*: *Frankfurter Allgemeine Sonntagszeitung*: »Der erste Popstar der Weltpolitik, 9. April 2006

S. 120 *»Die anderen … voller Selbstbewusstsein*: *Berliner Zeitung*: »Berlusconi hat seinen Wahlkampf schon begonnen«, 26. August 2000

S. 120 *»Verstehst du nicht … keine Idee.«*: Zit. nach Hans-Jürgen Jakobs: »Der Schatten des Trickspielers«. In: *Süddeutsche Zeitung* 21. März 2006, S. 17

S. 121 *Und wieder … Popstar der Weltpolitik«*: *Frankfurter Allgemeine Sonntagszeitung*, 9. April 2006

S. 123 *Lagardère ist … für ihn*: Siehe *Der Standard*: »Frankreichs ›Berlusconisierung‹«, 5. Dezember 2007

S. 123 *Die kaufte er … La Tribune trennen*: Siehe *Le Journal de Dimanche*: »LVMH s'empare des Echos«, 5. November 2007

S. 124 *Die Sympathiewerte … worden sein soll*: Siehe *Der Spiegel*: »Erotik der Macht«, 21. Januar 2008

S. 125 *Sarkozy betreibe … Verkaufsauflagen stimmen*: Michel Onfray: »Obszönes Gehabe«. In: *Der Spiegel*, 21. Januar 2008

S. 125 *Immerhin ist … »24« verkaufe*: Siehe François Jost und Denis Muzet: *Le Télé-président*, Paris 2008. In: *Neue Zürcher Zeitung*: »Was ist der Sarkozysmus«, 16. Januar 2008

S. 127 *Als sich … Hugenberg« warnte*: Siehe *taz*: »Der Unheuere«, 23. Februar 2002

S. 127 *»Führung muss … Deutschen Bank*: Zit. nach Nina Grunenberg: »Mit dem Fluidum des Eroberers. In: *Die Zeit*, 27. Oktober 1989

S. 131 *»Wenn man … Murdoch selbst*: Zit. nach Mark Bowden: »Mr. Murdoch Goes to War«. In: *Atlantic Monthly*, Juli/August 2008

S. 131 *»Wir wollen … Murdoch warnte*: *Spiegel Online*: »Redaktion streikt aus Angst vor Übernahme«, 29. Juni 2007

S. 131 *»Ich kann … Vergangenheit hinweisen.«*: *Handelsblatt*, 20. Juli 2007

S. 132 *»Die Welt … wird überrannt.«*: Zit. nach Mark Bowden: »Mr. Murdoch Goes to War«. In: *Atlantic Monthly* Juli/August 2008

S. 133 *»Täglich veröffentlicht … Feinde attakiert.«*: *Wall Street Journal*: »Statement by Jim, Jay Ottaway On News. Corp. Bid for Dow Jones«, 6. Mai 2007

S. 137 *»Zunehmend erschweren … Marke erodiert.«*: *Berliner Zeitung*, die Redaktionsversammlung, offener Brief an Herrn Montgomery am 14. Februar 2008

S. 137 *Wenige Wochen … Priorität mehr habe*: Siehe *Der Spiegel*: »Revolte gegen ›Rommel‹«, 30. Juni 2008

S. 138 *Zum Fixstern … Washington Post« sprach*: *Süddeutsche Zeitung*: »Der ungeliebte Mister Cash«, 30. Mai 2006

S. 138 *2006, lange nach … gefahren worden«*: Zit. nach Erich Böhme: »Sind die Freunde noch zu retten?« In: *Die Zeit*, 14. Juni 2006

S. 142 *»Der Newsroom … Strategie aus*: *taz*: »Montgomery provoziert Redaktion«, 2. November 2007

S. 142 *Montogomery gewann … keine Wohlfühltruppe«*: *Süddeutsche Zeitung*: »Wir sind keine Wohlfühltruppe«, 3. Juli 2008

S. 142 *»Ob die Freunde … wer weiß.«*: Zit. nach Erich Böhme: »Sind die Freunde noch zu retten?« In: *Die Zeit*, 14. Juni 2006

S. 143 *Die eigene … Unternehmen zurückzugeben«*: *Frankfurter Allgemeine Zeitung*: »Berlin ist erst der Anfang«, 16. Oktober 2005

S. 144 *Acht Chefredakteure … Mecom-Gruppe zählen*: Siehe *Der Spiegel*: »Revolte gegen Rommel«, 30. Juni 2008

S. 145 *»Ein Finanzinvestor … Berliner Bredouille*: Ebenda

S. 148 *»I am no … business man«*: YouTube: »Sam Zell Visits the Los Angeles Times«, 7. Februar 2008

S. 148 *Für den Kauf … Pensionsansprüche ein*: Thomas Schuler: »Nachrichten aus Zellville«. In: *Süddeutsche Zeitung*, 9./10. August 2008

S. 149f. *Sie erhöhten … Verwaltungsrat ein*: Siehe *Geo Magazin*: »Modern ›Times‹«, 1. September 2008

S. 151 *In der von … US-Dollar Umsatz*: Siehe *Neue Zürcher Zeitung*: »New York Times im Gegenwind«, 29. Februar 2009

S. 151 *Er erwarb … Aufschlag verwirklicht*: Siehe *Süddeutsche Zeitung*: »Angriff der Aktionäre«, 3. Februar 2008

S. 152 *Ben Bradlee … Verantwortung bleibt«*: Zit. nach: *Conde Nast Portfolio*: »The Last Media Tycoon«, August 2008

S. 158 *»Die internationale … dankte ab.«*: Zit. nach: Peter Glotz: »Die Zukunft des Qualitätsjournalismus«. In: *Frankfurter Rundschau*, 27. September 2003

S. 158 *»Ich sehe … zu forcieren.«*: Zit. nach: Alan Rusbridger: »Die Lage ist sehr schwierig«. In: *sueddeutsche.de*, 26. März 2008

S. 161 *Wenn ein Verlag … der Erlöse*: Tom Rosenstiel: »Nicht mehr täglich«. In: *sueddeutsche.de*, 27. August 2008

S. 161 *Schon sieht … ..des Spektakels«*: Zit. nach: Mario Vargas Llosa: »Die Zivilisation des Spektakels«. In: *Süddeutsche Zeitung*, 23. Juni 2007

S. 164 *»Die Tatsache … Angebote verringern.«*: Zit. nach Roland Berger Strategy Consultants: »Totgesagte leben länger«. München, April 2008, S. 7

S. 165f. *»Die Krise … vorbei schreiben*: Zit. nach Peter Glotz und Wolfgang R. Langenbucher: *Der missachtete Leser*, Köln 1969

S. 170 *Larry Sanger … Gleichheit entscheiden*: Larry Sanger: »Masse im Dilemma«. In: *Süddeutsche Zeitung*, 21. Juli 2007

S. 171 *»Das Internet … über Qualität.«*: *Süddeutsche Zeitung*: »Web 0.0«, 8. Dezember 2007

S. 171 *»So wie nicht … Andrew Keen*: *Spiegel Special*: »Ein bunter, chaotischer Marktplatz«, 3/2007

S. 171f. *Zum Skandal … definiert hat*: Niklas Luhmann: »Die Realität der Massenmedien«, Opladen, 1996, S. 10

S. 172 *»Sinkende Kommunikationskosten … ..das Spiel.«*: Zit. nach Hans-Jürgen Jakobs: »Zwischen Freiheit und Verantwortung«. In: *tendenz*, S. 4–9

S. 174 *»Um etwas … zum Volk.«*: *Frankfurter Allgemeine Zeitung*: »Wie altmodisch ist Rupert Murdoch?«, 23. Juli 2008

S. 175 *»Wo früher … YouTube.«*: *Frankfurter Allgemeine Zeitung*: »YouTube ist heute unser Warhol«, 5. Juli 2007

S. 176 *»Die Medienkonzentration … China zusammen.«*: Ebenda

S. 177 *»Web 2.0 … der Laien«*: *Handelsblatt*-Serie: »Medienwelt der Zukunft«, 25. Mai 2007

S. 177 *Im Jahr 1960 … Manipulateur machen*: Siehe *Spiegel Special*: »Ein bunter, chaotischer Marktplatz«, 3/2007

S. 179 *Weinberger schwärmt … ganz Neues.«*: *Wall Street Journal Online*: »Full Text: Keen vs. Weinberger«, 18. Juli 2007

S. 181 *»Professioneller Journalismus … schlussfolgern sie*: Holm Friebe und Sascha Lobo: *Wir nennen es Arbeit*, München 2006, S. 198

S. 182 *»Frei von … erreicht hatte*: *Drudge Report*: »Over 1 Billion Served«, 12. November 2002

S. 182 *Während beispielsweise … ganz anders*: Siehe *salon.com*: »Ask Camille«, 1. September 1998

S. 182 *Für ihn … seine Seite*: Siehe *CNN*: »Druding up news on the Web«, 6. Mai 2002

S. 182 *Dort werden … Interesse zeigt*: Siehe *Der Spiegel*: »Die Beta-Blogger«, 21. Juli 2008

S. 182 *Als »zentraler … sie diskutieren.«*: Zit. nach Ken Layne. In: Ebenda

S. 183 *»Ein erfolgreiches … gedruckten Wortes.«*: Zit. nach Josef Joffe: »Alles umsonst«. In: *Die Zeit*, 14. August 2008

S. 183f. *Die Online-Verlegerin … entlohnt werden«*: Ebenda

S. 185 *»Und ich weiß … des Journalismus.«*: *Der Spiegel*: »Die Beta-Blogger«, 21. Juli 2008

S. 186 *»Bloggen macht … FAZ beschäftigt*: Zit. nach Stefan Niggemeier. In: »Medium Magazin«, 1/2008

S. 187 *»Im Web … gegründet hat*: Zit. nach David Talbot: »Wir werden täglich von Gelaber überflutet«. In: *sueddeutsche.de*, 18. Dezember 2007

S. 187 *Der Autor … Aufbereitung schreien«*: Ebenda

S. 189 *Er habe … sagt Rosenthal*: Robert Rosenthal: »Einzigartige Inhalte bleiben wertvoll«. In: *sueddeutsche.de*, 21. Februar 2008

S. 189 *Den Auftrag … sterben werden.«*: Ebenda

S. 189 *Die Online-Presse … in Frankreich.«*: *Süddeutsche Zeitung*: »Der Schatten-Intendant«, 22. Juli 2008

S. 190 *Jede gute … beliebte Idee*: Siehe *The New Yorker*: »Fault Line: Can the *Los Angeles Times* survive is owners?«, 10. Oktober 2005

S. 190 *»Journalist sein … Spaß zu haben.«*: *American Journalism Review*: »John Carroll Bows Out in L.A.«, August/September 2005

S. 200 *»Wer kauft … SPD-Medienkommission*: *Horizont*: »Alternativen werden rar«, 6. September 2007

S. 202 *Dann redet … »Scheiß-Privatfernsehen«*: *Horizont.Net*: »Scheiß Privatfernsehen«, 9. Januar 2008

S. 203f. *Selbst der … sei »lebensfremd«*: *Spiegel Online*: »*Springer*-Chef heizt Debatte über Werbeverzicht bei *ARD* und *ZDF* an«, 15. Juni 2008

S. 204f. *Er warnte … gegenübergestellt würde*: Hans-Jürgen Jakobs und Uwe Müller: *Augstein, Springer & Co.* Zürich 1990, S. 349

S. 207 *»Für die … wir Okapis.«*: *Süddeutsche Zeitung*: »Die schauen, als seien wir Okapis«, 4. Dezember 2004